Didaktische Weiterbildung der Dozierenden
an Fachhochschulen

Luzerner Beiträge zur Fachhochschulentwicklung – Band 5

Brigitta Katharina Pfäffli

Didaktische Weiterbildung der Dozierenden an Fachhochschulen

Konzepte und Reflexionen

Verlag Rüegger

Berner Dissertation

Die Deutsche Bibliothek – CIP-Einheitsaufnahme

Pfäffli, Brigitta Katharina:
Didaktische Weiterbildung der Dozierenden an Fachhochschulen : Konzepte und Reflexionen / Brigitta Katharina Pfäffli. - Chur ; Zürich : Rüegger, 2000
(Luzerner Beiträge zur Fachhochschulentwicklung ; Bd. 5)
Zugl.: Bern, Univ., Diss. 1999
ISBN 3-7253-0674-5

http://www.rueggerverlag.ch
E-mail: info@rueggerverlag.ch
ISBN 3 7253 0674 5
Druck: Südostschweiz Print AG, Chur
0044-13

Vorwort

Anfang 1995 bewilligte das damalige Bundesamt für Industrie, Gewerbe und Arbeit BIGA im Rahmen des Sonderkredites der Weiterbildungsoffensive des Bundes (WBO) das dreijährige Projekt SWF Schweizerische Weiterbildungszentrale für Fachhochschulen. Im Juni 1995 konnte eine fünfköpfige Projektgruppe die Arbeit aufnehmen mit dem Ziel, Konzeptionen und Realisierungsmöglichkeiten für die didaktische Weiterbildung der Dozierenden an Fachhochschulen zu entwickeln und die Realisierung einer entsprechenden Weiterbildungsstelle vorzubereiten. Die Projektgruppe hat während ihrer Arbeit Wert darauf gelegt, die bereits vorhandenen Überlegungen einzubeziehen, und gemeinsam mit den Angehörigen der Fachhochschulen und Schlüsselpersonen Konzepte und Realisierungsmöglichkeiten zu entwickeln.

Parallel zur und in enger Verbindung mit der Projektarbeit im engeren Sinne ist die vorliegende Studie entstanden welche es erlaubte, die Aufgaben in den Bereichen «Konzeption und Durchführung von didaktischen Weiterbildungen für Fachhochschuldozierende» systematisch und nachvollziehbar zu bearbeiten und somit zu objektivieren.

Der vorliegende Bericht beschreibt und reflektiert die Ergebnisse dieser qualitativen Studie.

Der *Teil I* beschreibt im Kapitel 1 die faktische Ausgangslage und die Problemstellung sowie im Kapitel 2 Aspekte des theoretischen Bezugsrahmens.

Im *Teil II* ist die qualitative Studie dargestellt.
Im Kapitel 3 sind methodologische Überlegungen, im Kapitel 4 ist die Beschreibung des methodischen Vorgehens zu finden.
Die Kapitel 5 und 6 enthalten die wesentlichen Untersuchungsergebnisse.
Im Kapitel 5 sind Grundlagen für die Konzipierung der didaktischen Weiterbildung der Dozierenden an den Fachhochschulen beschrieben. Hier sind Aussagen zur Situation an den Fachhochschulen, didaktische Grundsätze für die Lehre, das Kompetenzprofil für die Dozierenden und Leitlinien für die Konzipierung der didaktischen Qualifikation dargestellt.

Im Kapitel 6 sind konzeptionelle Vorschläge für die didaktische Basisqualifikation und die didaktische Weiterbildung nachzulesen.
Leser und Leserinnen, die eine geraffte Form der Ergebnisse bevorzugen, finden im Kapitel 7 eine Zusammenfassung in Form von 18 Thesen und 5 Problemfeldern.
Das Kapitel 8 enthält Empfehlungen zur Gestaltung von Weiterbildungsangeboten «Lehr- und Organisationskompetenz», Empfehlungen für Fachhochschulen bezüglich der didaktischen Weiterbildung, Empfehlungen zur Regelung einer allfälligen Anerkennung und Empfehlungen für die Gestaltung von Schweizerischen Weiterbildungsstellen für Fachhochschulen.

Im *Teil III* sind Reflexionen der Ergebnisse nachzulesen. Vier Themenbereiche, welche explizit oder auch mehr implizit in den Ergebnissen im engeren Sinne enthalten sind bzw. als eine gedankliche Basis die Ergebnisse prägen, werden thematisiert. Theoretische Überlegungen zu diesen vier Themenkreisen sind mit Aussagen aus den Interviews verbunden.
Aus Gründen des Datenschutzes werden die Namen der Urheber und Urheberinnen dieser Aussagen nicht genannt. Die Interviewaussagen sind kodiert.
Allen Personen, die im Rahmen von Workshops, Tagungen, Interviews und Arbeitssitzungen sowie mittels Unterlagen ihre Informationen, ihr Wissen und ihre Erfahrungen in grosszügiger Weise zur Verfügung gestellt haben, danke ich sehr. Sie haben damit die Praxisnähe dieser Arbeit überhaupt ermöglicht. Mein Dank geht an das damalige BIGA für die finanzielle Unterstützung des Projektes SWF Schweizerische Weiterbildungszentrale für Fachhochschulen. Die Lancierung dieses Projektes bedeutet eine Gewichtung der hier bearbeiteten Fragestellung durch den Bund.
Ein sehr herzlicher Dank geht an die Projektgruppe: Rosmarie Waldburger, Peter Fuchs, Michel Tatti und Thomas Wachter. Sie hat in kritischer und unterstützender Weise zur Konzeption der Datensammlung Stellung genommen, die Ergebnisse diskutiert und deren Integration in die weiterführende Projektarbeit unterstützt.
Ich danke Professor Walter Herzog für die konkreten, richtungsweisenden Impulse und die unterstützenden Hinweise im Rahmen seiner Begleitung

meiner Arbeit, aber auch für die Gewährung grosser Freiheiten und viel Vertrauens.
Für die Durchsicht der Rohfassung und die Hinweise bedanke ich mich bei Markus Hodel vom Institut für Betriebs- und Regionalökonomie Luzern, für die präzise Schlussredaktion bei Armand Claude und für die Unterstützung bei der Gestaltung des Manuskriptes bei Lydia Hofstetter.
Ich bedanke mich sehr und von Herzen bei allen Menschen in der Nähe und in der Ferne, die mich mit kleinen und grossen Worten immer wieder ermuntert und unterstützt haben.

Luzern, Februar 2000 Brigitta Katharina Pfäffli

Inhaltsübersicht

Inhaltsverzeichnis

Teil III Reflexionen

Anhang

Teil I

Einführung und Problemstellung

1 Ausgangslage

1.1 Problemstellung - Ziele

Auf der Grundlage des vom Bundesrat verabschiedeten Gesetzesentwurfes vom 6. Oktober 1995 wurden die bestehenden 29 Höheren Technischen Lehranstalten (HTL), die 14 Höheren Wirtschafts- und Verwaltungsschulen (HWV) sowie die 7 Höheren Fachschulen für Gestaltung (HFG) in den Jahren 1996 bis 2003 ursprünglich zu zehn, schlussendlich zu sieben Fachhochschulen umgewandelt.

Die Botschaft des Bundesrates vom 30. Mai 1994 zu einem Bundesgesetz über Fachhochschulen (Fachhochschulgesetz, FHSG) nahm unter Artikel 9 Stellung zu den Anforderungen an die Dozentinnen und Dozenten: Ein niveaugerechter Unterricht soll gewährleistet sein. Dies erfordert fundierte wissenschaftliche Kenntnisse und eine hinreichende berufliche Praxis.

„Besondere Bedeutung kommt neben der rein fachlichen Kompetenz der Lehrkräfte auch methodisch-didaktischen Aspekten zu. Fachkompetenz allein genügt heute nicht mehr: die Lehrkräfte müssen für diese praxis- und theoriebezogene Ausbildungsform besonders geschult werden" (Botschaft des Bundesrates vom 30. Mai 1994, S. 35). Der Fort- und Weiterbildung fällt diesbezüglich eine wichtige Aufgabe zu: „Die fachliche und methodisch-didaktische Fort- und Weiterbildung der Lehrkräfte ist für den Erfolg der Fachhochschulen und ihrer Absolventen von entscheidender Bedeutung. Neben regelmässigen Weiterbildungsurlauben, Fachtagungen und Weiterbildungskursen, die primär der fachlichen Weiterbildung dienen, sind die Lehrkräfte auch in Hochschuldidaktik zu schulen" (Botschaft des Bundesrates vom 30. Mai 1994, S. 36).

Diese Stellungnahme war auch von Bedeutung für verschiedene heutige Höhere Fachschulen, die unter die Regelungskompetenz der Kantone fallen, wie beispielsweise die Höheren Fachschulen für Kunst und die Höheren Fachschulen für Sozialarbeit. Hier werden Abklärungen und Vorbereitungen für das Erreichen des Fachhochschulstatus vorgenommen.

Die Fachhochschulen erkannten damals zunehmend die Notwendigkeit, die Weiterbildung ihrer Dozentinnen und Dozenten zu intensivieren. Sowohl die einzelnen Schulen als auch deren Direktorenkonferenzen suchten Wege, die Weiterbildungsbedürfnisse optimal zu erfüllen. Neu war insbesondere die Tatsache, dass neben der fachlichen Weiterbildung auch die didaktische und die fachdidaktische Weiterbildung der Dozierenden einen grösseren Stellenwert erhalten sollte.

Aus dieser Situation heraus ergab sich die Fragestellung für diese Arbeit:

Wie soll die didaktische Weiterbildung der Lehrenden an Fachhochschulen konzipiert werden?

Die Hauptfragestellung wurde in die folgenden Teilfragen differenziert:

1. Welche Veränderungen ergeben sich für die Fachhochschulen aufgrund des Leistungsauftrages für Fachhochschulen (formuliert im Fachhochschulgesetz: Artikel 3, Aufgaben)?
   Wie und woran werden diese Veränderungen innerhalb der Institutionen sichtbar?
   Inwieweit werden diese Veränderungen sichtbar werden an den Beziehungen der Institutionen nach aussen?

2. Welche Aufgaben müssen Dozierende an den Fachhochschulen zur Erfüllung dieses Leistungsauftrages wahrnehmen ?

3. Welches Lernverständnis liegt dem Leistungsauftrag zugrunde?
   Welches sind zentrale Lehr- und Lernprinzipien an Fachhochschulen?

4. Welche Kompetenzen benötigen die Dozierenden, um die verlangten Aufgaben wahrzunehmen und insbesondere die Lehrtätigkeit gemäss dem deklarierten Lernverständnis zu gestalten?

5. Welches sind Leitlinien für eine didaktische Qualifikation der Dozierenden an den Fachhochschulen?

6 Welches sind Grundsätze für die didaktische Basisqualifizierung?
6.1. Welches sind die Adressaten einer didaktischen Basisqualifizierung?
6.2. Welche Ziele sind zu erreichen, welche Inhalte zu vermitteln?

6.3. Welche Methoden sollen zur Anwendung kommen?
6.4. Welche Strukturelemente eignen sich?
6.5. Welche Rahmenbedingungen sind zu berücksichtigen (Umfang, Zeitgefässe, Kosten)?

7. Welches sind Gestaltungsgesichtspunkte für die didaktische Weiterbildung?
7.1. Welches sind Themen der didaktischen Weiterbildung?
7.2. Welches sind geeignete Methoden?
7.3. In welchem Umfang sollen sich die Dozierenden didaktisch weiterbilden?

8. Wann eignet sich die schulinterne, wann die schulexterne didaktische Weiterbildung?

9. Wie ist die Frage der Anerkennung zu regeln?
9.1. Welche Anforderungen sind zu erfüllen?
9.2. Wer regelt und verleiht eine allfällige Anerkennung?

10. Wer stellt die didaktische Qualifizierung sicher?
10.1. Welche Funktionen haben die Schulträger?
10.2. Welche Funktionen haben die Leitungsverantwortlichen der Standortschulen?
10.3. Welche Funktionen haben die Dozierenden?
10.4. Welche Funktionen haben bereichsspezifische Weiterbildungsorganisationen?
10.5. Welche Funktionen hat eine zentrale Weiterbildungsorganisation?

Die Dissertation verfolgt zwei Zielsetzungen:

1. Auf der Grundlage einer qualitativen Untersuchung sollen konkrete Handlungsanweisungen bezüglich der Konzeptualisierung und der Durchführung der didaktischen Weiterbildung von Lehrenden an den Fachhochschulen vorgelegt werden.

2. Theoretische Reflexionen sollen einen Klärungsbeitrag leisten zu ausgewählten, dem Ergebnis immanenten Gedanken, von welchen anzunehmen ist, dass sie Einfluss auf das Verständnis der Lehrtätigkeit und der Weiterbildung ausüben.

1.2 Gesetzliche Situation

Im Bundesgesetz über die Fachhochschulen vom 6. Oktober 1995 sind unter Artikel 12 die Anforderungen an die Lehrkräfte festgelegt. Die Absätze 1 und 3 halten Aussagen zur didaktischen Qualifizierung fest:

„Art 12, Absatz 1:
Die Dozentinnen und Dozenten müssen sich über eine abgeschlossene Hochschulausbildung sowie über eine didaktische Qualifikation ausweisen. Der Unterricht in den richtungsspezifischen Fächern setzt zudem eine mehrjährige Berufserfahrung voraus.

Art 12, Absatz 2:
Die Fachhochschulen sorgen für die berufliche Fortbildung der Lehrkräfte. Sie wachen darüber, dass diese den Unterrichtsstoff laufend der fachspezifischen und didaktischen Entwicklung anpassen."

Dozierende an den Fachhochschulen müssen also eine didaktische Qualifikation nachweisen und sich kontinuierlich didaktisch weiterbilden, um so ihre Lehrtätigkeit den laufenden Entwicklungen anpassen zu können.

Die didaktische und fachliche Weiterbildung der Dozierenden an Fachhochschulen kann und wird heute in einen direkten Zusammenhang mit der Qualitätssicherung gestellt. In diesem Sinne stellen die gesetzlichen Aussagen zur Qualitätskontrolle an den Fachhochschulen eine weitere Grundlage für die Konzeption der didaktischen Weiterbildung dar.

Im Artikel 14, welcher die Errichtung und Führung der Fachhochschulen regelt, steht dazu:

„Art *14, Absatz 2f:*
Die Genehmigung wird erteilt, sofern der Nachweis erbracht wird, dass die Fachhochschule (...)
f. die *Qualitätskontrolle* und die interne Evaluation sicherstellt (...).

Artikel 14, Absatz 4:
Sind die Voraussetzungen nach Absatz 2 nicht mehr erfüllt oder missachtet die Schule die Zielvorgaben des Bundesrates, so kann dieser die Genehmigung mit Auflagen verbinden, befristen oder zurückziehen. (...)."

Die Verordnung über Aufbau und Führung von Fachhochschulen (Fachhochschulverordnung, FHSV) vom 11. September 1996 nimmt keine Präzisierung dieser Gesetzesartikel vor. Diese Tatsache drückt die Haltung des Bundes aus. A. Gieré, Leiter des Dienstes Fachhochschulen hat sie mündlich an Sitzungen und Gesprächen immer wieder unmissverständlich zum Ausdruck gebracht: „Die Weiterbildung der Dozierenden ist Sache der Fachhochschulen."

Die Eidgenössische Fachhochschulkommission hat in ihrem Dokument (FHK DOK 97-1, 1997b) «Definition von Schlüsselbegriffen» (Version vom 15. November 1997) wichtigste Begriffe, wie sie im Fachhochschulgesetz und in der Verordnung vorkommen, geklärt. Diese Definitionen stellen eine Voraussetzung für die Schaffung von Akkreditierungskriterien dar, welche der Eidgenössischen Fachhochschulkommission als Grundlage für die Beurteilung der Gesuche um Errichtung und Führung von Fachhochschulen dienten.
Didaktische Qualifikation wird in diesem Dokument (S. 8, 9), in Anlehnung an Dokumente, welche von der Direktorenkonferenz der Ingenieurschulen Schweiz (DIS) verabschiedet wurden, wie folgt definiert:

„Die didaktische Qualifikation der FH-Lehrkräfte (=DozentInnen) ist neben einem abgeschlossenen Hochschulstudium eine zusätzliche Anforderung. Mit dem Übergang zur Fachhochschule soll eine strukturierte, obligatorische, berufsbegleitende Didaktik-Ausbildung für FH-Lehrkräfte geschaffen werden. Für die Einstellung ist die vorausgegangene Berufspraxis (Lehre und Forschung) von entscheidender Bedeutung, mit gezielter, strukturierter Ausbildung wird die Befähigung zur Lehrtätigkeit (didaktische Qualifikation) erreicht. Hierbei beschränkt sich die Ausbildung der AusbilderInnen eben nicht allein auf deren Lehrtätigkeit, sondern auch auf die (neuen) Besonderheiten der FH wie einerseits aF&E und Dienstleistungen sowie andererseits Coaching, Teambegleitung, Projektmanagement, Marktkontakt usw." (vgl. FHK Dok 97-8d, S. 2ff.).

Für die von den damaligen Höheren Fachschulen für Technik, Wirtschaft und Gestaltung übernommenen Lehrkräfte kann diese didaktische Qualifikation innerhalb einer Übergangsfrist von z.B. 4 Jahren erreicht werden (vgl. FHK Dok 97-10d).

Im «Schlussbericht der Eidgenössischen Fachhochschulkommission - Antrag auf Genehmigung von Fachhochschulen, Hochschulen und Studiengängen» vom 22.11.97 ist die didaktische Qualifikation der Lehrkräfte als Anerkennungskriterium nicht erwähnt. Zu dieser Thematik sind lediglich die zwei folgenden Aussagen nachzulesen:

„Die wichtigsten Kriterien sind die folgenden (...)
Mindestens 80% der Lehrkräfte mit Hochschulabschluss
Anwendung eines Systems der Qualitätssicherung (..)“ (vgl. FHK Dok 97-10d, S. 15).

1.3 Bestehende Überlegungen und Angebote zur didaktischen Qualifizierung

Die folgenden Institutionen hatten ihre Überlegungen bezüglich Inhalt und Umfang einer didaktischen Qualifikation von Dozierenden an den Fachhochschulen vor der Befragung bereits formuliert:

- Die 'Direktoren-Konferenz der Ingenieurschulen der Schweiz' hält in ihrem Grundlagenpapier «Didaktik und Fachdidaktik an Fachhochschulen», genehmigt am 30. November 1995, Ziele, Umfang, Inhalte und Struktur einer berufsbegleitenden Ausbildung für neueingestellte Fachhochschuldozierende fest. Der gesamte Zeitaufwand für die Auszubildenden soll ca. 40 Arbeitstage, verteilt auf zwei Jahre, umfassen.
- Die 'Internationale Gesellschaft für Ingenieurpädagogik' setzt für die Aufnahme in das IGIP-Register ING-PäD IGIP mindestens 204 Stunden Ausbildung in Didaktik voraus. Sie hat ein Anforderungsprofil beschrieben und die zu erwerbenden Inhalte festgelegt.
- Die 'Frey Akademie AG' bietet bereits eine Ausbildung zum Europäischen Fachhochschuldozenten im Rahmen von 220 Stunden an.

- Die 'Projektgruppe Personal des Fachhochschulverbundes Ost' hat in ihrem «Vorschlag Ausbildungskonzept für FH-Dozierende» vom 22.8.1996 ihre Vorstellungen konkretisiert. Darin sind Ziele, Grundsätze und der modulartige Aufbau dargelegt.

Unter Einbezug der bestehenden nationalen und internationalen Auffassungen über die didaktische Qualifizierung der Dozierenden an den Fachhochschulen hat das Projektteam des Projektes SWF Schweizerische Weiterbildungszentrale für Fachhochschulen (vgl. Vorwort) seinerseits erste Überlegungen zur berufsbegleitenden didaktischen Qualifikation der Dozierenden an den Fachhochschulen formuliert (vgl. Anhang, 4). Diese wurden im Rahmen von Workshops und Interviews diskutiert und weiterentwickelt.

Die folgenden Organisationen befassen sich mit der didaktischen Weiterbildung für Dozierende an Fachhochschulen und haben sich zusammengeschlossen zur «Schweizerischen Koordinationskonferenz Weiterbildung an Fachhochschulen»:

- FLuG HGK CH, Institut für kunst- und gestaltungspädagogische Lehre, Forschung und Entwicklung, Hochschulen für Gestaltung und Kunst der Schweiz, mit Sitz in Basel. Diese Institution richtet ihre Angebote ausschliesslich an Dozierende der Fachhochschulen für Gestaltung.
- Kommission für die didaktische Weiterbildung der Dozenten an Ingenieurschulen mit ihrer Koordinationsstelle in Freiburg. Diese Stelle bietet spezielle Weiterbildungen für Dozierende an Ingenieurschulen an und öffnet ihre Angebote in allgemeiner Didaktik auch für Dozierende anderer Fachhochschultypen.
- Projekt SWF Schweizerische Weiterbildungszentrale für Fachhochschulen mit Sitz in Luzern. Die Angebote sind offen für Dozierende aller Fachhochschulen und höherer Fachschulen.
- Schweizerische Arbeitsgemeinschaft der Schulen für Sozialarbeit SASSA, mit Sitz in Luzern. Sie befasst sich mit Angeboten für die Dozierenden der heutigen höheren Fachschulen für Sozialarbeit.

1.4 Aktueller Stand der didaktischen Qualifizierung der Dozierenden an den Fachhochschulen

Es existieren keine repräsentativen quantitativen Aussagen über den Stand der didaktischen Qualifizierung der Dozierenden an den Fachhochschulen. Aufgrund der geführten formellen und informellen Gespräche, aufgrund der Analyse der Bewerbungen der Höheren Fachschulen vom Mai 1996 für die Anerkennung als Fachhochschule zu dieser Frage und aufgrund von Forschungsergebnissen (LEU & RÜTTER 1994; Interessengruppe Luzerner Fachschulen im Tertiärbereich 1993) sind die folgenden Einschätzungen möglich:

Die Dozierenden der Fachhochschulen sind sehr unterschiedlich didaktisch qualifiziert. Ein Teil der Dozierenden bringt eine anerkannte Lehrbefähigung mit, ein Teil hat sich im Rahmen betrieblicher und ausserbetrieblicher Weiterbildung durch den Besuch einzelner Kurstage gewisse didaktische Qualifikationen angeeignet, ein beträchtlicher Teil kann noch keine didaktische Qualifikation nachweisen. Die Situation variiert nach Schule und Schultypus.

Der didaktischen Qualifizierung der Dozierenden an vielen Höheren Fachschulen wird generell noch eine untergeordnete Bedeutung für einen erfolgreichen Lernprozess zugemessen. Fachkompetenz und Berufserfahrung werden als wichtigere Qualifikationen eingestuft.

1.5 Didaktische Weiterbildung: Begriffsklärungen

1.5.1 Weiterbildung

Der Begriff Weiterbildung wird hier im Sinne der Schweizerischen Hochschulkonferenz verwendet. Weiterbildung bezeichnet „die Gesamtheit aller Massnahmen, die zur fachlichen und beruflichen Weiter- und Zusatzqualifikation ergriffen werden“ (Schweizerische Hochschulkonferenz 1987, S. 9).
Eine Einschränkung auf organisiertes Lernen ist in der Definition des Bundesamtes für Statistik (1990, S. 36) zu finden: „«Weiterbildung» umfasst intendiertes Lernen nach Beendigung der obligatorischen oder nach-

obligatorischen Stufe (Primär-, Sekundär- bzw. Teile der Tertiärstufe), das der Auffrischung, Ergänzung, Erweiterung oder Umformung von Wissensinhalten, Fertigkeiten und Fähigkeiten dient" (zit. nach AEBI 1996, S. 20).

Mit dieser Definition sind die eher zufälligen Lernformen ausgeschlossen. Für die didaktische Weiterbildung der Dozierenden an Fachhochschulen sind möglicherweise auch informelle Lernformen (Fernsehen, Printmedien, Internet) denkbar, unter der Voraussetzung allerdings, dass die Dozierenden ihre Lerneinsichten reflektieren, generalisieren und integrieren.

Eine allgemeine Definition der beruflichen Weiterbildungen existiert nicht (GROSSENBACHER 1990, S. 7ff.). Sie erfolgt oft im Zusammenhang mit der Aufnahme einer neuen Tätigkeit und hat dann die Funktion der Umschulungs-, Anpassungs- oder Aufstiegsfortbildung:

„- Die Umschulung schliesst Qualifizierungsmassnahmen ein, die auf eine grundlegende berufliche Neuorientierung abzielen. Dementsprechend dauern Umschulungen in den meisten Fällen eine längere Zeit, und deren erfolgreiche Absolvierung führt zu einer Zertifizierung.

- Die Anpassungsfortbildung knüpft zumeist an eine ausgeübte Berufstätigkeit, bzw. an einen Abschluss an. Sie vermittelt in meist kurzen, vielfach nicht zertifizierten, aber bestätigten Kursen Kenntnisse, Fähigkeiten und Fertigkeiten, welche auf Ergänzung, Vertiefung und Aktualisierung der beruflichen Qualifikation abzielen. Letzlich dient sie damit der Sicherung des eingenommenen Status oder der Wiedereingliederung in das Erwerbsleben. Besucherinnen und Besucher von Anpassungsfortbildungsveranstaltungen haben daher keine oder höchstens horizontale Mobilität zu erwarten. Insofern wird diese Form der beruflichen Weiterbildung auch zu präventiven Zwecken eingesetzt.

- Die Aufstiegsfortbildung beinhaltet das Ziel einer Höherqualifizierung und damit der Verbesserung der vertikalen Mobilitätschancen. Wie die Umschulung erstreckt sie sich in der Regel auf einen längeren Zeitraum, und die erfolgreichen Absolventinnen und Absolventen werden mit einem Zertifikat ausgezeichnet" (AEBI 1996, S. 28)."

Die didaktische Weiterbildung hat für Dozierende, die nach einer Phase der Berufstätigkeit neu in die Lehre einsteigen, die Funktion der Anpassungsfortbildung, in dem Sinne, als sie an die vorhandene Ausbildung anknüpft, kann aber auch den Charakter der Umschulung erhalten, wenn sie mit einer grundlegenden beruflichen Neuorientierung verbunden ist. Für die übrigen Dozierenden bedeutet sie Ergänzung, Vertiefung und Aktualisierung von vorhandenen Qualifikationen.
Zum heutigen Zeitpunkt werden die Kursbesuche in der Regel bestätigt. Die Verteilung von Zertifikaten wurde bis anhin lediglich durch die Direktorenkonferenz der Fachhochschulen für Technik geregelt.
In dieser Arbeit wird die erstmalige didaktische Weiterbildung als didaktische Basisqualifikation bezeichnet, an welche sich die didaktische Weiterbildung anschliesst.

1.5.2 Didaktik

Didaktik ist ein Schlüsselbegriff der Pädagogik und der Erwachsenenbildung. Die Definition von Didaktik ist abhängig von der theoretischen Grundposition, weshalb es vermutlich nie ein breit abgestütztes einheitliches Begriffsverständnis geben wird: „Didaktik ist eine Sache der Definition. Aufgabe, Bezugsfeld und Struktur einer Didaktik werden durch Definition bestimmt. Hier liegt ein Grund dafür, dass es *die* Didaktik im deutschsprachigen Raum nicht gibt und dass statt dessen eine Vielzahl unterschiedlicher Didaktiken vorgefunden wird“ (PETERSSEN 1983, S. 16). Verschiedene Systematisierungsansätze, beispielsweise nach dem Gegenstand der Didaktik (Erscheinungen, Vorgänge, Probleme), nach der Theorie der Didaktik (Auftrag der Didaktik, Erkenntnisinteresse der wissenschaftlichen Didaktik) oder nach den Ebenen der Didaktik (Ebene der Praxis, der Theorie oder der Metatheorie) sollen die zahlreichen Ansätze ordnen (PETERSSEN 1983, S. 19ff.; TERHART 1983, S. 172ff.).
In Bezug auf die didaktische Weiterbildung der Dozierenden an Fachhochschulen sind verschiedene Auffassungen von Didaktik angezeigt:

„Didaktik ist prinzipiell die Vermittlung zwischen der Sachlogik des Inhalts und der Psychologik des/der Lernenden. Zur Sachlogik gehört eine Kenntnis der Strukturen und Zusammenhänge der Thematik, zur Psychologik die Berücksichtigung der Lern- und Motivationsstrukturen der Adressat/innen“ (SIEBERT 1997, S. 2).

Diese Definition passt insofern zur didaktischen Qualifizierung der Dozierenden, wie auch zu deren Lehrtätigkeit an den Fachhochschulen, als beide Bildungsbereiche beanspruchen, sich an wissenschaftlichen Erkenntnissen, also an Inhalten zu orientieren. Mit der Akzentuierung der Sachlogik der Inhaltsseite steht diese Definition in der Tradition der Bildungstheorie von KLAFKI (1985), der im Rahmen seiner didaktischen Analyse die explizite Frage nach der Struktur der Inhalte beantwortet haben will (KLAFKI 1964).
Der Definition von SIEBERT (1997, S. 2) liegt zudem eine konstruktivistische Grundposition zugrunde, indem sie explizit die Individualität des Lernprozesses berücksichtigt (vgl. dazu auch Kap. 12) .
Da die Lehrprozesse im Rahmen der didaktischen Basisqualifizierung der Dozierenden und im Rahmen der Lehre an Fachhochschulen immer einen klar intentionalen Charakter haben und eine hohe Praxisorientierung beabsichtigen, ist auch ein lernzielorientiertes Verständnis von Didaktik nicht unbedeutsam: Lehren als Gegenstand der Didaktik bedeutet dann die Planung, Durchführung und Auswertung von Lernprozessen und positioniert sich auf einem positivistischen Grundverständnis. SCHULZ (1980, S. 9) begründet sein lerntheoretisch fundiertes dreistufiges Planungsmodell (Perspektiv-, Umriss- und Prozessplanung) mit einem hohen Anspruch an Transparenz und Überprüfbarkeit des Lehr- und Lernprozesses. „Dieses Modell soll helfen, Schulunterricht als ein soziales Handlungsfeld so zu begreifen, dass es den Handelnden in diesem Feld erleichtert wird, sich über die Planungselemente ihres Handelns zu verständigen, die Effektivität der Planung zu prüfen und die Bedingungen, unter denen die Übereinkünfte und ihre erfolgreiche Umsetzung angemessen erscheinen, zu hinterfragen.“
Diese Ausführungen verdeutlichen, dass dieser Studie kein ausschliessliches Didaktikverständnis zugrunde liegt.

Hinter dem Leitfaden zur Befragung der Interviewpartner steht ein bildungstheoretisches und lernzielorientiertes Didaktikverständnis. Eine Vorstellung der Planbarkeit des Lerngeschehens ist damit gegeben. In den Ergebnissen drückte sich zusätzlich ein konstruktivistisches Grundverständnis im Denken über Lehren und Lernen aus. Dieses Gedankengut wurde in den Reflexionsteilen aufgenommen und thematisiert (vgl. Kap. 9; 11; 12). Beim Nachdenken über den Begriff Didaktik darf der schöpferisch-kreative Aspekt des Gestaltens und Begleitens von Lernprozessen nicht unerwähnt bleiben. Jede Lehr-Lernsituation zeigt sich neu und kann persönlich geprägt werden, und in diesem Sinne ist auch COMENIUS (1657) recht zu geben mit seiner Definition: „Didaktik bedeutet die Kunst des Lehrens".

2 Bezugsrahmen

2.1 Systemtheorie als theoretischer Rahmen

Die Systemtheorie stellt eine bestimmte, immer auch eingeschränkte Art der Wahrnehmung von Wirklichkeit dar. Das systemische Grundverständnis stellt eine Möglichkeit dar, Bereiche der Wirklichkeit, z.B. das Bildungswesen oder die Fachhochschulen zu konstruieren und zu reflektieren. Die Wirklichkeit systemisch wahrnehmen bedeutet, einzelne ihrer Elemente als Ganzes sowie die Beziehungen dieser Elemente untereinander wahrzunehmen. Einzelne Elemente sind aus systemischer Sicht nur in bezug auf das Ganze zu verstehen.

Der Begriff System, bereits in der Philosophie im obigen Sinn verwendet, wurde vor allem in der biologischen Forschung des 20. Jahrhunderts zur Beschreibung eines lebendigen Organismus herangezogen. Hinter der Wahl dieses Begriffes steht ein eigentlicher Paradigmawechsel von der klassisch analytischen Forschung zu neuen wissenschaftlichen Beobachtungsweisen, vom Einzelphänomen hin zum System.

Zum Verständnis der in der Biologie verankerten Systemtheorie gehört die Unterscheidung zwischen organisierter und unorganisierter Komplexität, die Unterscheidung zwischen offenen und geschlossenen Systemen und das Paradigma der Selbstorganisation.

Organisierte Komplexität besteht in den Wechselwirkungen zwischen einzelnen Elementen. Unorganisierte Komplexität bezeichnet die lineare Verkettung von Einzelphänomenen.

Ein geschlossenes System verändert seinen einmal gefundenen Zustand des Gleichgewichts nicht und unterhält keine Austauschbeziehungen mit seiner Umwelt. Ein offenes System sucht und verändert seinen Gleichgewichtszustand laufend, es sucht sein Fliessgleichgewicht und unterhält Beziehungen mit seiner Umwelt.

Das Paradigma der Selbstorganisation bezeichnet die Annahme, dass ein offenes System auf einen Reiz seiner Umwelt nicht linear kausal reagiert, sondern gemäss eigenen systemimmanenten Mustern und Möglichkeiten (KNEER 1993, S. 17ff.).[1]

Die sozialwissenschaftlichen Disziplinen wie die Psychologie und Soziologie haben teilweise das systemische Denken übernommen.

Bereits für DURKHEIM (1965; 1988), er lebte von 1858-1917, war die Wahrnehmung von Wechselwirkung zwischen sozialen Tatsachen entscheidend für das Verständnis sozialen Geschehens. „Systemtheoretisches Denken beginnt in der Soziologie dort, wo soziale Handlungen als einzelne Elemente eines sozialen Zusammenhanges aufgefasst werden. Die soziologische Systemtheorie - welcher Provenienz auch immer - erklärt das Verhalten von Einzelnen aus dem jeweiligen Systemzusammenhang. Es sind die sozialen Systeme, also Gesellschaften, Familien, Vereine, Organisationen, Parteien, Parlamente, Betriebe oder Glaubensgemeinschaften etc., die die Gemeinsamkeit des Handelns organisieren und so sozialen Prozessen eine Gestalt, eine Richtung, also eine Struktur geben" (KNEER 1993, S. 29). Soziale Handlungen werden als Ergebnis eines Systemzusammenhanges gedeutet, der wiederum durch eben diese Handlungen entstanden ist.

In der Entwicklung der Theorie sozialer Systeme lassen sich drei Phasen feststellen (LUHMANN 1984, zit. in KNEER 1993, S. 47):

Phase I: Soziale Systeme werden als geschlossene Ganzheiten dargestellt. Sie bestehen aus ihren verschiedenen Teilen, haben aber eine andere Qualität als deren Summe.

Phase II: Soziale Systeme sind offene Systeme. Ihre Austauschmöglichkeiten mit ihrer Umwelt stehen im Zentrum der Wahrnehmung. Die zentrale Fragestellung in dieser Denkweise lautet: Welche Funktionen hat ein soziales System zu erfüllen, damit dessen Fortbestand gesichert ist? In diesem Ansatz der strukturell-funktionalen Systemtheorie, welcher eng mit dem Namen PARSONS (1976) verbunden ist, sind soziale Systeme durch ihre Norm- und Wertsysteme, d.h. durch ihre Strukturen charakterisiert.

---

1 KNEER (1993) verweist auf differenziertere Ausführungen bei BERTALANFFY, L. v. (1951).

Phase III: Das Nachdenken über soziale Systeme kreist um die Thematik der Autopoiesis, Selbstorganisation und Autonomie (differenziertere Ausführungen zu diesem Systemverständnis finden sich im Kap. 9).

LUHMANN 1970, zit. in KNEER 1993, S. 42ff.) unterscheidet drei Typen von sozialen Systemen:

1. Interaktionssysteme formieren sich durch das Handeln (Kommunikation) anwesender Personen und lösen sich danach wieder auf.
2. Organisationssysteme knüpfen die Mitgliedschaft an bestimmte Bedingungen. Es gibt verschiedene Mitgliedschaftsgruppen, die Ein- und Austrittsbedingungen sowie die Abläufe in diesem System sind normiert.
3. Zum Gesellschaftssystem gehören alle Interaktions- und Organisationssysteme, das Gesellschaftssystem stellt aber wiederum mehr dar als die Summe seiner Elemente.

Die systemische Grundposition zeigt sich in der Wahrnehmung und Deutung verschiedener Facetten von Wirklichkeit. In dieser Studie werden die folgenden Wirklichkeiten systemisch wahrgenommen:

- Die Interviewpartner können als Teilelemente von Organisationssystemen aufgefasst werden.
- Interviewte und Interviewende zeigen Merkmale eines Interaktionssystems.
- Die Institution Fachhochschule, das Projekt SWF Schweizerische Weiterbildungszentrale für Fachhochschulen, Bundesämter und Weiterbildungsstellen stellen Organisationssysteme dar. Sie haben den Stellenwert von Umwelt füreinander.

Wenn in dieser Studie das systemische Denken in Bezug auf einen Bereich der Pädagogik, nämlich die Qualifizierung von Dozierenden an Fachhochschulen angewendet wird, darf dies nicht unreflektiert geschehen. Mit der Übernahme des systemischen Denkens in den Bereich der Pädagogik sind Probleme hinsichtlich des Menschenbildes in den beiden Denkrichtungen verbunden. BRUNKHORST (1995, S. 209, 210) führt diesbezüglich zwei Argumentationen an.

Das erste Argument befasst sich mit der Frage nach dem Subjekt von Systemen. In der systemtheoretischen Beschreibung von Wirklichkeit sei die Frage nach dem Urheber des Sinnes von Systemen ungeklärt, da diese, gewissermassen als Subjekte, Zwecke und Strategien verfolgen, Handlungen ausführen und ihr Tun reflektieren. Wenn es in diesem Denkansatz der Mensch als Subjekt nicht sein könne, ja der Mensch als Subjekt verbannt werde, so müsse die Frage gestellt werden, ob es dann ein heimliches Subjekt, ein Gespenst im System gebe?
Diese Thematik ist vor allem im Kontext der Phase III (vgl. S. 37) in der Entwicklung des systemischen Denkens zu verstehen. Eine Ausklammerung des Menschen als Subjekt in Systemen ist insofern mit dem pädagogischen Denken nicht vereinbar, als dieses den Mensch als den Urheber seiner Handlungen und Entscheidungen betrachtet. Pädagogische Interventionen sollen den Menschen auf seinem Weg zur Emanzipation (KLAFKI 1987, S. 11) unterstützen. Sie richten sich an Menschen als Subjekte, die allerdings als Elemente von Systemen aufgefasst werden können.
Die zweite Problematik bezieht sich auf eine mangelnde Berücksichtigung der Bedeutung der Lebenswelt für die Entwicklungsmöglichkeiten des Individuums (HABERMAS 1971a). Dem systemischen Denken fehle die Perspektive der Bedeutung der Gesellschaft als Bedingung für die individuelle Entwicklung. Die Wahrnehmung des Individuums als rein vergesellschaftet bedeute seine Zerstörung, da im Rahmen dieser Sichtweise keine individuellen Veränderungen möglich seien. Veränderung an sich sei nicht existent, alles bleibe, wie es ist (BRUNKHORST 1995, S. 210).
Das pädagogische Denken, welches sich mit der Entwicklung des Individuums zu einem emanzipierten Menschen befasst, geht in diesem Sinne von einer individuellen Entwicklungsmöglichkeit aus. Diese Denkrichtung steht im Widerspruch zu einem systemischen Denkansatz, welcher den Menschen als streng gesellschaftlich (systemisch) determiniert wahrnimmt. Pädagogisches Denken impliziert grundsätzlich die Möglichkeit der individuellen Veränderung.
Dieser Studie liegt ein Menschenbild zugrunde, welches dem Menschen die Möglichkeit des eigenständigen Denkens, der Sinngebung, der Wahl, der Entscheidung und der individuellen Empfindung zuschreibt, auch

wenn er als Teil von systemischen Einheiten aufgefasst werden kann. Die Möglichkeit der Veränderung des Menschen stellt eine weitere Grundannahme dar. Auf diesem Hintergrund sind die Überlegungen zur didaktischen Qualifizierung zu verstehen und können pädagogische Absichten erst Sinn erhalten.

Im folgenden Kapitel wird der gedankliche Bezugsrahmen der Studie dargestellt und erläutert. In einem Modell sind verschiedene gedankliche Konstrukte, von welchen ein Einfluss auf die didaktische Weiterbildung angenommen wird, zueinander in Beziehung gesetzt worden.

2.2 Bezugsrahmen zur Erhebung des Bedarfs an didaktischer Weiterbildung

Das hier vorgelegte Modell (vgl. Abb. 1, S. 40) dient als Bezugsrahmen für die Konzeption und Gestaltung der didaktischen Weiterbildung. Es soll verdeutlichen, dass die Konzeption der didaktischen Weiterbildung im Zusammenhang mit dem Leistungsauftrag des Bundes an die Fachhochschulen steht. Aus dem Leistungsauftrag an die Fachhochschulen lassen sich die Aufgaben der Dozierenden und das Lernverständnis an Fachhochschulen ableiten. Die Erfüllung der Aufgaben und die Umsetzung des Lernverständnisses erfordern bestimmte Kompetenzen. Diese verlangten Kompetenzen führen zu grundlegenden Hinweisen auf den Bedarf an didaktischer Weiterbildung an den Fachhochschulen. Die persönlichen Weiterbildungsbedürfnisse der einzelnen Dozierenden ergeben sich im Prinzip aus dem individuellen Vergleich zwischen den geforderten Kompetenzen (SOLL) und den vorhandenen Kompetenzen (IST). Den Ergebnissen aus den Qualitätssicherungsprozessen kommt diesbezüglich eine wesentliche „Zeigerfunktion“ zu (dieser Begriff stammt aus dem Interview o, S. 2).

Abbildung 1: Bezugsrahmen zur Erhebung des Bedarfs an didaktischer Weiterbildung an Fachhochschulen

Erläuterungen zu den einzelnen Elementen des Bezugsrahmens (vgl. Abbildung 1)

- Leistungsauftrag
  Er ist dem Bundesgesetz über die Fachhochschulen vom 6. Oktober 1995 zu entnehmen (2. Abschnitt: Fachhochschulen, Artikel 2 bis 15).

- Aufgaben der Dozierenden
  Darunter sind die konkreten Tätigkeiten der Dozierenden an Fachhochschulen zu verstehen, wie sie aus dem Leistungsauftrag erwachsen.

- Lernverständnis
  Darunter fallen Annahmen über Lernprozesse (Lernvoraussetzungen, -ziele, -formen, Rolle der Dozierenden, vgl. 2.3).
- Geforderte Kompetenzen
  Kompetenzen beschreiben Befähigungen sowie die Bereitschaft von Menschen, um in bestimmten Aufgabenfeldern handeln zu können. (Der Kompetenzbegriff ist im Kap. 12. 2 umfassend dargestellt.)
- Weiterbildungsbedarf
  Der Bedarf stellt einen zentralen Orientierungspunkt für jede Weiterbildungsmassnahme dar. Bei der Bedarfsanalyse ist von den verlangten Tätigkeiten (Handlungen und den damit verbundenen Wertvorstellungen) auszugehen. Dabei kann unterschieden werden zwischen dem Weiterbildungsbedarf, der sich hinsichtlich der Erfüllung (neuer) institutioneller Aufgaben ergibt, und den Weiterbildungsbedürfnissen der einzelnen Mitarbeiter und Mitarbeiterinnen, welche sich aus dem individuellen Vergleich zwischen gewünschten Kompetenzen (SOLL) und den vorhandenen Kompetenzen (IST) sowie aus der Gewichtung eines allfälligen Defizites ergeben (MERK 1993; BRUNNER 1991). Der Weiterbildungsbedarf lässt sich in der Form von Weiterbildungszielen, -inhalten, Methoden, Strukturelementen, Angaben zum zeitlichen Umfang darstellen.
- Weiterbildungsangebote/Weiterbildungsmassnahmen
  Weiterbildungsmassnahmen (z.B. Seminare, Coaching) sollten von der Beschreibung des Weiterbildungsbedarfs abgeleitet und entsprechend konzipiert und durchgeführt werden.

2.3 Zum Lernverständnis an den Fachhochschulen

Das Projektteam des Projektes SWF Schweizerische Weiterbildungszentrale für Fachhochschulen hat sein Lernverständnis bezüglich der Situation an Fachhochschulen formuliert. Die folgenden Ausführungen basieren auf persönlichen Erfahrungen und auf Literaturstudien (MINTKEN 1991, S. 5ff.; VON WERDER 1994). Sie stellen das Vorverständnis in bezug auf die Lernsituation an Fachhochschulen dar. Damit wird der Anspruch an qualitative Studien, das Vorverständnis in Bezug auf bedeutsame Inhalte offenzulegen, eingelöst (vgl. Kap. 3).

(In den Reflexionen der Ergebnisse sind insbesondere unter dem Aspekt des Erwerbs von sozialen Kompetenzen Vertiefungen zur Thematik «Lernverständnis» zu finden, vgl. Kap. 12.5)

- Lernvoraussetzungen
  Der Lernprozess orientiert sich an der Praxis, der Wissenschaft und der studienrelevanten Ausgangslage. Lernen muss auf die Praxis, d.h. auf die vorhandene und zukünftige Berufstätigkeit bezogen sein, die Frage des Transfers hat hohe Priorität, Wissenschaftsbezug meint die Verarbeitung des neuesten Standes der Wissenschaft.
  Die Studierenden bringen unterschiedliche Berufserfahrungen mit. Studierende ohne oder mit geringer Berufserfahrung können dieses Manko durch Praxissemester ausgleichen. Hiezu sind geeignete Studiengangsmodelle zu entwickeln.

- Lernverständnis
  Lernen ist ein individueller, eigenverantwortlicher Prozess und nur begrenzt steuerbar. Lernen ist „ ... ein aktiver, konstruktiver, kumulativer und zielorientierter Prozess" (SIMONS 1992, S. 251). Die Lernenden bringen ihr Vorwissen und ihre Lerngeschichte mit Vorstellungen über Lernen mit.

- Lernsituation
  Institutionelle Bedingungen und Vorgaben (z.B. Prüfungsbestimmungen, Studienordnungen; Sollwerte für Gruppengrössen) und der strukturelle Aufbau der Studiengänge beeinflussen die Lernmöglichkeiten an den Fachhochschulen.
  Für die Fachhochschulen gilt, was für alle pädagogischen Institutionen zutrifft:
  Lernen ist zielorientiert, intentional und erfolgt heute noch primär unter dem Aspekt der Aneignung von Wissensinhalten (Wissenschaftliches Wissen, Handlungswissen, Orientierungswissen).

Lernen findet zu einem grossen Teil in Gruppen, unter Anleitung statt und ist entsprechend organisiert. (SIEBERT 1997, S. 12; ARNOLD 1990, S. 24)

- Lernziele
  Folgende Fähigkeiten sind an einer Fachhochschule zu lehren und zu fördern:
  Fachkompetenzen (Allgemeinwissen, Sprachkompetenzen und Expertenwissen)
  Methodenkompetenz (analytische Fähigkeiten, Problemlösefähigkeiten, kreative Fähigkeiten)
  Sozialkompetenzen (Kommunikations-, Kooperations-, Konflikt-, Führungsfähigkeiten)
  Selbstkompetenzen (z.B. Selbständigkeit)
- Lernformen
  Lernen ist im Rahmen verschiedener Formen denkbar: Klassenunterricht, Vorlesungen, Seminarien, Projekte, Übungen, autodidaktische Lernformen. Das eigenverantwortliche Lernen gewinnt zunehmend an Bedeutung.
- Rolle der Dozierenden
  Die Rolle der Dozierenden besteht neben der Vermittlung von Wissen auch in der Beratung und Begleitung der Studierenden beim Erwerb von komplexen Kompetenzen. Lehrende übernehmen vermehrt die Funktion von Mittlern und Übersetzern zwischen Wissen, Individuum und Praxis.

2.4 Didaktische Weiterbildung in Verbindung mit Qualitätssicherung

Das Fachhochschulgesetz (Artikel 14, Absatz 2, S. 4) verpflichtet die Fachhochschulen, eine Qualitätskontrolle sicherzustellen. Qualitätssicherungsmassnahmen in Institutionen können sich grundsätzlich auf die Ebene der Management-, der Wertschöpfungs- und der Unterstützungsprozesse beziehen (SEGHEZZI 1998, S. 13ff.).

Die Lehre als zentrale Aufgabe der Fachhochschulen stellt einen wesentlichen Wertschöpfungsprozess und damit zwingend Gegenstand der Qualitätssicherung dar. Das Ziel besteht in der qualitativen Vergleichbarkeit der Lehrveranstaltungen und in der Rückmeldung an die Dozierenden über die Qualität ihrer Lehrveranstaltungen (STAMM 1998, S.164). Dabei ist wesentlich, dass die Qualitätssicherung nicht bei der Dokumentation des Bestehenden stehen bleibt, sondern dass die Reflexion und die Verbesserung der Prozesse zur Gewohnheit werden. Dieses Postulat ist identisch mit der These 3: Evaluation-Aktion, des Positionspapieres als Ergebnis der Tagung vom März 1996 in Montreux.[2] Diese These beinhaltet, dass Evaluation und Aktion zusammen gehören.
Die Berichterstattung über die Evaluationsprozesse müsste demnach immer eine «to-do-Liste» enthalten, die Umsetzung der empfohlenen Aktionen müsste in einem angemessenen Zeitraum überprüft werden.
Die Verbesserung des Wertschöpfungsprozesses «Lehre» kann u.a. durch verschiedene Massnahmen im Bereich der (didaktischen) Weiterbildung erreicht werden (schulinterne, schulexterne Seminare, Coaching, Supervision), oder umgekehrt, die Dozierenden sollten ihre didaktische Weiterbildung in Verbindung mit den Rückmeldungen zu ihrer Lehrtätigkeit wahrnehmen und entsprechend planen. In diesem Sinne ist die didaktische Weiterbildung als ein Element der Qualitätssicherung und nicht losgelöst davon zu verstehen.
Damit wird die methodisch-didaktische Weiterbildung der Dozierenden in den Kontext des Bildungsmanagements gestellt und liegt im Verantwortungsbereich der Schuldirektion (STAMM 1998, S. 63).

---

[2] Die Tagung wurde organisiert vom damaligen Bundesamt für Industrie, Gewerbe und Arbeit (BIGA), von der Erziehungsdirektorenkonferenz (EDK) und vom Schweizerischen Wissenschaftsrat (SWR) (vgl. Bundesamt für Industrie, Gewerbe und Arbeit et. al., 1996).

Teil II

Qualitative Studie

3 Methodologische Überlegungen

Zur Beantwortung der Fragestellungen (vgl. S. 9, 10) wurde ein qualitativ orientiertes Vorgehen gewählt. Die Suche nach Erkenntnissen zur Konzeption der didaktischen Qualifikation von Dozierenden an Fachhochschulen situiert sich in einem sozialen (bildungspolitischen) Kontext und damit komplexen Umfeld, welches in dieser Studie systemisch betrachtet wird. Der Suchprozess findet in Zusammenarbeit mit Personen aus dem Umfeld der Fachhochschulen statt, er betrifft Individuen und Organisationen. Ihre Denkweise über den Forschungsinhalt ist geprägt von persönlichen Erkenntnissen und Werthaltungen, erworben aufgrund lebensgeschichtlicher Erfahrungen und Lernprozesse. Zudem ist davon auszugehen, dass die in Institutionen vorhandenen Werte und Normen die Auffassungen ihrer Mitglieder beeinflussen. Qualitative Methoden vermögen den Forschungsinhalt differenziert zu erfassen. Sie ermöglichen, individuelle Auffassungen und Werthaltungen sowie Aspekte der Komplexität der sozialen Situation aufzuzeigen.
Zur Verdeutlichung der Gründe für die Wahl eines qualitativen Forschungsansatzes zeigen die folgenden Ausführungen auf, inwieweit die Grundsätze qualitativer Forschungsmethoden für den beschriebenen Erkenntnisprozess von Bedeutung sind (MAYRING 1993, S. 9ff.).
In diesem Sinne folgt im Text nach der kurzen Darstellung der Grundsätze eine Reflexion ihrer Bedeutung für den Erkenntnisprozess bezüglich der didaktischen Qualifizierung der Dozierenden an Fachhochschulen.

3.1 Merkmale qualitativer Forschung

3.1.1 Postulat der Orientierung am Subjekt

- Problemorientierung

  Problemorientierung meint, dass die Fragestellungen einer aktuellen Problemlage in der Praxis entsprechen. Sie steht in engem Zusammenhang mit dem Prinzip der Alltagsorientierung.

  Mit dem Fachhochschulgesetz wird die didaktische Qualifizierung verlangt. Damit ergibt sich für die Fachhochschulen die Frage nach deren Gestaltung. Die Konzipierung der didaktischen Qualifizierung ent-

spricht somit einem konkreten und dringlichen Klärungsbedarf, welcher sich aus den bildungspolitischen Entwicklungen im Bereich der Fachhochschulen ergibt. Das Ziel des Forschungsprozesses liegt in der Weiterentwicklung bestehender Konzepte zur didaktischen Weiterbildung der Dozierenden an den Fachhochschulen. Die vorgeschlagenen Konzepte haben den Stellenwert eines Diskussionsbeitrages und können in diesem Sinne die Weiterentwicklung und Konkretisierung bestehender Vorstellungen vorantreiben.
Damit die Vorschläge auf die konkrete Situation der Fachhochschulen und ihrer Dozierenden zugeschnitten sind und eine hohe Chance für eine breite Akzeptanz erhalten, sind sie zusammen mit den Angehörigen der Fachhochschulen und ihnen nahestehenden Experten zu entwickeln.

- Historizität

  Mit dem Prinzip der Historizität ist gemeint, dass die Geschichte des Forschungsobjektes in dessen Betrachtungsweise miteinzubeziehen ist. Der Grund für die Bedeutsamkeit dieses Prinzips für die Erkenntnissuche liegt in der Annahme, dass alle humanwissenschaftlichen Forschungsgegenstände geworden und somit auch veränder- und gestaltbar sind. Jede aktuell sich zeigende humane Situation ist durch deren Geschichte mitbedingt. Die Darstellung der Geschichte kann Teil der Erkenntnissuche und Ausgangspunkt für den Forschungsprozess darstellen.

  Die didaktische Weiterbildung an den Fachhochschulen hat eine kurze Geschichte. Zu Beginn der Bearbeitung der Fragestellungen (Beginn 1996) lagen Konzepte, Erfahrungen, Angebote von Organisationen einzelner Bereiche zur didaktischen Qualifizierung vor (damalige didaktische Weiterbildungskommission der Direktorenkonferenz an den Ingenieurschulen WBK-DIS, damalige Fachstelle für LehrerInnen- und Gestaltungspädagogik FLuG, damaliger Dachverband der Fachhochschulen für Sozialarbeit SASSA, private und öffentliche Bildungsinstitutionen). Hingegen fehlte eine integrale Konzeption der didaktischen Aus- und Weiterbildung der Dozierenden an den Fachhochschulen. Im Laufe des Forschungsprozesses entwickelten einzelne Fachhochschulen (z.B. Fachhochschulverbund Ost) eigene Konzepte.

Die Historizität des Forschungsobjektes berücksichtigen, heisst in dieser Situation, die bestehenden Vorstellungen und Erfahrungen bezüglich der didaktischen Weiterbildung für die Dozierenden an Fachhochschulen zu studieren, zu würdigen, einzubeziehen und weiterzuentwickeln. Zudem muss beachtet werden, dass die gewordenen Strukturen im Bereich Anbieter und Abnehmer ein nicht allzu leicht veränderbares Faktum darstellen. Der Zugang zur Geschichte ist in dieser Situation über zwei Wege möglich:

Studium der einschlägigen Dokumente
Schlussbericht WBO Projekt 1109, 1996, Konzepte der didaktischen Weiterbildungskommission der DIS, Konzepte von FLuG und SASSA

Interviews mit Vertretern und Vertreterinnen dieser Organisationen
Das Erfahrungswissen der Vertreter und Vertreterinnen dieser Organisationen stellt eine zentrale Wissensquelle dar. Als Interviewpartner und -partnerinnen geben sie durch die Formulierung ihrer Erfahrungen ihre Sicht der Geschichte und ihr aktuelles Wissen weiter und gestalten so die Entwicklung mit.

• Ganzheitlichkeit

Der Grundsatz der Ganzheitlichkeit ist in zweierlei Hinsichten bedeutungsvoll.

1. Bedeutung für die Wahrnehmung der Befragten als Ergebnislieferanten
Den Menschen als ganzheitliches Individuum wahrzunehmen ist bezüglich seiner Funktion als Informationsträger bedeutsam. Die Aktivität der Weitergabe von Informationen nimmt er als denkendes, handelndes, fühlendes und wahrnehmendes Wesen wahr. Der Begriff Ganzheit bezieht sich hier auf die psychischen Aktivitäten des Individuums, in diesem Fall seiner Aktivität als Informationslieferant.
Die Forschungsergebnisse kommen im wesentlichen durch Befragungen im Rahmen von Interviews und Gruppengesprächen zustande. Es kann davon ausgegangen werden, dass die Aussagen sich aus einer Mischung von sachlicher Information (kognitive Komponente), dazugehörigen Meinungen, persönlichen Erfahrungen (emotionale Komponente) und

Handlungsvorschlägen (psychomotorischer Aspekt der Information) zusammensetzen werden. Erfahrungsberichte über konkrete Handlungen im Bereich der didaktischen Qualifizierung und theoretische Aussagen stellen wichtige Informationen dar.
Die Berücksichtigung des Prinzips der Ganzheitlichkeit kann hier bedeuten, dass die verschiedenen Komponenten der Informationen bedeutsam sind. Zudem ist zu erwarten, dass viele Aussagen den Charakter von Einstellungen aufweisen werden. Einstellungen weisen neben einer kognitiven immer auch eine gefühlsmäßige (und handlungsorientierte) Komponente auf (OERTER 1978). Sie werden diesbezüglich aber nicht analysiert. Wenn die Interviewpartner und -partnerinnen selbst zwischen sachlicher Information, persönlicher Erfahrung und Meinung unterscheiden, kann ihre Differenzierung übernommen werden.

2. Bedeutung für die Wahrnehmung der Adressaten der Konzeption der didaktischen Weiterbildung.
Den Begriff Ganzheitlichkeit als Begriff aus der systemischen Denkweise anzuwenden, kann hier bedeuten, einzelne Faktoren, die in Beziehung zur Forschungsthematik stehen, in bestimmten Vernetzungen wahrzunehmen. Soziale Systeme werden in ihren Vernetzungen mit weiteren sozialen Systemen gesehen, die ihrerseits wieder mit umfassenderen Systemen verbunden und nicht unabhängig von diesen zu verstehen sind. Auf dem Hintergrund dieser systemischen Auffassung handelt das Individuum nicht nur als Einzelwesen, sondern als Teil von Gruppen und Organisationen in Gesellschaft, Arbeitswelt, privatem Umfeld. Gruppen können als Teilsysteme von Organisationen wahrgenommen werden (vgl. Kap. 2.1; 9).
Die systemische Betrachtungsweise bezieht sich auch auf die Wahrnehmung der Dozierenden als Adressaten der didaktischen Weiterbildung. Die Dozierenden sind aber nicht unabhängige Individuen, sondern Teil einer komplexen Institution. Die Meinung der Institution zur didaktischen Weiterbildung wird die Denk- und Handlungsweise der Dozierenden beeinflussen und umgekehrt.
Die didaktische Qualifizierung stellt grundsätzlich eine Einzelmassnahme dar, die aber auf die Qualitätsentwicklung der Schule als Ganzes

zielt. Sie kann als ein Element im Zyklus der Qualitätssicherung aufgefasst werden. (vgl. Kap. 6.1.1.1). Auf dem Hintergrund dieser vernetzten Sichtweise richten sich die Ergebnisse dieser Untersuchung an die Dozierenden und an die Leitungsverantwortlichen der Fachhochschulen. Die Bildungsinstitutionen ihrerseits sind wieder vernetzt mit den Subventionsgebern (Bundesämter, Erziehungsdirektorenkonferenz, Kantone), welche ihre Auflagen formulieren (Gesetzliche Vorschriften).
Die systemische Betrachtungsweise der Adressaten der didaktischen Weiterbildung hat Auswirkungen auf die Wahl der Forschungspartner und -partnerinnen. Die Konzeption einer didaktischen Weiterbildung kann nur aus der Perspektive von Personen aus den verschiedenen, miteinander vernetzten Organisationen entwickelt werden. Dazu gehören die Angehörigen der Fachhochschulen (Dozierende und Leitungsverantwortliche). Ebenfalls sind Exponenten der Partnerorganisationen, die sich neu oder schon länger mit der Thematik befassen, Kursleitende, welche didaktische Weiterbildungsangebote entwickeln und anbieten, und Schlüsselpersonen aus der Bildungspolitik zu befragen.
Die systemische Wahrnehmung hat auch Auswirkungen auf die Wahl der Inhalte für die Befragung. (Beispiel: Die Frage nach den institutionellen Bedingungen für die didaktische Weiterbildung muss gestellt werden.)

3.1.2 Postulat der sorgfältigen Deskription

Die sorgfältige Deskription soll sicherstellen, dass durch den Forschungsprozess ein nachvollziehbares, umfassendes und differenziertes Bild des Forschungsobjektes entsteht.

- Einzelfallbezogenheit
  Die Deskription bezieht sich auf Einzelfälle.
  Die Gesprächspartner und -partnerinnen wurden als Vertreter und Vertreterinnen ihrer jeweiligen Bereichsschulen und Organisationen ausgewählt. Sie stellen Einzelfälle dar, welche sich in vielem voneinander unterscheiden. Es muss davon ausgegangen werden, dass sie auf dem Hintergrund ihrer Organisation argumentieren. Sie werden aber keineswegs in der Lage sein, alle bestehenden Meinungen weitergeben zu

können. Deshalb kann es sich bei den befragten Personen immer 'nur' um Einzelfälle handeln. Diese Sicht dient auch der Entlastung der Befragten.
Die sich aus den Antworten der Einzelfälle ergebenden Gemeinsamkeiten und Unterschiede sind für die Konzeption der didaktischen Weiterbildung gleichermassen bedeutsam.
Eine Schwierigkeit bestand darin, dass zum Zeitpunkt der Befragung die Fachhochschulen der Schweiz erst in Entstehung begriffen waren. Die Befragten verstanden sich denn auch als Vertreter und Vertreterinnen der Höheren Fachschulen und hatten noch kein ausgeprägtes Bewusstsein über den neuen Schultypus entwickelt. Ihre Aussagen haben antizipatorischen Charakter.

- Methodenkontrolle
  Die genaue Kontrolle der methodischen Schritte stellt eine Grundlage der präzisen Beschreibung dar. Bei der Datenerhebung und -auswertung ist nach klaren Leitlinien vorzugehen. Diese Leitlinien haben den Stellenwert von Orientierungshilfen und können bei Unvorhergesehenem begründet modifiziert werden (STRAUSS 1991, S. 32ff.).
  Die Grundlagen für die Konzipierung der didaktischen Weiterbildung der Dozierenden an Fachhochschulen sind komplex. Die Diskussionen bringen einen Prozess unter den Adressaten in Gang. Die Komplexität der Situation, sowie die Prozesshaftigkeit sprechen gegen eine strikte Systematisierung von methodologischen Regeln. Vielmehr muss es darum gehen, Leitlinien für die Datenerhebung und -auswertung zu formulieren. Wenn sich im Laufe des Forschungsprozesses weitere Gesichtspunkte ergeben, sind die methodischen Schritte zu modifizieren. Dies kann bedeuten, dass der Gesprächsleitfaden ergänzt oder gekürzt wird, oder dass Kategorien des Auswertungsinstrumentes im Laufe der Arbeit erweitert werden. Das Vorgehen ist transparent zu machen.

- Offenheit
  Offenheit besteht gegenüber dem Gegenstand, gegenüber dem Vorgehen und den erwarteten Ergebnissen.
  Bei der Beantwortung der vorliegenden Fragestellung kann nicht von theoretischen Hypothesen ausgegangen werden. Die Datensammlung

dient dazu, die Grundlagen für die Konzipierung der didaktischen Weiterbildung zusammenzustellen. Dabei ist es wichtig, umfassende Informationen zusammenzutragen. Dies bedingt eine grosse Offenheit gegenüber dem Thema. Die Forscherin hat mit ihren persönlichen Vorstellungen, die sich im Laufe der Datensammlung festigen, sehr bewusst umzugehen (vgl. Postulat der Interpretation, Kap. 3.1.3).
Wenn im Laufe des Forschungsprozesses neue Themen auftauchen, müssen diese aufgenommen und weiterverfolgt werden (vgl. S. 52: Methodenkontrolle).
Grosse Offenheit ist bezüglich der Beantwortung der vorliegenden Fragestellung von besonderer Bedeutung, da die Thematik auf viele Widerstände stösst. Nicht alle Dozierenden sind primär für eine didaktische Weiterbildung motiviert. In Gesprächen wird die Befürchtung geäussert, dass zu ausschliessliche Konzepte bestimmend werden und Bestehendes verdrängen könnten. Nur eine offene Haltung ermöglicht es, diese Widerstände aufzunehmen und zu verstehen. Diese Widerstände beinhalten wichtige Hinweise für eine Lösung, die breite Akzeptanz erhalten kann.

3.1.3 Postulat der Interpretation

- Vorverständnis

  Der Mensch als ein denkendes Wesen reflektiert vergangene Erfahrungen und entwirft in Gedanken zukünftige Situationen. Zum Forschen gehört es, eine Beziehung zu einer Thematik aufzunehmen und darüber nachzudenken. Der eigentliche Kontakt mit dem erforschten Lebensbereich kann in diesem Sinne nicht unvoreingenommen verlaufen. In einem qualitativen Forschungsprozess legt der Forscher oder die Forscherin das Vorverständnis offen.
  Gegenüber der didaktischen Weiterbildung der Dozierenden bestehen Vorverständnisse auf mindestens zwei Ebenen.

  1. Grundsätzliche Bejahung der didaktischen Weiterbildung
  Die Tatsache der gesetzlichen Verankerung der didaktischen Qualifizierung beeinflusst die Forscherin und die Befragten und grenzt die Offenheit gegenüber der Fragestellung ein. Es darf davon ausgegangen werden, dass der didaktischen Weiterbildung eine bestimmte Bedeutung für

die Erfüllung des Leistungauftrages an den Fachhochschulen zugeschrieben wird.
Auch die Forscherin als Leiterin des Projektes «Schweizerische Weiterbildungszentrale für Fachhochschulen» und als Fachfrau in Weiterbildungsfragen vertritt den Standpunkt, dass eine didaktische Qualifizierung für die professionelle Gestaltung von Lernprozessen zwingend ist.
Als Gesprächspartner werden ausschliesslich Personen ausgewählt, welche sich bereits mit dem Forschungsgegenstand befasst haben, und an der Konzipierung einer didaktischen Weiterbildung interessiert sind. Diese Faktoren bewirken, dass der gesamte Forschungsprozess durch eine positive Einstellung gegenüber der Bedeutung des Forschungsgegenstandes geprägt ist.

2. Bestehende Konzepte zur didaktischen Weiterbildung der Dozierenden an Fachhochschulen
Die Ergebnisse der Diskussion über das Bestehende durch die Projektgruppe sind in die Ausführungen „Überlegungen zur berufsbegleitenden didaktischen Qualifizierung von Dozierenden an Fachhochschulen" eingeflossen (vgl. Anhang, 4). Sie dienten als Grundlage für die Bearbeitung gewisser Fragen in den Interviews. Es muss davon ausgegangen werden, dass diese Vorgaben die Antworten steuern werden, indem sie in erster Linie Bejahung oder Ablehnung hervorrufen werden. Die Offenlegung dieses Vorverständnisses wird die Entwicklung ganz anderer Vorstellungen beeinträchtigen.

- Interaktion zwischen Forscherin und Forschungsgegenstand

Der qualitative Forschungsprozess ist durch die partnerschaftliche Interaktion zwischen der Forscherin und ihren Forschungspartnern und -partnerinnen als Träger und Trägerinnen des Forschungsgegenstandes gekennzeichnet. Die Verantwortung für die Steuerung des Gesprächs liegt zwar bei der Forscherin. Das Verhältnis zwischen Forscherin und Interviewpartner ist aber im weiteren weniger durch das Merkmal der Komplementarität als vielmehr durch Symmetrie gekennzeichnet (WATZLAWICK 1969). Forscherin und Befragte verfügen über Theorien und Erfahrungen bezüglich des Forschungsgegenstandes. Deshalb

liegt die Annahme den Gesprächen zugrunde, dass es sich bei den Forschungskontakten um eine Subjekt-Subjekt-Beziehung handelt.
Die Forscherin begegnet den Interviewpartnern und -partnerinnen mit grosser Offenheit und grossem Interesse, ihre Antworten zu verstehen. Ihr Wissen und ihre Erfahrungen stehen im Vordergrund. Wenn das Interview als ein partnerschaftliches Gespräch gestaltet wird, bedeutet dies, dass auch die Vorstellungen der Forscherin im Rahmen der Fragen einfliessen werden.
Durch die verschiedenen Gespräche verändern sich die Gedanken über den Forschungsgegenstand. Deshalb wird die Forscherin den Interviewten mit unterschiedlichen Vorverständnissen über den Forschungsgegenstand gegenübertreten. Dies verlangt von ihr hohe Aufmerksamkeit, damit sie allen Interviewpartnern und -partnerinnen die Fragen auf die gleiche Art stellt. Meinungen aus früheren Gesprächen können einfliessen, sind aber als solche zu deklarieren.

3.1.4 Postulat der Verallgemeinerung

Die Forschungsergebnisse sind sinnvoll zu verallgemeinern.
Die antizipierten Forschungsergebnisse beziehen sich auf die Konzipierung der didaktischen Weiterbildung der Dozierenden an Fachhochschulen. Zum Zeitpunkt der Befragung stellt aber der Begriff der Fachhochschule erst eine Vorstellung dar. Er ist noch nicht für alle betroffenen Schulen mit realen Erfahrungen gefüllt. Die befragten Personen verstanden sich noch als Vertreter und Vertreterinnen ihrer damaligen Schultypen (Höhere Technische Lehranstalt HTL, höhere Wirtschafts- und Verwaltungsschule HWV, höhere Fachschule für Gestaltung HFG, höhere Fachschule für Sozialarbeit HFS). Es musste deshalb davon ausgegangen werden, dass die Interviewpartner der unterschiedlichen Schultypen aus der Sicht ihrer Bereichsschule heraus sehr unterschiedlich argumentieren würden. Es war zudem zu erwarten, dass Gesprächspartner und -partnerinnen aus dem Umfeld der Fachhochschulen Sichtweisen einbringen würden, die von denen der Schulvertreter und -vertreterinnen differieren. Ein hohes Mass an Verallgemeinerung zu erbringen, ist in dieser Situation schwierig. Wenn Aussagen der verschiedenen Gesprächspartner und -partnerin-

nen aber übereinstimmen, so kommt den daraus abgeleiteten Verallgemeinerungen eine sehr hohe Bedeutung zu.

- Argumentative Verallgemeinerung
  Verallgemeinerungen sind zu begründen.
  Für die Begründungen können Ergebnisse aus den systematischen Einzelbefragungen und aus den Gruppengesprächen herangezogen werden. Manchmal ergeben sich Informationen zufällig, beispielsweise durch Telephongespräche mit Fachpersonen. Sie können die systematisch erhobenen Informationen ergänzen oder verstärken oder abschwächen.

- Induktion
  Hinsichtlich der argumentativen Verallgemeinerung ist das induktive Vorgehen legitim. Induktives Vorgehen meint, dass Informationen, die sich aus einzelnen Gesprächen oder Beobachtungen ergeben, als Ausgangspunkt für Verallgemeinerungen dienen können, wenn sie als solche transparent gemacht und durch weitere Informationen erhärtet werden.

- Regeln
  Das Ziel dieses Forschungsprozesses besteht nicht in der Erarbeitung von Regeln. Er dient der Aufbereitung von Informationen, die als Grundlagen für die Konzipierung der didaktischen Weiterbildung von Dozierenden an Fachhochschulen verwendet werden können. Auf der Grundlage der Ergebnisse können konkrete Handlungsorientierungen, z.B. in der Form von Empfehlungen abgeleitet werden.

3.2 Qualitative Gütekriterien

Für qualitative Forschungsprozesse sind Massstäbe zu entwickeln, an welchen die Qualität der Ergebnisse gemessen wird. MAYRING (1993, S. 109ff.) beschreibt sechs allgemeine Gütekriterien für die qualitative Forschung. Sie sind für den vorliegenden Forschungsprozess wegleitend.

- Verfahrensdokumentation
  Für die Nachvollziehbarkeit des Forschungsablaufes ist das Vorverständnis offenzulegen. Die Entwicklung des Erhebungsinstrumentes, die Vorgehensweise bei der Durchführung der Gespräche und bei der Aus-

wertung der Ergebnisse sowie bei der Ableitung der Empfehlungen sind präzise zu dokumentieren.

- Argumentative Interpretationsabsicherung
  Interpretationen müssen argumentativ begründet und in sich schlüssig sein.
- Regelgeleitetheit
  Der Forschungsprozess muss hinsichtlich der Informationssammlung und -auswertung nach einer festgelegten, dem Inhalt angemessenen Vorgehensweise ablaufen, wobei aber dem Anspruch der Offenheit gegenüber dem Untersuchungsgegenstand Rechnung getragen werden darf und muss. Dies bedeutet, dass eine begründete Abweichung von der festgelegten Vorgehenssystematik zulässig ist.
- Nähe zum Gegenstand
  Der Forschungsprozess setzt an einer konkreten Problematik aus dem Bildungsbereich an. Um Handlungsanweisungen für eine optimale Lösung zu gewinnen, ist eine sinnvolle Nähe zu den Interessenten am Forschungsgegenstand herzustellen. Sinnvolle Nähe bedeutet im dargestellten Forschungsprozess einerseits, die bereits vorhandenen Überlegungen als Ausgangspunkt für den Forschungsprozess darzustellen (vgl. Kap. 1.1.3, Vorverständnis), und andererseits, dass die Forscherin die Gesprächspartner und -partnerinnen in ihren Arbeitsbereichen aufsucht. Die örtliche Nähe unterstützt das Anliegen, die Antworten aus der Perspektive der Befragten zu verstehen.
- Kommunikative Validierung
  Der dieser Arbeit zugrundeliegende Forschungsprozess zeichnet sich im wesentlichen durch die Kommunikation der Forscherin mit den Interviewpartnern und -partnerinnen aus. Diese sind „... nicht Datenlieferanten, sondern denkende Subjekte wie die Forscher auch“ (MAYRING 1993, S. 112).
  Ein gewisses Mass an Gültigkeit der Ergebnisse wird durch die Diskussion der Interpretationen mit den Mitgliedern der Projektgruppe (Vertreter und Vertreterinnen der Fachhochschulen) erreicht. Die Ergebnisse wurden zudem den Mitgliedern der Trägergruppe des Projektes zur Be-

sprechung vorgelegt. Die Ergebnisse erfahren also nicht nur aus der Sicht der Forscherin, sondern aus einer erweiterten Perspektive heraus eine Deutung. Eine Optimierung der Validierung kann zusätzlich dadurch erreicht werden, dass bei einzelnen Interviewpartnern Rückmeldungen zu den Ergebnissen und deren Analyse eingeholt werden.

- Triangulation
  Triangulation meint, dass für den Forschungsprozess verschiedene Informationsquellen herangezogen werden können.
  Im beschriebenen Prozess dienten vor allem Personen (Vertreter und Vertreterinnen der Fachhochschulen, des bildungspolitischen Umfeldes, weiterer Bildungsinstitutionen und Dozierende) und einzelne Dokumente als Informationsquellen. Das Studium bestehender Dokumente zur didaktischen Weiterbildung der Dozierenden an Fachhochschulen war hilfreich für die Klärung des Vorverständnisses. Die Ergebnisse aus den Gesprächen können sich ergänzen oder widersprechen. Bei Widersprüchlichkeiten können zusätzliche Informationen eingeholt werden. Widersprüche können aber auch an sich ein Ergebnis darstellen. Daran zeigt sich ein Klärungsbedarf im Bereich der Fachhochschulen. Alle Informationen ergeben zusammen ein momentanes Gesamtbild, bestehend aus Übereinstimmungen und Widersprüchlichkeiten.

4 Forschungsmethoden

Der Erkenntnisprozess zur Beantwortung der Fragestellungen vollzog sich in drei Phasen.
In der *ersten* Phase sollten zwei Zielsetzungen erreicht werden: Die Gruppengespräche mit Delegierten für die didaktische Weiterbildung an den damaligen Höheren Fachschulen sowie mit Tagungsteilnehmenden sollten zu konkreten Hinweisen für die Konzeption und Durchführung von didaktischen Weiterbildungen führen. Der Geldgeber wünschte die rasche Durchführung von Kursen. Zusätzlich zur Bedarfs- und Bedürfniserhebung wurden die Beteiligten nach ihrer Meinung bezüglich der vorhandenen Konzepte zur didaktischen Qualifizierung der Dozierenden an den damaligen Höheren Fachschulen befragt.
In einer *zweiten* Phase konnten die vorhandenen Ergebnisse mittels problemzentrierter Interviews mit Fachexperten vertieft, differenziert und erweitert werden.
In der *dritten* Phase interpretierten die Mitglieder der Projektgruppe des Projektes „Schweizerische Weiterbildungszentrale für Fachhochschulen SWF“ die Ergebnisse. Die abgeleiteten Schlussfolgerungen für die didaktische Qualifizierung der Dozierenden an Fachhochschulen in der Form von Empfehlungen (vgl. Kap. 8) wurden von der Trägergruppe des Projektes genehmigt.
Der folgende Teil beinhaltet grundsätzliche Überlegungen zur Methodenwahl sowie Ausführungen zum Einsatz der Methoden und zur Auswertung.

4.1 Gruppenbefragung

4.1.1 Grundsätzliches

Gruppengespräche stellen eine ökonomische Befragungsform dar. Mehrere Experten und Expertinnen aus der Praxis erhalten so die Gelegenheit, in kurzer Zeit ihre Informationen einzubringen und sich gegenseitig zu informieren. Zudem kann dadurch die Diskussion über die Thematik unter den Beteiligten angeregt werden.

Die Gruppengespräche ermöglichten der Forscherin, die Beziehungen zu mehreren Vertretern der Fachhochschulen aufzunehmen. Dies stellte für sie als Projektleiterin eine zusätzliche wichtige Zielsetzung dar.

4.1.2 Zusammenstellung der Gruppen für die Gruppengespräche

Bei der Zusammenstellung der Gruppen wurden die Gegebenheiten der Fachhochschulen berücksichtigt. Die damaligen Höheren Fachschulen für Wirtschaft und Verwaltung und die damaligen höheren Fachschulen für Soziale Arbeit waren in der Frage der didaktischen Weiterbildung noch nicht organisiert und delegierten Vertreter und Vertreterinnen für die Workshops.
Die Kommission für die didaktische Weiterbildung der Ingenieurschulen verfügte bereits über entsprechende Konzepte. Die Höheren Fachschulen für Gestaltung wollten eine eigene Organisation aufbauen.
Insgesamt haben an den Gruppengesprächen 38 Personen teilgenommen.

4.1.3 Beschreibung des Vorgehens

Das konkrete Ziel der Gruppenbefragungen bestand darin, Erkenntnisse über die von den Dozierenden an Fachhochschulen verlangten Kompetenzen zu erhalten. Zusätzlich wollten wir Meinungen über die Entwürfe zur Konzeption der didaktischen Weiterbildung einholen.
Die folgenden Gruppengespräche haben stattgefunden:

1) Zwei Workshops mit neun, bzw. vier Delegierten für didaktische Weiterbildung der damaligen Höheren Wirtschafts- und Verwaltungsschulen der Schweiz (HWV) vom 4. Dezember 1995 und 16. März 1996
2) Ein Workshop mit neun Delegierten für die didaktische Weiterbildung der Höheren Fachschulen für Soziale Arbeit (HFS) vom 8. Januar 1996
3) Zwei Workhops an der ERFA-Tagung: „Leistungsauftrag an Fachhochschulen" vom 25.-27. Januar 1996 an der HWV Luzern: Gespräche mit 20 verschiedenen Dozierenden und Leitungsverantwortlichen der zukünftigen Fachhochschulen

Den Anwesenden an den Gruppengesprächen 1) und 2) wurde die folgende Frage vorgelegt:

Über welche didaktischen Fähigkeiten müssen Mitarbeitende an den zukünftigen Fachhochschulen verfügen, damit sie den Leistungsauftrag wahrnehmen können?

Die Antworten wurden auf Zetteln festgehalten und aufgehängt. Anschliessend gewichteten die Teilnehmenden die Ergebnisse gemäss der vorgegebenen Kriterien.

Den Anwesenden der Gruppengespräche 3) wurden die bereits vorhandenen Ergebnisse (Kompetenzen) aus den Gruppengesprächen 1) und 2) zur Gewichtung vorgelegt (kommunikative Validierung).

4.1.4 Auswertung

Gruppengespräch 1)

Die Antworten der Teilnehmenden am Gruppengespräch 1) wurden unter Mithilfe von Michel Tatti, Institut Suisse de Pédagogie pour la Formation Professionnelle, gemäss der Methode TGN (technique du groupe nominal) elektronisch ausgewertet (NADEAU 1989).

Diese Methode ermöglicht es, gewichtete Ergebnisse gemäss den folgenden Kategorien zu eruieren:

a) Sehr wichtige, bereits gut ausgebildete Kompetenzen
b) Sehr wichtige, mehr oder weniger ausgebildete Kompetenzen
c) Sehr wichtige, schwach ausgebildete Kompetenzen
d) Wichtige, bereits gut ausgebildete Kompetenzen
e) Wichtige, mehr oder weniger ausgebildete Kompetenzen
f) Wichtige, schwach ausgebildete Kompetenzen
g) Weniger wichtige, gut ausgebildete Kompetenzen
h) Weniger wichtige, mehr oder weniger ausgebildete Kompetenzen
i) Weniger wichtige, schwach ausgebildete Kompetenzen

In einer weiteren Sitzung bestätigten die Beteiligten die Ergebnisse (kommunikative Validierung).

Die Teilnehmenden füllten die Neunfeldermatrix zur Gewichtung der Antworten nicht vollständig aus. Deshalb wurde der Bewertungsvorgang im Gruppengespräch 2) vereinfacht.

Gruppengespräch 2)
Die Teilnehmenden am Gruppengespräch 2) wurden gebeten, ihre Aussagen wie folgt zu gewichten:
a) Erwünschte Kompetenzen (Kompetenzen mit hoher Priorität für die Erfüllung des Leistungsauftrages)
b) Defizitäre Kompetenzen
c) Erwünschte Kompetenzen mit hoher Priorität für beginnende Dozierende

Die Antworten aus den Gruppengesprächen 2) wurden manuell ausgewertet.

Gruppengespräch 3)
Den Teilnehmenden an den Gruppengesprächen 3) wurden die, in den Gruppengesprächen 1) und 2) genannten Komptenzen in vereinfachter Form vorgelegt. Sie gewichteten diese bezüglich der folgenden Kriterien:
a) Kompetenzen mit hoher Priorität bezüglich des Leistungsauftrages
b) Defizitäre Kompetenzen
c) Erwünschte Kompetenzen mit hoher Priorität für beginnende Dozierende

Die Ergebnisse aus den Gruppengesprächen 2) und 3) wurden durch je zwei Personen unabhängig voneinander geordnet, ausgezählt und besprochen.

4.1.5 Ergebnisse und ihr Stellenwert

Die Ergebnisse dieser Gruppengespräche lieferten die Grundlagen für das Anforderungsprofil an die Dozierenden an den Fachhochschulen sowie erste Trends bezüglich des Bedarfs an didaktischer Weiterbildung. Sie sind im Bericht „Weiterbildungsbedarf in Didaktik an den zukünftigen Fachhochschulen. Erhebung: Stand Februar 1996“ des Projektes SWF nachzulesen. Die wichtigsten Ergebnisse waren:
Der Erwerb von didaktischen Kompetenzen zur professionellen Wahrnehmung der Lehre stellt einen zentralen Weiterbildungsbedarf dar. Weiterbildungsangebote für den Erwerb eines didaktischen Grundinstrumentariums haben absolut erste Priorität.

Hinsichtlich des Anspruchs, vermehrt eigenverantwortliche Lernprozesse der Studierenden zu begleiten, gewinnt die Fähigkeit, Lernprozesse zu begleiten, an Bedeutung und stellt ein wichtiges Weiterbildungsbedürfnis dar. Die Entwicklung sozialer Kompetenzen wird als sehr zentral eingeschätzt, wie auch die Fähigkeit, die eigene Lehrtätigkeit zu reflektieren. Neben dem Qualifizierungsbedarf in den Bereichen der didaktischen und sozialen Kompetenz hat die Erhaltung der fachlichen Kompetenz hohe Priorität.

Auf dieser Grundlage war es möglich, Inhalte und Ziele für die didaktische Weiterbildung abzuleiten und erste Weiterbildungsangebote zu entwickeln.

Diese Aussagen sowie die Stellungnahmen zur vorgestellten Konzeption der didaktischen Weiterbildung der Dozierenden an Fachhochschulen wurden durch Interviews vertieft.

4.2 Problemzentrierte Interviews

4.2.1 Grundsätzliches

Die Vertiefung und Ergänzung der Ergebnisse aus den Gruppengesprächen geschah mittels problemzentrierter, offener, halbstrukturierter Interviews (vgl. MAYRING 1993, S. 45ff.).

Problemzentrierung bedeutet, dass die Forschungsfrage an einer gesellschaftlichen Problemstellung ansetzt (WITZEL 1980). Wesentliche Aspekte des Problems wurden bereits vor der Interviewphase erarbeitet.

Bei problemzentrierten Interviews kommen spezifische, am Gegenstand orientierte Verfahrensweisen zur Anwendung (Gegenstandsorientierung).

Offenheit stellt ein weiteres wichtiges Merkmal des problemzentrierten Interviews dar, was bedeutet, dass die Interviewten frei antworten können. Die Befragten antworten auf dem Hintergrund ihrer Erfahrung. Ihre persönlichen Einschätzungen und Erfahrungen sollen erfasst werden.

Diese Methode des problemzentrierten Interviews bot sich für den beschriebenen Forschungsprozess an, weil Vorannahmen als Ausgangspunkt für die Befragung dienten (z.B. Überlegungen zur didaktischen Qualifizierung der Dozierenden an Fachhochschulen). Die erhobenen Daten dienten der weiteren Klärung (MERTON & KENDALL 1945, S. 541ff.).

4.2.2 Auswahl der Interviewpartner und -partnerinnen

Bei der Auswahl der Interviewpartner und -partnerinnen waren die folgenden Kriterien massgebend:
a) Vertretungen aller Teilschulen
b) Leitungsverantwortliche mit einem Bezug zu Didaktik und Qualitätssicherung
c) Vertretungen aus der Bildungspolitik
d) Vertretungen von Anbietern
e) Ausbildende von Dozierenden
Es wurden 15 Interviews durchgeführt.

4.2.3 Leitfaden für die Interviews

Die Fragen entsprechen den Fragestellungen und dem Bezugsrahmen (vgl. Kap. 1.1 und 2.2). Die Projektgruppe hat an ihren Sitzungen den Bezugsrahmen und den Leitfaden diskutiert. Somit konnte sichergestellt werden, dass die Fragen verständlich und beantwortbar sind und an der aktuellen Situation der Schulen anschliessen (vgl. Anhang, 1).
Ein Konzeptentwurf diente als Grundlage für die Diskussion der didaktischen Basisqualifikation. Er wurde unter Berücksichtigung bestehender Überlegungen in der Projektgruppe erarbeitet. Die Gesprächspartner erhielten den Konzeptentwurf und Leitfaden zum voraus.
Ursprünglich war eine Frage geplant nach der Einschätzung des Standes der didaktischen Qualifikation an den Fachhochschulen. Nach zwei Interviews entschloss sich die Forscherin, diese wegzulassen, da die Interviewpartner sie nicht beantworten konnten und wollten. Das Wissen darüber schien nur teilweise oder gar nicht vorhanden zu sein. Von einer schriftlichen Befragung der Schulen wurde dem Projekt SWF von Kennern der Fachhochschullandschaft abgeraten.

4.2.4 Auswertung der Interviews

4.2.4.1 Grundsatzüberlegungen

Die Auswertung des Materials basiert auf den dargelegten Merkmalen qualitativer Forschung (vgl. Kap. 3.1) und beansprucht, den Gütekriterien (vgl. Kap. 3.2) zu entsprechen. Die folgenden Grundsatzüberlegungen sind von zentraler Bedeutung für die Auswertung:

1. Notwendigkeit eines systematischen Vorgehens (vgl. Kap. 3.1.2)
2. Orientierung an den Gütekriterien
   Hier waren die Aussagen bezüglich Verfahrensdokumentation und Regelgeleitetheit (vgl. Kap. 3.2) wegleitend.
3. Anwendung eines Kategoriensystems
   Dieses muss kompatibel sein mit den Fragestellungen des Leitfadens und die Erfassung des gesamten vorhandenen Materials ermöglichen.

4.2.4.2 Beschreibung der Verfahrensweisen

- Das zusammenfassende Protokoll
  Ziel der Auswertung ist die Zusammenfassung des vorhandenen sprachlichen Materials. Für die Aufarbeitung des Interviewmaterials ist das zusammenfassende Protokoll sinnvoll, weil in erster Linie die inhaltlich-thematischen Aussagen von Bedeutung sind. Die Forschungspartner treten als Informanten und Experten auf. Die Tonbandaufnahme stellt sicher, dass keine Aussage verloren geht.
  Da Sprachfärbungen nebensächlich sind, konnte auf eine präzise wörtliche Aufzeichnung verzichtet werden. Die erste Niederschrift durfte demnach bereits zusammenfassenden Charakter aufweisen. Diese Reduktion des mündlichen Tonbandmaterials führte bereits zu einer ersten Verallgemeinerung.
  Die Zusammenfassung muss sich an transparenten Regeln orientieren. Dafür waren in Anlehnung an MAYRING 1993, S. 68ff. und BALLSTAEDT et al. 1981, S. 70ff. die folgenden Regeln wegleitend:

  Auslassen
  Gleiche bedeutungstragende Aussagen werden einmal aufgezeichnet. Eine Randnotiz hebt die Bedeutung der Aussagen hervor. Auslassen

kann auch beinhalten, irrelevante Textstellen auszulassen. Überflüssige Wörter, welche nichts zum Verständnis des gesprochenen Wortes beitragen, können im Protokoll weggelassen werden.

Integration
Eine Aussage, die einer übergeordneten, bereits vorhandenen Aussage zugeordnet werden kann, wird weggelassen. Diese Regel entspricht im wesentlichen dem Prinzip der Konstruktion (vgl. unten).
Vom Prinzip der Integration ist dann die Rede, wenn die interviewte Person die übergeordnete Aussage bereits geäussert hat, diese also bereits vorhanden ist.

Bündelung/Kategorisierung
Aussagen, die inhaltlich eng zusammengehören, aber zu unterschiedlichen Zeitpunkten des Interviews geäussert werden, sind gebündelt darzustellen. Bei der Bündelung stellt das Kategoriensystem den Orientierungsrahmen dar.

Konstruktion
Aus mehreren spezifischen Aussagen, die sich eindeutig einer allgemeinen, übergeordneten Aussage zuordnen lassen, wird eine globale Aussage konstruiert, die den Sachverhalt als Ganzes kennzeichnet und die spezifischen Aussagen überflüssig macht.
Fiktives Beispiel für eine spezifische Aussage:

> *„Die Dozierenden sollen nicht mehr einfach nur vorne stehen, ihr Referat vorlesen, Folien auflegen, ab und zu eine Frage stellen und den Prüfungstermin bekannt geben."*

Die übergeordnete, konstruierte Aussage könnte lauten:

> *„Die Dozierenden sollen nicht nur Frontalunterricht halten."*

Selektion
Zentrale Textstellen, die wesentliche, allenfalls bereits generelle Inhalte darstellen, werden unverändert beibehalten.

Vorgehen zur Materialanalyse
Ziel der Analyse des Materials ist die inhaltliche Strukturierung und die weiterführende Zusammenfassung. Das verwendete Kategoriensystem wurde abgeleitet aus den Fragestellungen des Leitfadens. Eine weitere

Differenzierung ergab sich aus einer ersten Durchsicht der transkribierten Interviews.
Aufgrund der Anwendung der ersten Fassung des Kategoriensystems bei zwei Interviews ergaben sich nur geringfügige Änderungen in Richtung zusätzlicher Differenzierung. Die Auswertung der Texte gemäss dem definitiven Kategoriensystem (vgl. Anhang, 2) gestaltete sich nach den folgenden Schritten und Regeln:

Schritte	Regeln
1. Schritt: Das Material wird kodiert.	Kleinste Kodiereinheit stellt der Satz dar. Grösste Kodiereinheit stellt eine Sinneinheit dar. Eine Sinneinheit definiert sich durch mehrere aufeinanderfolgende Sätze, die eine zusammenhängende Aussage ergeben, welche eindeutig einer Kategorie zugeordnet werden kann. Ein Satz oder eine Sinneinheit kann mehreren Kategorien zugeordnet werden. Beispiel: Eine Aussage über das Lernverständnis (Kategorie 3.1.) kann so formuliert sein, dass sie auch ein didaktisches Prinzip beinhaltet (Kategorie 3.2.).
2. Schritt Die gekennzeichneten Inhalte werden aus dem Text herausgeschrieben und pro Nebenkategorie zusammengestellt.	Es ist dann zu überprüfen, ob die Regeln für die Zusammenfassung der Protokolle sinnvollerweise nochmals zur Anwendung kommen können.
3. Schritt Die Inhalte werden pro Hauptkategorie zusammengestellt.	Bei der Aufarbeitung der Inhalte pro Hauptkategorie kamen erneut die Regeln zur Reduktion der Inhalte zur Anwendung.

Zentraler Gesichtspunkt war: Es darf keine inhaltliche Aussage verloren gehen.

4. Schritt
Die unzusammenhängenden Inhalte werden nach den bestehenden Kategorien und nach neuen inhaltlichen Gesichtspunkten geordnet und in einen Zusammenhang gebracht.

Bei der Darstellung der Ergebnisse waren die folgenden Gesichtspunkte wegleitend:

- Feststellungen sind als Feststellung formuliert.
- Forderungen sind als Forderung formuliert.
- Wenn eine bestimmte Aussage von mindestens vier Interviewpartnern geäussert wird, steht im Text der Begriff 'Mchrcrc'.
- Wenn eine Aussage von mindestens sieben oder mehr Interviewpartnern geäussert wird, steht im Text der Begriff 'Viele'.
- Wenn eine Aussage von allen Interviewpartnern geäussert wird, steht im Text 'Alle'.
- Aussagen, welche nur von einer Person geäussert werden, sind als solche gekennzeichnet.
- Bereichsspezifische Aussagen werden als solche gekennzeichnet.

4.3 Gruppensitzungen

Die Projektgruppe hat an ihren Sitzungen die Ergebnisse aus den Gruppengesprächen und den Interviews diskutiert und auf dieser Grundlage Empfehlungen zur Gestaltung von didaktischen Weiterbildungen, Empfehlungen für Fachhochschulen bezüglich zentraler Aspekte der didaktischen Weiterbildung der Dozierenden, Empfehlungen zur Regelung der Anerkennung und zur Gestaltung von Weiterbildungsstellen formuliert (vgl. Kap. 8). Die Empfehlungen wurden in den Text aufgenommen, wenn in der Gruppe Konsens bestand. Die Trägergruppe des Projektes hat die Ergebnisse diskutiert und genehmigt.

Bemerkung:
Ideal wäre es gewesen, dic Ergebnisse mit den Delegierten für Weiterbildung der Fachhochschulen erneut zu reflektieren. Im Zusammenhang mit der Fachhochschulreform waren sehr viele Angehörige dieser Institutionen jedoch sehr überlastet. Weitere Sitzungen konnten nicht zugemutet werden.

4.4 Zusammenfassung: Die drei Phasen des Erkenntnisprozesses

Die folgende Übersicht zeigt zusammenfassend die drei Phasen des Erkenntnisprozesses.

Abbildung 2: Überblick über die drei Phasen des Erkenntnisprozesses

Phase	Form	Ziele	Forschungspartner/innen
I	Gruppen-gespräche	Erhebung erster Trends des Bedarfs an didaktischer Weiterbildung	Delegierte für die didaktische Weiterbildung der Fachhochschulen
		Kennenlernen erster Reaktionen auf die vorhandenen Konzepte	Tagungsteilnehmende
II	Problem-zentrierte Interviews	Verifizierung der Trends Vertiefung der Informationen Erweiterung und Differenzierung	Fachexperten Schlüsselpersonen aus Weiterbildungsinstitutionen und Fachhochschulen
III	Sitzungen	Diskussion und Interpretation der Ergebnisse aus Phase I und II	Projektgruppe Trägergruppe Projekt SWF

5 Ergebnisse: Konzeptgrundlagen

Die Ergebnisse sind als Konzeptgrundlagen und -vorschläge dargestellt. Die Konzeptgrundlagen beinhalten Aussagen über das Verständnis des Leistungsauftrages, das Lernverständnis an Fachhochschulen sowie über die Aufgaben und das Kompetenzprofil der Dozierenden. Darauf aufbauend sind im folgenden Kapitel die eigentlichen Konzeptvorschläge, die konkreten Gestaltungsvorschläge für die didaktische Qualifizierung zu finden. Die Struktur der Darstellung richtet sich somit nach der Systematik des Bezugsrahmen zur Bedarfserhebung (vgl. Kap. 2.2). Bei der ausschliesslich beschreibenden Darstellung der Ergebnisse aus den Interviews und Workshops wurden die Regeln zur Materialanalyse berücksichtigt (vgl. Kap. 4.2.4.2, Vorgehen zur Materialanalyse, Schritt 4).

5.1 Zum Selbstverständnis der Fachhochschulen in Bezug auf den Leistungsauftrag

5.1.1 Fachhochschulen als Anbieterinnen von Berufsausbildungen auf hohem Niveau

Fachhochschulen verstehen sich als Institutionen, die berufliche Aus- und Weiterbildung auf hohem Niveau anbieten. Die Studierenden an den Fachhochschulen sollen im Rahmen von Diplomausbildungen und Nachdiplomstudien dazu befähigt werden, neue und verschiedene Praxisprobleme auf der Grundlage fundierten Wissens und unter Hinzunahme effektiver und effizienter Strategien zu lösen.
Die Inhalte der Lehre orientieren sich einerseits an den erforderlichen Berufsqualifikationen und andererseits an den aktuellen wissenschaftlichen Erkenntnissen.
Die Studierenden sollen eher zu Generalisten, weniger zu Spezialisten ausgebildet werden. Der Schwerpunkt der Lehre liegt also nicht lediglich beim Erwerb von fachspezifischem Wissen.
Höhere Berufsausbildungen zeichnen sich durch eine hohe Praxisorientierung der Ausbildung aus. Die Verbindung von Lehre, anwendungsorientierter Forschung und Entwicklung (aF&E) und Dienstleistungen an den

Schulen ermöglicht es, den Anspruch an einen intensiven Praxisbezug der Ausbildung zu erfüllen.

Die Berufsausbildung auf hohem Niveau beabsichtigt:	
Generalistenausbildung	durch hohen Praxisbezug
Wissenschaftliche Ausbildung	durch Wissenschaftsorientierung
Die Ausbildung situiert sich im Spannungsfeld von	
Berufsorientierung	versus Wissenschaftsorientierung

5.1.2 Fachhochschulen als Unternehmen

Die Erfüllung des umfassenden Leistungsauftrages (Aus- und Weiterbildung, Dienstleistungen, anwendungsorientierte Forschung und Entwicklung aF&E) führt dazu, dass der Gedanke der Bildungsinstitution als Unternehmen vermehrt ins Zentrum der Diskussion rückt. Insbesondere wird die Verbindung von Lehre, aF&E und Dienstleistungen als grosse Herausforderung beurteilt.

Die Dozierenden sehen sich mit neuen Aufgaben und Anforderungen konfrontiert. Von ihnen sind grundsätzlich neben der Lehrfähigkeit auch Fähigkeiten des unternehmerischen Denkens und Handelns gefordert. Sie müssen den Kontakt mit Kunden aus der Wirtschaft pflegen, Projekte aquirieren und managen können.
Die Anforderungen im Bereich Lehre und die Anforderungen im Bereich Dienstleistungen und aF&E unterscheiden sich:
Die Schule sollte sich an gesellschaftlichen Verpflichtungen bezüglich Mensch und Natur orientieren. Sie bezweckt als zentrale Aufgabe die Förderung der Studierenden.
Der unternehmerische Bereich hingegen muss sich markt- und erfolgsorientiert ausrichten. Hier kommen die Dozierenden in ein Spannungsfeld von andragogischen und wirtschaftlichen Zielen und Werten zu stehen.

Hinsichtlich dieser erweiterten Sichtweise des Unternehmens Schule müssen die Verantwortlichen den Aufgabenkatalog der Dozierenden neu definieren. Bezüglich der folgenden Problembereiche sind Antworten zu finden:

- In welchen Fachbereichen können und sollen Forschungs- und Dienstleistungen angestrebt werden?
- Welche Dozierenden sollen Forschungs-, Entwicklungs- und Dienstleistungen erbringen ?
- Wie wird der Kontakt mit den Unternehmen aufgebaut und gepflegt?
- Wie wird sichergestellt, dass Erkenntnisse aus den Bereichen aF&E und Dienstleistungen in die Lehre einfliessen, beziehungsweise dass Studierende, die sich an Projekten beteiligen, als Studierende in ihrem Lernprozess begleitet werden?
- Es wird nicht für alle Schulbereiche gleichermassen möglich sein, aF&E zu betreiben.

Der Leistungsauftrag führt zu einem erweiterten Verständnis der Institution Fachhochschule.

Dienstleistungen und aF&E führen zu neuen Aufgaben der Dozierenden und setzen neue Kompetenzen voraus.

Die Institution Fachhochschule situiert sich in den Spannungsfeldern

Schule	versus	Unternehmen
Andragogische Ziele	versus	Unternehmerische Ziele

5.1.3 Das Qualitätsmanagement als zentrale Aufgabe

Die Qualität der erbrachten Leistungen an den Fachhochschulen wird vermehrt Thema an Fachhochschulen sein. Der Druck bezüglich eines optimalen Einsatzes der Ressourcen wird sich noch erhöhen. Die Schulleitungen werden mehr Vergleichen mit anderen Schulen ausgesetzt sein.
Die Qualitätssicherung der Lehre als Element des Qualitätsmanagement wird eine Pflicht für die Dozierenden und die Schulleitung darstellen.

Die Dozierenden werden ihre Tätigkeiten legitimieren müssen. Neben der Wahrnehmung der Studierenden (Fremdbeurteilung) wird auch die Selbstbeurteilung durch die Dozierenden wichtig werden.

> Das Qualitätsmanagement stellt eine kontinuierliche Herausforderung dar.

5.2 Zum Lernverständnis an Fachhochschulen

5.2.1 Neues Lernverständnis

Die Lehre soll sich an den verlangten, beruflichen Qualifikationen orientieren. Diese wechseln heute auf dem Hintergrund gesellschaftlicher Entwicklungen schneller denn je. Der Berufsalltag verlangt heute komplexe Handlungskompetenzen wie beispielsweise Teamfähigkeit, Flexibilität, vernetztes Denken, aktuelle sozial-, gesellschaftspolitische und wirtschaftliche Entwicklungen wahrnehmen können.

Die Ausrichtung der Lehre auf die komplexen beruflichen Qualifikationen hat Konsequenzen: Die Lehre orientiert sich an einem ausformulierten Anforderungsprofil. Grundlage ist die Beschreibung der in Gesellschaft, Wirtschaft und Verwaltung gefragten Persönlichkeit. Der Entscheid über die zu vermittelnden Inhalte orientiert sich an den Berufsqualifikationen und an der Wissenschaft.

Die Dozierenden sehen sich mit einem grossen Stoffdruck und mit einer hohen Komplexität der zu entwickelnden Qualifikationen konfrontiert. Als Ausweg bietet sich eine exemplarisch orientierte Stoffauswahl an.

Die Studierenden müssen befähigt werden, sich in der Informationsfülle zu orientieren, Informationen zu bewerten und eigenverantwortlich zu lernen. Das Prinzip des selbstgesteuerten Lernens wird zunehmend an Bedeutung gewinnen.

Der Praxistransfer der erlernten Inhalte nimmt einen zentralen Stellenwert ein und verlangt entsprechende Lern- und Lehrformen.

Die traditionellen Lektionen-Strukturen dürften sich verändern. Lernprozesse werden mehr als bisher in verschiedenen Settings stattfinden (z.B. Vorlesungen, Projektgruppen, Klassenverband, Einzelarbeit).

Das Selbststudium wird zwecks Bearbeitung individueller Fragestellungen an Bedeutung gewinnen. Dieses findet beispielsweise im Rahmen von Literaturverarbeitung, Diplomarbeiten und Projekten oder durch Lernen am Computer statt. Es kann aber nicht davon ausgegangen werden, dass die Studierenden bereits in der Lage sind, effektives, lernförderndes Selbststudium zu betreiben. Die Dozierenden werden sie in ihrem individuellen Lernprozess begleiten müssen.

Eine wichtige Herausforderung wird darin bestehen, dass einerseits die Förderung der Selbständigkeit der Studierenden angestrebt werden soll, andererseits aber auch eine Lernkontinuität garantiert werden muss, um den Anspruch an eine Berufsausbildung auf hohem Niveau einzulösen.

Die Orientierung an den beruflichen Qualifikationen erfordert ein Umdenken bezüglich des Lernverständnisses.

Die Dozierenden müssen sich in den folgenden Spannungsfeldern orientieren können:

Berufsorientierung	versus	Fach-/Wissenschaftsorientierung
Exemplarische Stoffauswahl	versus	Umfassende Stoffvermittlung
Fremdsteuerung	versus	Selbststeuerung
Lernkontinuität	versus	Förderung der Selbständigkeit

5.2.2 Die Studierenden als erwachsene Lerner und Lernerinnen

Die Studierenden an den Vollzeitausbildungen sind erwachsene Menschen mit Berufserfahrung aber meist ohne berufliche Tätigkeit. Sie sind selbstbewusst, wollen Mitsprache ausüben und als Erwachsene angesprochen werden. Es ist zu erwarten, dass sie durch die Berufsmatura ein höheres Niveau als bis anhin mitbringen. Dies kann auch von den Studierenden mit Matura erwartet werden, ihnen fehlt aber eine breite Praxiserfahrung.

Die Fachhochschulen werden an die Berufs- und vor allem auch Lernerfahrungen ihrer Studierenden anknüpfen und eine erwachsenengerechte Lehre ermöglichen müssen.
Die Studierenden an den Abendschulen und an den Nachdiplomstudien stehen meistens voll im Berufsleben. Sie erwarten einen noch höheren Praxisbezug und noch mehr Effizienz und Effektivität.

Fachhochschulen verlangen eine erwachsenengerechte Lehre.

5.2.3 Didaktische Grundsätze

Die folgenden Ausführungen stellen die Prinzipien für die Steuerung des Lehr- und Lernprozesses an Fachhochschulen dar. Es handelt sich dabei um normative Aussagen. Sie charakterisieren den Lehr- und Lernprozess an Fachhochschulen und dienen der Legitimation konkreter Lehrhandlungen.

Lernprozesse an Fachhochschulen müssen den folgenden Anforderungen genügen:

- Sicherstellung des Praxisbezuges
- Gewährleistung von Handlungsorientierung, durch
  - Ermöglichen von Lernen durch Tun und von Eigenaktivitäten
- Herstellung des Bezuges zwischen Theorie und Praxis, durch
  - Gründung von Firmen, Diversifizierung im Produktionsbereich
  - Mitarbeit der Studierenden bei aF&E und Dienstleistungen
  - Einfliessen lassen von Forschungsergebnissen in die Lehre
  - Anknüpfen an Wissen, welches Absolventen einbringen
  - Wissenschaftsorientierte Stoffauswahl
  - Exemplarische Stoffauswahl
  - Praktika mit gewisser Dauer, vor allem in den sozialen Berufen, den „Aushalteberufen“ (Ausdruck aus dem Interview g, S. 2)
  - Projekte
- Personenorientierte, individualisierte Gestaltung des Lernprozesses, durch

  - Gewährleistung von selbständiger Planung, Organisation und Auswertung des Lernprozesses
  - Persönliche Anleitung, Betreuung und Begleitung der Studierenden
  - Übungen im Labor, Selbststudium und insbesondere auch im Rahmen von Transferaufgaben
  - Herstellung eines partnerschaftlichen Verhältnisses zwischen Studierenden und Lehrenden

- Ermöglichung von Erfolg
- Vernetzung der Fächer

5.2.4 Untergeordnete Bedeutung der Didaktik

Fachexperten sowie Vertreter und Vertreterinnen der Fachhochschulen räumen ein, dass die Bedeutung der Didaktik für den Lernprozess noch nicht an allen Fachhochschulen gleichermassen diskutiert wird. Einzelne Höhere Fachschulen für Sozialarbeit messen der Didaktik hohe Bedeutung für die Qualität des Lernprozesses zu. Auch an den Höheren Technischen Lehranstalten (HTL) werden didaktische Themen diskutiert.
Generell kann aber festgehalten werden, dass an Fachhochschulen die Didaktik noch eher ein untergeordnetes oder gar kein Thema darstellt.
Es ist Aufgabe der Schulleitung, dafür zu sorgen, dass Didaktik und didaktische Weiterbildung an den Fachhochschulen ständig thematisiert wird.

5.3 Aufgaben der Dozierenden

Fachhochschulen sollen die Studierenden traditionsgemäss auf den Umgang mit den Alltagsrealitäten in der Praxis vorbereiten, insbesondere auch für die Bewältigung nicht planbarer Situationen, und auch eine Allgemeinbildung vermitteln. Daraus lassen sich die folgenden Aufgaben ableiten:

5.3.1 Traditionelle Aufgaben

Die Dozierenden sollen die folgenden Aufgaben professionell wahrnehmen:

- Didaktische Planung, Durchführung und Evaluation der Lehre auf der Diplom- und Nachdiplomstufe:
  Auswahl und Gruppierung des Lehrstoffes und Formulierung von Lernzielen
  Auswahl und Anwendung geeigneter Methoden
  Präzise Formulierung der Aufträge
  Präsentation von Inhalten im Rahmen von Vorlesungen
  Durchführen formativer und summativer Beurteilungsschritte
- Führung der Klassen
- Moderation von (Lehr-)Gesprächen

5.3.2 Neues Rollenverständnis

Die Betonung der Eigenverantwortlichkeit der Studierenden für ihren Lernprozess führt zu neuen Aufgaben der Dozierenden und zu einer Erweiterung ihrer Rolle. Die klassische Stoffvermittlungstätigkeit wird zwar ihren Platz in der Lehre an den Fachhochschulen behalten. Auf dem Hintergrund des eigenverantwortlichen Lernens, welches die Lernaktivitäten der Studierenden besonders gewichtet, werden die Dozierenden neue Aufgaben übernehmen:

- Fachliche und methodische Begleitung von Lernenden
- Begleitung von Lernenden bei ihren Lernprozessen (z.B. im Rahmen von Aufgaben im Bereich aF&E oder von Übungen im Labor)
- Anleitung zu fächerübergreifendem Denken
- Anleitung von Selbst- und Fremdbeurteilungen
- Durchführung von Prozessanalysen (Metakommunikation)
- Lehren im Team (Teamteaching)
- Gestaltung von interdisziplinären Lernprozessen

5.3.3 Erweitertes Rollenverständnis

Dozierende an den Fachhochschulen übernehmen auch Schulentwicklungsaufgaben. Von einigen wird zudem erwartet, dass sie Kontakte mit der Wirtschaft pflegen, Aufträge aquirieren und ausführen.

Auch diese weiteren Aufgaben neben der Lehrtätigkeit bewirken eine Erweiterung des traditionellen Rollenbildes von Dozierenden:

- Wahrnehmen des Mentorats
- Konzipierung, Organisation und Durchführung von Nachdiplomstudien
- Entwicklung von Curricula
- Entwicklung von Lehrmitteln
- Engagements im Rahmen von Team- und Schulentwicklung
- Übernahme von Aufgaben im Bereich von aF&E und Dienstleistungen

Die Rolle der Dozierenden erweitert sich		
von Stoffvermittler/innen	zu	Prozessbegleiter/innen
vom Einzelkämpfertum in der Klasse	zur	Mitgliedschaft in einer dynamischen Schulorganisation
von Dozenten/Dozentinnen	zu	Unternehmer/innen

5.4 Kompetenzprofil für Dozierende an Fachhochschulen

Voraussetzungen für die Lehre an den Fachhochschulen sind:

- Ein abgeschlossenes Hochschulstudium, teilweise ist eine Promotion wünschenswert.
- Einige Jahre Berufspraxis (Erfahrung)
- Eine gewisse Lehrbefähigung[1]

Die Interviewpartner aus den Fachhochschulen unterstrichen besonders die fachlichen Fähigkeiten. Gegenüber den schulexternen Interviewpartnern, welche die Bedeutung der sozialen Kompetenzen sehr betonten, legten die Schulvertreter und -vertreterinnen mehr Gewicht auf die didaktischen Kompetenzen. Generell wurde die Bedeutung der sozialen Kompetenzen für die Lehrenden, aber auch als Ausbildungsziel für die Studierenden stark unterstrichen.

---

[1] Diese Aussagen stimmen überein mit dem Fachhochschulgesetz, Artikel 12, Absatz 1.

Die folgenden Aussagen lehnen sich sprachlich teilweise stark an die Aussagen aus den Interviews und Workshops an. Sie wurden hier vier Hauptkategorien zugeordnet (vgl. zur Systematisierung der Kompetenzbereiche Kap. 12).

- Fachkompetenz (inhaltliche Kompetenz im eigenen Fachgebiet)
- Handlungskompetenz mit
  didaktischer Kompetenz als spezieller Handlungskompetenz
- Soziale Kompetenz
- Selbstkompetenz

- Fachkompetenzen
  Wissen und Erfahrung im angestammten Fachbereich einbringen
  Wissen und Erfahrung im angestammten Fachbereich erhalten und aktualisieren
  Englische Sprache sprechen

- Handlungskompetenzen
  Forschungskompetenzen
  Forschungskompetenzen erwerben und anwenden
  Begriff aF&E klären
  Forschungsergebnisse in die Lehre integrieren

  Beratungskompetenzen (vgl. auch Sozial- und Selbstkompetenz)
  Studierende beraten

  Methodologische Kompetenzen
  Studierende methodisch in ein Projekt oder in eine Diplomarbeit einführen und begleiten

  Unternehmerische Kompetenzen
  Unternehmerisch denken und handeln
  Sprache der Personen aus Wirtschaft und Verwaltung verstehen und sprechen
  Dienstleistungen verkaufen

  Organisatorische Kompetenzen
  Mit verschiedenen Dozierenden und Gruppen (Gremien) zusammenarbeiten

Strukturen für einen Austausch unter den Dozierenden schaffen und gestalten

- Didaktische Kompetenzen (als spezielle Handlungskompetenzen)
  Didaktische Prinzipien umsetzen
  Erwachsenengerecht lehren
  Praxisorientiert, umsetzungsorientiert unterrichten
  Wissen und Erfahrung der Studierenden für den Lernprozess nutzen
  Zielorientiert arbeiten und lehren
  Eigenaktives Lernen ermöglichen (Lernen durch Tun)
  Situationsgerechtes Lernverständnis umsetzen

  Planen
  Curricula und Kurseinheiten konzipieren
  Unterschiedliche Lernsituationen planen
  Stoff exemplarisch auswählen
  Stoff nach transparenten Gesichtspunkten gruppieren
  Lernziele formulieren
  Lehre mit aF&E verbinden

  Durchführen
  Unterschiedliche Lernsituationen gestalten
  Einen lernfördernden Rahmen schaffen
  Inhalte stufengerecht vermitteln
  Verschiedene Lehrmethoden adäquat einsetzen
  Vorlesungen attraktiv gestalten und präsentieren
  Differenzierte Tatbestände einprägsam visualisieren
  Verschiedene Medien effektiv und effizient einsetzen
  Lern- und Arbeitstechniken einsetzen und vermitteln
  Lernen lernen planen und begleiten
  Transfermassnahmen planen und begleiten
  Metakommunikation über Lernprozess anleiten

  Evaluieren
  Die Lehrveranstaltungen evaluieren (zusammen mit Studierenden)
  Eigene Lehrtätigkeit reflektieren (Ziele, Inhalte, Methodenwahl,Verlauf, Ergebnis)

Kontrolle von Lernfortschritten als Selbst- und Fremdbeurteilungen planen und durchführen

Neue Lernformen einsetzen
Studierende zum eigenverantwortlichen Lernen motivieren
Neue Lernformen einsetzen
Selbststudien anleiten

Teamteaching
Im Team lehren
Studierende als Tutoren heranziehen

- Soziale Kompetenzen
  Gesprächsbereitschaft zeigen
  Verschiedene Gesprächsarten erkennen und verschiedene Gespräche führen (Lehr-, Konflikt-, Beratungsgespräch, Moderation)
  Feedback geben
  Lernende bei Projekten begleiten
  Gruppenprozesse begleiten
  Im Team zusammenarbeiten
  Bei Vernetzungen eine gemeinsame Sprache sprechen
  Mit Konflikten und Aggressionen umgehen
  Informationsauswahl und -gewichtung thematisieren (Metakompetenz)
- Selbstkompetenzen
  Den umfassenden Leistungsauftrag umsetzen wollen und dabei Offenheit für Entwicklungen zeigen
  Initiative entwickeln
  Begeisterungsfähig sein, Begeisterung zeigen
  Flexibilität zeigen (z.B. mit unvorhergesehenen Situationen umgehen können)
  Kooperationsbereitschaft zeigen
  Eigene Stärken und Schwächen kennen
  Eigene Tätigkeit permanent hinterfragen
  Bereitschaft zu vernetztem Denken zeigen
  Selbstbeurteilungen vornehmen

Bezogen auf die Lehre
Sich in die Studierenden einfühlen
Mit geringer Distanzierung (geringem Wissensvorsprung) zu den Studierenden umgehen
Die Sach- und Beziehungsebene in sozialen Lernprozessen als gleichwertig anerkennen und entsprechend handeln wollen
Angstfreies Klima schaffen

Der Leistungsauftrag der Fachhochschulen ist komplex, die Aufgaben vielfältig, das Anforderungsprofil entsprechend komplex.
Es wäre unrealistisch, davon auszugehen, dass eine Person alle Aufgaben wahrnehmen müsste. Die Fachhochschulen als Ganzes müssen diese Aufgaben abdecken. Das von einem einzelnen Dozierenden erwartete Kompetenzprofil richtet sich nach seinem jeweiligen Aufgabenpaket.

6 Ergebnisse: Konzeptvorschläge

Im folgenden Kapitel sind die Ergebnisse aus den Workshops und den Interviews in Bezug auf die Konzipierung und Ausgestaltung der anzustrebenden didaktischen Qualifizierung dargestellt. Sie entsprechen der Kategorie des Weiterbildungsbedarfs im Bezugsrahmen für die Konzeption der didaktischen Weiterbildung (vgl. Kap. 2.2). Zuerst sind qualitative Anforderungen sowie Spannungsfelder in Bezug auf die Konzeption und Durchführung der didaktischen Qualifizierung beschrieben. Anschliessend finden sich die eigentlichen Konzeptvorschläge für eine didaktische Basisqualifikation und für die didaktische Weiterbildung.

6.1 Leitlinien für die Konzeption der didaktischen Qualifikation

6.1.1 Grundsätze

Bezüglich gewisser allgemeiner Grundannahmen zur didaktischen Qualifizierung besteht grosse Übereinstimmung bei den interviewten Personen. Sie werden im folgenden als Grundsätze für die Konzeption und die Umsetzung der didaktischen Qualifizierung dargestellt.

6.1.1.1 Didaktische Qualifizierung als Element des Qualitätsmanagements an Fachhochschulen

Die didaktische Qualifikation der Dozierenden ist im Zusammenhang mit dem Qualitätsmanagement an den Fachhochschulen zu sehen. Massnahmen der Qualitätssicherung zeigen Schwächen und Stärken der Dozierenden. An den Schwächen der Dozierenden soll mittels didaktischer Qualifizierungsmassnahmen gezielt gearbeitet werden. Auf diesem Hintergrund stellt die didaktische Qualifizierung ein Element der Personalentwicklung dar. Massnahmen zur didaktischen Qualifizierung sollen aber keine Bestrafungsaktion darstellen.

6.1.1.2 Individualisierung, Modularisierung

Die Individualisierung der didaktischen Weiterbildung stellt einen zentralen Gesichtspunkt für deren Gestaltung dar. Die Aufgabe der Lehrtätigkeit

stellt sich zwar für alle Dozierenden grundsätzlich gleich, trotzdem können nicht an alle die gleichen Anforderungen gestellt werden.
Die didaktische Qualifizierung sollte auf den vorhandenen Befähigungen und Erfahrungen aufbauen und im Zusammenhang mit der individuellen beruflichen Laufbahn geplant werden. Die Voraussetzungen sind äusserst unterschiedlich und die Bedeutung für die Lehre wird unterschiedlich eingestuft. Deshalb sind Unterschiede in der didaktischen Qualifizierung sinnvoll. Generelle Empfehlungen seien nicht möglich, meinte eine Expertin.
In dieser Situation ist die Modularität der Angebote wichtig. Dadurch können Eintrittsschranken eliminiert und den Dozierenden Wahlmöglichkeiten angeboten werden.

6.1.1.3 Ziele, Kontinuität

Die didaktische Basisqualifikation hat in erster Linie dem Erwerb eines didaktischen Rüstzeuges zu dienen. In Grundkursen können die didaktischen Kompetenzen aufbereitet werden. Die anschliessende didaktische Weiterbildung dient der Erweiterung des Spektrums an didaktischen Handlungsmöglichkeiten und der Auffrischung vorhandener Kompetenzen. Didaktische Weiterbildung sollte regelmässig erfolgen. Die kontinuierliche didaktische Weiterbildung führt mit der Zeit zu Veränderungen.

6.1.1.4 Zeitpunkt

Mit Ausnahme einer Person plädieren alle Interviewpartner und –partnerinnen für einen berufsbegleitenden Erwerb und natürlich auch eine berufsbegleitende Pflege und Entwicklung der didaktischen Fähigkeiten.

6.1.1.5 Qualitätsmerkmale, Qualitätsarrangement

Die Angebote zur didaktischen Qualifizierung der Dozierenden an Fachhochschulen sollen den folgenden Qualitätsmerkmalen genügen:

- Zielorientierung
- Handlungs- und Problemorientierung
- Bedarfs- und Bedürfnisorientierung

- Effizienz und Effektivität
- Theoretische Abstützung der Inhalte

Die Angebote sollen sich auf die Ausbildungsrealität an den Fachhochschulen ausrichten. Angeregt wird, dass die Anbieter mittelfristig zu Übereinstimmungen bezüglich der Qualitätsvorstellungen kommen.

6.1.1.6 Beitrag zur Entwicklung eines eigenständigen Berufsbildes

Die didaktische Qualifikation sollte als Beitrag zur Entwicklung eines eigenständigen Berufsbildes betrachtet werden. Zwei Interviewpartner drückten ihr Bedauern darüber aus, dass die Kehrseite der gesetzlichen Forderung, nämlich der Vorstoss in Richtung Professionalisierung nicht wahrgenommen werde.

6.1.1.7 Rahmenbedingungen

Den Dozierenden soll Zeit für die didaktische Weiterbildung zur Verfügung gestellt werden. Dies bedeutet für die einen, dass die Dozierenden von ihren Aufgaben entsprechend entlastet werden. Andere betrachten die didaktische Qualifizierung als Teil des gesamten Aufgabenpaketes der Dozierenden. In diesem Sinne wäre nicht eine Entlastung zu organisieren, sondern im Anstellungsverhältnis entsprechend Zeit einzuräumen.

6.1.1.8 Arbeitssituation an den Fachhochschulen für Grafik

An diesen Fachhochschulen arbeiten die Dozierenden mehrheitlich teilzeitmässig. Deshalb sei die Einbindung in Teams wichtig. Die didaktische Weiterbildung solle deshalb an diesen Schulen team- und arbeitsplatzbezogen erfolgen. Punktuelle Angebote seien wichtig. Denkbar sind übergeordnete Kriterien, die als Massstab für die didaktische schulinterne Weiterbildung dienen.

6.1.2 Spannungsfelder

Bezüglich gewisser Themen ergaben sich polarisierende Aussagen. Diese werden im folgenden als Spannungsfelder dargestellt.

6.1.2.1 Verbindlichkeit

Die Vertreter der Schulen betonen mehr die individuelle Verantwortlichkeit der Dozierenden und bauen auf ihre Eigenmotivation. So gesehen sollte die didaktische Weiterbildung nicht obligatorisch sein.
Dass die didaktische Weiterbildung als eine selbstverständliche Aufgabe jedes Dozierenden an den Fachhochschulen aufzufassen sei und deshalb auch obligatorisch sein sollte, wird als Meinung vor allem von aussenstehenden Experten vertreten.

6.1.2.2 Finanzierung

Vertreter der Schulen plädieren dafür, dass die Schule die Kosten (Kursgeld inklusive Spesen) voll zu übernehmen habe. Es sind vor allem die aussenstehenden Experten, welche die Meinung vertreten, dass auch die Dozierenden einen Teil der Kosten übernehmen sollten. Sie begründen ihre Meinung mit der Erfahrung, was nichts koste, sei nichts wert.

6.1.2.3 Schulinterne versus schulexterne didaktische Weiterbildung

Grundsätzlich kann festgehalten werden, dass die schulinterne und –externe Weiterbildung als sinnvolle Möglichkeiten zur didaktischen Weiterbildung beurteilt werden. Es scheint schwierig zu sein, klare Unterscheidungskriterien zu finden. Zu dieser Frage wurden polarisierende Standpunkte eingenommen:
Die Befürworter und Befürworterinnen der schulinternen Weiterbildung erachten es als richtig, dass Dozierende an Fachhochschulen mit gleichen Aufgaben und Problemen sich arbeitsplatzbezogen weiterbilden. Sie kritisieren im wesentlichen den ungesicherten Transfer der in schulexternen Weiterbildungen erworbenen Erkenntnisse in die Praxis.
Dem wird entgegengesetzt, dass die Umsetzbarkeit gewährleistet sei, wenn schulexterne Angebote sich auf die Realität der Fachhochschulen beziehen.
Im folgenden werden Möglichkeiten und Grenzen der schulinternen und schulexternen Weiterbildung aufgrund der Aussagen in den Interviews unter den Aspekten Ziele, Inhalte, Probleme und Anforderungen dargestellt.

- Schulinterne didaktische Weiterbildung

  Ziele

  Bearbeitung von Themen (Schwächen) der Schule als Ganzes
  Bearbeitung von verbreiteten Lernbedürfnissen unter den Dozierenden
  Weitergabe von schulinternem didaktischem Wissen
  Vermittlung von schulkulturspezifischem Wissen
  Verstärkung der internen Koordination und Zusammenarbeit
  Bearbeitung individueller Schulkonzepte (Schulentwicklung, Teamentwicklung)
  Bearbeitung von Zielen, die ein Team erreichen muss
  Bearbeitung von Themen, welche die Studierenden betreffen
  Förderung der Kollegialität
  Sicherstellung der praktischen Ausbildung der beginnenden Dozierenden (Mentorat)

  Themen

  Prüfungen als Teil der Schulkultur
  Evaluation
  Lernbegleitung
  Spezielle Methodiken einer Schule
  Fachdidaktische Themen

  Probleme

  Gefahr der übermässigen Selbstdarstellung der Kursteilnehmenden
  Lernbehinderung durch Ideen und Bilder, welche Kollegen voneinander haben
  Verhinderung von verhaltensänderndem Lernen durch die soziale Kontrolle des Kollegiums
  Behinderung des Lernprozesses durch unaufgearbeitete Schwierigkeiten im Teamkollegium
  Blockierung von Neuerungen, Mangel an Inputs

  Anforderungen

  Autorisierung durch die Schulleitung
  Präsenz der Schulleitung
  Orientierung am Wissensstand der Teilnehmenden
  Orientierung an spezifischen Gegebenheiten der Fachhochschulen

- Schulexterne didaktische Weiterbildung
  Mehrere Interviewte betonten die hohe Bedeutung schulexterner Weiterbildungen. Wichtig sind der Austausch mit Kollegen und Kolleginnen von anderen Fachhochschulen, die Distanz von der eigenen Institution. Die Pflege externer Bezüge ist von besonderer Bedeutung für Mitarbeitende an Fachhochschulen in hierarchisch höheren Positionen.

  Ziele
  Erweiterung des didaktischen Wissens über die Schulkultur hinaus
  Reflexion des eigenen Handelns, damit nicht nur die subjektiven Lehr- und Lernerlebnisse wiederholt werden
  Bearbeitung individueller Schwächen
  Eröffnung neuer Horizonte
  Kooperation und Koordination zwischen den Fachhochschulen als ein wichtiges bildungs- und forschungspolitisches Ziel

  Wahrnehmung gewisser Teile des Mentorates (Die mentorierte Lehrperson wäre unabhängiger von der auftraggebenden Schule.)

  Inhalte
  Didaktische Theorien
  Grundwissen und Grundfertigkeiten allgemeiner Didaktik

  Problem
  Das Transferproblem stellt sich immer.

- Schulbereichsübergreifende didaktische Weiterbildung (intern oder extern)

  Ziele
  Auseinandersetzung mit Dozierenden anderer Schultypen
  Erhalten von Anregungen durch andere

  Inhalte
  Allgemeine Didaktik
  Fragen der Koordination und Interdisziplinarität
  Rahmenbedingungen für das Unterrichten
  Alles, was vermittelbar ist.
  Kurse für Mentoren und Mentorinnen

Probleme
Heterogenität
Da die Bedingungen für die Dozierenden der verschiedenen Fächer sehr unterschiedlich sind, können die Diskussionen schnell auseinander klaffen.

Vorgeschlagen wurde, dass die didaktische Basisqualifikation schulextern und -übergreifend, die didaktische Weiterbildung eher schulintern erfolgen könnte.

Im folgenden Teil sind die konkreten Vorstellungen über die didaktische Basisqualifikation (Kap. 6.2.1) und die anschliessende didaktische Weiterbildung (Kap. 6.2.2) dargestellt.

6.2 Vorschläge zur Konzeption der didaktischen Weiterbildung der Dozierenden an Fachhochschulen

6.2.1 Didaktische Basisqualifikation

6.2.1.1 Adressaten

Alle Dozierenden im Haupt- oder Nebenamt sollen sich möglichst umfassend didaktisch qualifizieren. Alle Dozierenden, ob haupt- oder nebenamtlich, müssen die gleichen Ziele erreichen, haben die gleichen Probleme und müssen den gleichen Anforderungen genügen.
Alle Dozierenden sollen die schulinternen Weiterbildungsveranstaltungen besuchen.

- Hauptamtlich Dozierende
  Von hauptamtlich Dozierenden wird mehr didaktische Kompetenz erwartet als von nebenamtlichen Dozierenden. Sie sind die prägenden Personen in der Lehre und sollten diese professionell gestalten. Hauptamtlich Dozierende sollten eine didaktische Basisqualifikation nachweisen müssen.

- Nebenamtlich Dozierende
  Grundsätzlich ist auch von nebenamtlich Dozierenden eine angemessene didaktische Qualifizierung wünschenswert. Eine 200 Stunden umfassende Ausbildung sei aber nicht denkbar. Hier gilt zu beachten, dass gerade die Nebenamtlichen aufgrund ihrer Tätigkeiten im Betrieb viele Befähigungen für die Lehre mitbringen (z.B. Projektmanagement, Gesprächs- und Führungsfähigkeiten, zielorientiertes Arbeiten).
- Dozierende mit Kleinstpensen / Gastreferenten
  Wichtig ist, dass Spitzenleute aus der Wirtschaft überhaupt Dozentenaufgaben an den Fachhochschulen übernehmen. Es wäre unrealistisch, von ihnen eine didaktische Qualifikation zu verlangen. Hier steht die inhaltliche Kompetenz im Vordergrund. Hauptamtliche könnten Gastreferenten didaktisch begleiten. Bei der Anstellung von Gastreferenten kommt das Prinzip der Selektion zur Anwendung: Erfolgreich Dozierende werden wieder angestellt.

6.2.1.2 Ziele

Die didaktische Weiterbildung soll die professionelle Gestaltung der Lehrtätigkeit unterstützen:

- Planung, Durchführung und Evaluation der Lehrtätigkeiten im Rahmen von Lehre, aF&E und Dienstleistungen gemäss den didaktischen Grundsätzen an den Fachhochschulen (vgl. Kap. 5.2.3) zur Sicherung der Fachkompetenz (Wissen und Können) und zur Förderung der sozialen und personalen Kompetenzen der Studierenden
- Gestaltung verschiedener Lernsettings
- Differenzierte Wahrnehmung sowie Reflexion ihrer Rolle

6.2.1.3 Inhalte

Die Wahl der Inhalte soll sich am exemplarischen Prinzip orientieren. Die Inhalte können nicht umfassend vermittelt werden. Genannt wurden die folgenden Inhalte:

- Inhalte im Bereich didaktische Kompetenz
  Planung
  Allgemeine Didaktik in Verbindung mit Lernpsychologie:
  Auswahl von Inhalten
  Formulieren von Lernzielen
  Gestalten von Semesterprogrammen
  Arbeitsorganisation

  Durchführung
  Methodologische Grundkonzepte
  Anwendung nutzbringender Methoden

  Evaluation
  Prüfungswesen
  Kursevaluation
  Prozessevaluation und -beurteilung

  Didaktische Prinzipien umsetzen
  Gestaltung von motivierendem Unterricht
  Anregung zum selbständigen Lernen
  Einbezug des Wissens der Studierenden
  Schaffen eines lernfördernden Unterrichtsklimas

  Fachdidaktik

- Inhalte im Bereich Sozial- und Selbstkompetenz
  Gesprächsführung
  Lernbegleitung
  Rolle des Dozenten, der Dozentin (in Verbindung mit Methodik)
  Gruppendynamische und systemische Konzepte
  Leiten von Gruppen
  Teamarbeit
  Die Inhalte 'Leiten von Gruppen' und 'Lernpsychologie' dürften bei einigen Dozierenden an den Schulen für Sozialarbeit vorausgesetzt werden.

- Weitere Inhalte im Bereich Handlungskompetenz
  Umgang mit Öffentlichkeit
  Projektmanagement

6.2.1.4 Methoden

- Grundsätze
  Durch geeignete Methoden sollen die vermittelten Inhalte auf die Realität an den Fachhochschulen bezogen werden.
  Die Methoden sollen die Bearbeitung aller Aspekte des Unterrichtsprozesses und die Reflexion der Praxis sicherstellen.
- Kollegiale Unterrichtsberatung
  Diese Methode wird für die Gestaltung des Mentorats vorgeschlagen. Problematisch ist allerdings die Verbindung von Beratung mit Kollegialität und Evaluation.

6.2.1.5 Struktur, Strukturelemente

Der folgende Strukturvorschlag scheint grundsätzlich realisierbar zu sein:

Abbildung 3: Strukturvorschlag für die didaktische Basisqualifikation

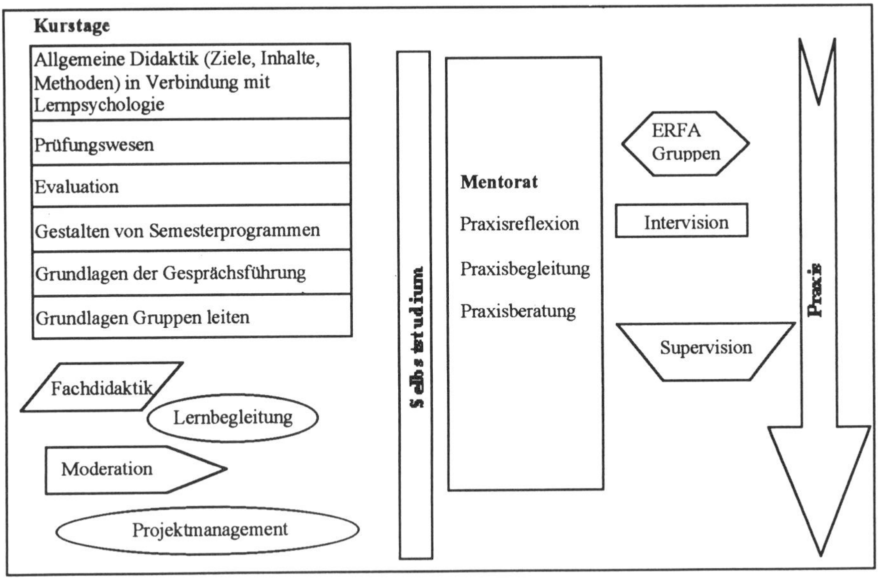

Die Modularität der Grundausbildung entspricht den individuellen Bedingungen der Dozierenden. Wichtig ist eine gewisse Regelmässigkeit, um Kontinuität zu gewährleisten (z.B. monatlich ein Kurstag).
Im Rahmen der Basiselemente erwerben die Dozierenden ein didaktisches Grundrepertoire. Die anschliessenden Aufbauelemente dienen der Bearbeitung spezifischer Themen.

Im folgenden sind die Strukturelemente kurz erläutert. Anschliessend folgen die Ergebnisse aus den Interviews.

- Strukturelement Kurstage
  Die Kurse beabsichtigen den Erwerb von Grundlagenwissen und von didaktischen Handlungsmöglichkeiten.

  Kurstage dienen dem Erwerb neuer Einsichten, dem Üben und der Reflexion der Praxis sowie dem Austausch unter den Kursteilnehmenden. Sie sind als Strukturelement unbestritten.

  Die Zeit zwischen den Kurstagen sollte zur Verarbeitung des Gelernten genutzt werden.

- Strukturelement Selbststudium
  Das Selbststudium dient der Erarbeitung von neuen Inhalten oder der Vertiefung von Inhalten, welche an den Kurstagen besprochen wurden.

  Die Meinungen dazu sind unterschiedlich:
  Begrüsst wird das Selbststudium, wenn es begleitet ist. Auch hier ist der Erfahrungsaustausch wichtig.
  Das Selbststudium erfordert auch eine Lernerfolgskontrolle.
  Da das Selbststudium das Einzelgängertum der Dozierenden verstärken könnte, sei es zu unterlassen.

- Strukturelement Mentorat
  Das Mentorat stellt ein zentrales Element zur Transfersicherung und zur Praxisreflexion dar. Im Rahmen des Mentorats sind die folgenden Arbeitsformen denkbar: Gegenseitige Praxisbesuche, Sitzungen, beispielsweise zur Besprechung von Unterrichtsplanungen, Vorgehensweisen, Semesterplanungen, Standortbestimmungen und für fachliche Erörterungen.

Die Einschätzung der Bedeutung des Mentorats für die didaktische Qualifizierung fällt äusserst unterschiedlich aus. Es wird als optimale Möglichkeit zur Sicherstellung des Transfers gesehen, aber auch befürchtet, dass durch das Mentorat kein Fortschritt in der Schule möglich ist. Die folgenden Aussagen zeigen das Spannungsfeld auf:

Positive Aussagen

Begleitung
Das Mentorat hat prioritäre Bedeutung, da die Dozierenden Unterrichtsbegleitung sehr schätzen.

Anwendung
Das Mentorat stellt die Anwendung des Gelernten sicher.

Tradierung Schulkultur
Die eigentliche Funktion besteht in der Tradierung der Schulkultur.

Kritische Aussagen

Sozialisation statt Qualifikation
Das Mentorat stellt eine schlechte Ausbildungsform dar. Es ermöglicht einen Sozialisations- aber keinen Qualifikationsprozess. Lehrer zeigen die Neigung, sich zu arrangieren, und nicht, das gelernte Expertenwissen umzusetzen.

Reproduktion
Es besteht die Gefahr der ausschliesslichen Reproduktion des Bestehenden.

Probleme

Präferenzen
Ein Problem des Mentorats wird darin gesehen, dass der Mentor von seinen Präferenzen ausgeht, die vielleicht nicht mit dem übereinstimmen, was der Mentorierte braucht.

Ausbildung
Mentoren müssen gut ausgebildet sein, um ihre Tätigkeit professionell auszuführen. Das ist teuer.

Finanzen/Zeit
Ob Mentoren Zeit haben, ihre Rolle zu reflektieren, hängt somit (auch) von den Geldgebern ab.

Organisation
Die Modelle zur Gestaltung des Mentorats sind schulabhängig. Das Modell der DIS stellt einen Vorschlag dar.

Schulübergreifende Organisation
Eine schulübergreifende Organisation des Mentorats ermöglicht eine kollegiale Basis für die Zusammenarbeit. Dadurch kann eher gewährleistet werden, dass die Mentoren nicht ihre Vorurteile über die mentorierten Kollegen bestätigen.

Interne Mentoren
Interne Ausbilder sind wichtig für die Vermittlung der Schulkultur, eine Koppelung mit einer externen Stelle wäre denkbar.

Tandems
Der Einsatz von Tandems mit kollegialer Praxisberatung unter Supervision stellt eine effiziente Möglichkeit dar.[1]

Intervision/Supervision
Das in Kursen Erarbeitete kann inhaltlich in Inter- oder Supervisionsgruppen vertieft werden.

Anforderungen
Das Mentorat muss eng mit der Ausbildung gekoppelt sein.
Der Mentor muss flexibel und abrufbar sein.
Eine gewisse Distanz zwischen Mentor und Mentorierten ist wichtig.
Gemeinsamkeit bezüglich des vermittelten Faches ist notwendig.

- Strukturelement Supervisionsgruppen, Intervisionsgruppen, Erfahrungsaustauschgruppen (ERFA-Gruppen)
  Im Rahmen dieser Elemente bearbeiten die Teilnehmenden in Anwesenheit eines Supervisors (Supervision) oder unter der Leitung eines

---

1 Ausführungen zur Arbeit mit Tandems sind nachzulesen bei: WAHL, D.; WÖLFING, W.R. & GERHARD, H. D. (1995).

Gruppenmitgliedes (Intervision) Problemsituationen aus der Praxis, oder sie tauschen Erfahrungen aus (ERFA-Gruppe). Diese Elemente beabsichtigen eine Reflexion der Praxis und eine Unterstützung des Transfers der an den Kursen erworbenen Erkenntnisse in die Praxis.
Zu diesem Element gab es keine expliziten Äusserungen.

6.2.1.6 Zeitaspekte, Dauer

- Dauer
  Ein Gesamtumfang von 200 Stunden ist realistisch angesichts der Arbeitsbelastung und stellt einen guten Rahmen, aber auch die oberste Grenze dar. Eine Verteilung auf 2 Jahre ist gut. Es braucht aber mindestens ein Jahr. Bei Nebenamtlichen ist ein längerer Zeithorizont denkbar. Wichtig ist eine gewisse Kontinuität.

- Schulfreie Arbeitszeit
  Die didaktische Weiterbildung soll in der schulfreien Arbeitszeit besucht werden können.
  Wenn sie während der Schulzeit erfolgt, müssen die Dozierenden selbst für den Stundenabtausch besorgt sein.

- Zeitgefässe
  Was die Eignung der Zeitgefässe betrifft, müssen Erfahrungen gesammelt werden.
  Geeignet sind die Semesterferien.
  Gewünschte und denkbare Zeitgefässe sind neben Tages- und Abendveranstaltungen auch Blockveranstaltungen.
  Es braucht kleine Zeitgefässe, z.B. Freitagnachmittag und Samstagvormittag.
  Der Samstag ist aus der Sicht der Frauen und Familien ungünstig.

6.2.1.7 Kosten

Polaritäre Auffassungen bestehen bezüglich der bezahlenden Instanz.

- Bezahlungsinstanz
  Der Auffassung, dass die Kosten auf Schule und Dozierende gleichmässig zu verteilen sind, steht die konträre Meinung gegenüber, dass die Schulen die Kosten vollumfänglich zu übernehmen hätten.
- Kurskosten
  Ein Tagesansatz von Fr. 125.-- ist als sehr günstig einzustufen.
  Ein Kursgeld von Fr. 300.-- pro Tag bei 8 Stunden, bezw. Fr. 250.-- pro Tag bei 6 Stunden, ist bei einer Vollkostenrechnung sicher angebracht.

6.2.2 Didaktische Weiterbildung der Dozierenden an Fachhochschulen

6.2.2.1 Adressaten

Alle Dozierenden müssen sich kontinuierlich didaktisch weiterbilden.

6.2.2.2 Ziele

Die didaktische Weiterbildung ermöglicht den Dozierenden,

- das Gelernte à jour zu halten und zu repetieren;
- vorhandene Kompetenzen zu festigen und zu erweitern;
- neue Erkenntnisse aus Wissenschaft und Praxis zu erwerben;
- Unterstützung für die Richtigkeit der eigenen Lehrtätigkeit zu erhalten.

6.2.2.3 Inhalte

In der didaktischen Weiterbildung sind die gleichen Inhalte wie in der didaktischen Grundausbildung zu thematisieren. Die Auseinandersetzungen finden auf einem anderen Niveau statt, da alle Teilnehmenden bereits über Lehrerfahrung und didaktische Grundkenntnisse verfügen. Genannt wurden auch neue Themen für die didaktische Weiterbildung.

- Neue Themen

  Qualifikation

  Nach Meinung mehrerer Interviewpartner und -partnerinnen stellen die folgenden Themen Elemente der didaktischen Weiterbildung dar: Beurteilen, Evaluation, Evaluation ganzer Studiengänge, Qualitätsmanagement.

  Spezifische Probleme

  Spezielle Probleme mit Studierenden, Gruppen, Inhalten können im Rahmen der didaktischen Weiterbildung bearbeitet werden.

Die folgenden Themen wurden einzeln oder mehrfach genannt:

Didaktische Kompetenz
Grössere, komplexe Unterrichtmethoden
Fachdidaktik
Aufbau eines Studienganges, Curriculumentwicklung

Soziale Kompetenz
Vertiefte Auseinandersetzung mit gruppenorientierter Lehre/Lernen in Gruppen
Moderationsfähigkeiten
Konfliktmanagement

Selbstkompetenz
Bildungsbiographie
Selbstreflexion der eigenen Lehre
Rolle des Dozenten/der Dozentin

Methodische Kompetenz
Begleitung von Forschungsprojekten
Projektmanagement

6.2.2.4 Methoden

Die gewählten Methoden sollen den Erfahrungsaustausch, die Diskussion unter den Teilnehmenden sowie die Reflexion der Praxis gewährleisten. Sie unterscheiden sich grundsätzlich nicht von denjenigen, die im Rahmen der Grundausbildung zur Anwendung kommen. Auf die in der Grundausbildung verwendeten Konzepte sollte zurückgegriffen werden.

6.2.2.5 Struktur, Strukturelemente

Die Struktur mit ihren Elementen soll gewissen Kriterien entsprechen.

- Variabilität
  Grundsätzlich sind sehr unterschiedliche Formen wie Selbststudium und Beratung neben traditionellen Kursen denk- und wünschbar.
  Weiterbildung ist auch im Rahmen von Teamsitzungen und 'team teaching' möglich.
- Praxisorientierung
  Die Vorgehensweisen müssen den Praxisbezug unterstützen. Geeignet sind:
  Kurse, kombiniert mit Beratung
  Inputseminare mit Betreuung in der Praxis
  Microteaching mit Video
  Intervision, Supervision, kollegiale Unterrichtsbesuche
  Trainings in Betrieben

6.2.2.6 Zeitaspekte, Dauer (vgl. 6.2.1.6)

Die zeitlichen Rahmenbedingungen an den zukünftigen Fachhochschulen sind nicht weiterbildungsfördend.
Die Dozierenden sind gegenwärtig stark belastet. Bei den hohen Pensen könne von den Dozierenden keine didaktische Weiterbildung erwartet werden, meint eine schulinterne Expertin. Die didaktische Weiterbildung darf nicht zu einer Mehrbelastung führen. Eine Senkung der Unterrichtspensen ist in diesem Sinne wünschenswert.
Die Vorstellungen bezüglich des zeitlichen Umfangs und der Verbindlichkeit gehen weit auseinander. Gegenüber der Position, generalisierbare Aussagen seien nicht möglich, steht die Auffassung, didaktische Weiterbildung müsse obligatorisch sein.

- Regelmässigkeit
  Mehrere Personen betonen die Wichtigkeit regelmässiger didaktischer Weiterbildung, beispielsweise mindestens einmal jährlich.

- Umfang/Zeitgefässe
  Die folgenden konkreten Auffassungen bezüglich jährlicher Weiterbildung wurden genannt (je Zweifachnennungen aus unterschiedlichen Bereichen):
  10 Tage, mindestens eine Woche
  3 Wochen für integrierte fachliche und didaktische Weiterbildung
  2-3 Tage
  1-2 Tage, mit Zwischenphasen für Aufgaben
  Der Umfang ist im Rahmen der Personalentwicklung festzulegen.
- Schulfreie Arbeitszeit
  Grosse Übereinstimmung besteht darin, dass die didaktische Weiterbildung in der schulfreien Arbeitszeit zu erfolgen habe. Wird sie während der Schulzeit besucht, sei der Abtausch selber zu organisieren.
  Kürzere Einheiten sind günstig. Tagesblöcke und längere Blöcke sind denkbar.

6.2.2.7 Kosten (vgl. 6.2.1.7)

- Kostenträger Schule
  Mehrere Interviewpartner, vor allem Vertreter der Schulen, betonen, die Schule müsse die Weiterbildungskosten vollumfänglich übernehmen (z.B. im Rahmen eines persönlichen Weiterbildungsbudgets für die Dozierenden). Die Lehrkräfte stellen ihre Arbeitszeit zur Verfügung.
- Mischmodell
  Unter dem Gesichtspunkt, dass die (didaktische) Weiterbildung eine Pflichtaufgabe darstellt, vertreten einige die Auffassung, dass bei Neu- und Festangestellten je 50% der Kosten durch die Schule, bzw. 50% durch die Dozierenden zu übernehmen seien.
  In zwei Interviews wird als weiteres Mischmodell vorgeschlagen: Die Institution übernimmt das Kursgeld für Dozierende, die bleiben. Wer kündigt, bezahlt einen Teil selbst.

6.2.3 Anerkennung

Bezüglich der Bedeutung und der Regelung einer allfälligen Anerkennung der didaktischen Qualifikation gehen die Meinungen auseinander. Zentral ist die Frage: Wer stellt eine Anerkennung aus (die Fachhochschulen oder eine übergeordnete Stelle)?

6.2.3.1 Argumente für eine Anerkennung

Viele Interviewte vertreten die Auffassung, dass eine Anerkennung wichtig und vernünftig ist. Die Argumente sind verschieden:

- Bedeutung
  Eine Anerkennung wäre Ausdruck davon, dass die didaktische Qualifizierung bedeutsam ist und dass somit die entsprechenden Mittel bereit gestellt werden.

  Mobilität
  Ein Ausweis ist wegen der Mobilität der Dozierenden wichtig.

  Sicherheit
  Die Regelung der Anerkennung schafft Klarheit und vermittelt eine gewisse Sicherheit. Dies wünschen viele Dozierende.

  Erneuerung
  Es wäre gut, einen Ausweis abzugeben, der mit einer gewissen Regelmässigkeit wieder erneuert werden muss.

- Offene Fragen
  Wer überprüft die Basisqualifikation?
  Soll die Anerkennung lohnwirksam sein?

6.2.3.2 Zur Fragwürdigkeit einer Anerkennung

Mehrere Vertreter der Schulen messen der Regelung der Anerkennung wenig Bedeutung zu. Eine offizielle Absegnung der didaktischen Qualifikation wird nicht als zentral, allenfalls aber als sinnvoll eingeschätzt. Man hat nichts dagegen.

Die Gefahr besteht, dass mit der Einführung einer Anerkennung die didaktische Qualifizierung mit erfüllter Basisqualifikation als erledigt betrachtet werden könnte. Didaktische Weiterbildung sollte aber ein Dauerthema sein.

6.2.3.3 Anforderungen an eine Anerkennung

Eine offizielle Anerkennung setzt klare Anforderungskriterien voraus. Es scheint schwierig und anspruchsvoll zu sein, die richtigen Kriterien zu finden. Die Direktorenkonferenz der Ingenieurschulen (DIS) hat die Anforderungen definiert.

Die Interviewpartner und -partnerinnen äusserten die folgenden Vorstellungen:

- Nachweis Kurse
  Für die Anerkennung müssten Ausbildungseinheiten nachgewiesen werden, welche bei akkreditierten Institutionen absolviert wurden.
- Empfehlung Schule
  Die Fachhochschulen sollten die Lernerfolge ihrer Dozierenden überprüfen (Qualitätssicherung) und festhalten (Bericht).
- Keine Abschlussprüfung
  Es soll keine Abschlussprüfung verlangt werden.
- Flexibilität
  Eine übergreifende Lösung muss flexibel sein.
- Umfang
  Der zeitliche Rahmen (200 Stunden) stellt ein Kriterium dar. Mit Bezug auf das bildungspolitische Umfeld ist die Frage zu prüfen, ob nach einer Weiterbildung von 200 Stunden bereits ein Zertifikat zu erteilen sei.

6.2.3.4 Regelungskompetenz

Die diesbezüglichen Äusserungen waren eher vage. Die folgenden Aussagen beschreiben die Aufgaben der einzelnen Zuständigkeiten:

- Fachhochschulen
  Die Schule definiert die Anforderungen.

Ein gesamtschweizerisches Zertifikat für alle Fachhochschulen ist nicht erwünscht. Die Pluralität im Bildungswesen kann auch hier zum Ausdruck kommen.

Die Vertreter der Ingenieurschulen betonen, dass die Regelungskompetenz aus Gründen der Flexibilität weit hinunter zu delegieren sei. Die Fachhochschulen seien kompetent in der Beurteilung der Dozierenden. Die Frage der gegenseitigen Anerkennung wird nicht als Problem gesehen. Ein übergreifendes Gremium wäre zu kompliziert.
Generell lehnen die Fachhochschulen eine zentrale Stelle eher ab.

- Übergeordnetes Gremium
  Viele Interviewte waren sich aber einig darüber, dass ein übergeordnetes Gremium abschliessende Regelungskompetenz wahrzunehmen habe. Es sollte nicht so sein, dass viele Stellen Zertifikate herausgeben. Die Gründe:

  Status/Kompetenz
  Eine statushohe Stelle sichert die Akzeptanz der Regelungen.

  Unterstützung des Anliegens
  Die übergeordnete Regelung der Anerkennung unterstützt den Trend zur didaktischen Qualifizierung.

  Entlastung
  Es braucht eine externe Zertifizierungsstelle zur Entlastung der Schulen.

  Verbindung mit Qualitätsmanagement
  Die Instanz sollte auch die Qualitätssicherung als Aufgabe wahrnehmen.

  Anerkennung der Ausbildung
  Ausbildungen müssten akkreditiert werden, z.B. durch einen Zusammenschluss verschiedener einschlägiger Stellen mit Einsitz der Schulen. Wer Kurse anbietet, soll nicht gleichzeitig als Anerkennungsinstanz auftreten.
  Die Europäische Anerkennung soll durch eine europäische Stelle abgegeben werden.
  Die DIS stützt die Legitimierung ihres Zertifikates auf die Referenten.

- Direktorenkonferenz
  Die Direktorenkonferenz regelt die Anerkennung.
- Fachhochschulrat
  Der Fachochschulrat regelt die Anerkennung.
- BBT[2]
  Das BBT regelt die Anerkennung, denn das BBT ist die einzige Institution, welche über die Kantone hinweg Aussagen zu Fachhochschulen machen kann. Das BBT könnte den Rahmen setzen.
  Das BBT äusserte sich dahingehend, vorerst nichts unternehmen zu wollen. Der Grund: Die Schulen wüssten, was sie brauchen.

6.2.3.5 Organisation des Verfahrens

Über die Organisation des Verfahrens bestehen noch viele Unklarheiten und erst die folgenden vereinzelten Vorstellungen:

- Grundsätze
  Flexibilität ist wichtig, Hindernisse und Bürokratismus sind zu vermeiden. Das Vorgehen soll pragmatisch sein.
- Qualifikation vor Ort
  Die Qualifikation soll vor Ort geschehen, übergeordnete Kriterien dienen als Massstab.
  Wenn eine Empfehlung der Schule vorliege, könne das Zertifikat erteilt werden, meint ein Vertreter der Fachhochschulen. Wenn die Fachhochschule eine Anerkennung erteilt, soll diese als Fachhochschulzeugnis gelten.
- Qualitätsarrangement
  Mittelfristig sollte ein Qualitätsarrangement erreicht werden. Dies könnte beinhalten, dass das BBT oder eine andere Institution die Testate anerkennt zur Erfüllung der gesetzlichen Pflicht. Dazu braucht es Ver-

---

[2] Das damalige BIGA (Bundesamt für Industrie, Gewerbe und Arbeit) heisst heute BBT (Bundesamt für Berufsbildung und Technologie).

einbarungen, beispielsweise bezüglich der zu akkreditierenden Ausbildungsinstitutionen.

- Eidgenössische Kommission
  Das BBT könnte eine Kommission einsetzen, die zukünftige 'SWF' die Federführung übernehmen.
- Vorgehen
  Für die Anerkennung der Lehrfähigkeit schlägt ein Experte die folgenden Vorgehensweisen vor: Selbsteinschätzung, Fremdeinschätzung, Evaluation durch Studierende.
- Anforderung
  Die folgenden Anforderungen an das Vorgehen müssen erfüllt sein:
  Die Einschätzung erfolgt aufgrund konkreter Beobachtung.
  Die Betroffenen sind mitbeteiligt.
  Es kommen keine kränkenden Formen der Datenerhebung zur Anwendung.
  Koordination mit universitären Hochschulen.
  Die Koordination mit der Anerkennung der Hochschuldidaktik ist zu prüfen.

6.2.4 Verantwortlichkeiten

6.2.4.1 Die verschiedenen Verantwortlichkeiten

Die Verantwortlichkeit liegt auf verschiedenen Ebenen.

- Funktion des Gesetzes
  Das Gesetz stellt in erster Linie eine Absicherung dar. Politiker und Trägerschaften sollen die Tatsache des Gesetzes berücksichtigen bei der Verteilung der finanziellen Mittel.
- Funktion der Träger der Fachhochschulen
  Mittel
  Bereitstellen der finanziellen Mittel

  Definition Anforderungen
  Definition der Anforderungen an die Dozierenden

Eingehen von Vereinbarungen zwischen den Trägern (z.B. bezüglich der verlangten Fachkompetenz und der Zeitgefässe)

Zertifikate
Erteilung des Zertifikates

- Funktion der Leitungsverantwortlichen der Standortschulen
  Sicherstellung
  Verlangen der didaktischen Qualifizierung bei Neueinstellungen
  Sicherstellung der didaktischen Qualifizierung

  Festlegung der Modalitäten des Erwerbs
  Garantierung des Qualitätsmanagements und der Umsetzung der daraus folgenden Weiterbildungssschritte für die Dozierenden
  Sicherstellung und Unterstützung der Umsetzung didaktischer Neuerungen an den Schulen

  Autorisierung
  Autorisierung der schulinternen Weiterbildung
  Überprüfung der Lernerfolge

  Schaffung von Anreizen
  Finanzierung, günstige Bedingungen, Unterstützung der didaktischen Weiterbildung

- Funktion der Dozierenden
  Übernahme der Verantwortung für ihre didaktische Qualifikation
  Motivation entwickeln
  Umsetzung didaktischer Themen
  Interesse und Begeisterung entwickeln

6.2.4.2 Anbieter

- DIS WBK

Die Arbeit der Kommission für die didaktische Weiterbildung der Dozenten an Ingenieurschulen (DIS WBK) wird von den Vertretern der Ingenieurschulen als gut befunden (Konzept, Zusammenarbeit).

- Andere Anbieter
  Vielfalt
  Es soll viele Anbieter geben, vor allem für den Bereich didaktische Weiterbildung. Qualität und Neutralität der Anbieter sind wichtig. Schulinterne Kompetenzzentren könnten didaktische Weiterbildung anbieten.

  Basisqualifizierung
  Nicht alle Anbieter sollen eine Basisqualifizierung anbieten.

  Qualitätsarrangement
  Mittelfristig ist ein Qualitätsarrangement unter den verschiedenen Anbietern anzustreben.

  Lokale Angebote
  Die Angehörigen der Fachhochschulen werden eher die lokalen Angebote nutzen.

6.2.4.3 Funktionen zentraler didaktischer Weiterbildungsstellen

- Prioritäre Funktionen
  Plattform
  Unterhalten des Diskurses
  Vermitteln von Inputs
  Ermöglichen von Auseinandersetzungen und Auftankmöglichkeiten

  Koordination
  Koordinieren von Bestehendem

  Zusammenarbeit
  Ermöglichen der Zusammenarbeit mit anderen Weiterbildungsstellen und mit den Schulen.

  Information
  Verfügbar machen von Informationen über alle Fragen der Didaktik (z.B. Informationsbulletin, Verzeichnis über die bestehenden Angebote, (didaktische) Geschehnisse in und ausserhalb der Schweiz).

  Angebot von Weiterbildung
  Anbieten von Kursen über alle Bereiche hinweg.

Anbieten von Kaderkursen (z.B. Moderatoren ausbilden und vermitteln, Kurse für das Management an den Fachhochschulen).

Unterstützung
Anbieten von Beratung bei Entwicklungs- und Weiterbildungsprozessen (z.B. Qualitätsmanagement)

- Weitere Funktionen
Die folgenden Funktionen werden aufgrund der Ein- oder Zweifachnennung als sekundär eingestuft:

Führung
Übernehmen der Federführung in den Fragen der didaktischen Weiterbildung an Fachhochschulen

Inhaltliche Beiträge
Klären des Verhältnisses zwischen schulinterner und schulexterner Weiterbildung

Bereich Dienstleistungen
Information
Aufbauen einer Bibliothek mit Fachliteratur
Verfassen und verfügbar machen von Rezensionen und Neuerscheinungen

Weiterbildung
Übernehmen von Aufgaben im Bereich Mentorat
Anbieten von ERFA-Gruppen, massgeschneiderten Kursen, Begleitung des Selbststudiums
Anlaufstelle sein für Problemfälle

Koordination
Vernetzen von Anbieter und Nachfrager

Verwaltung der Mittel

7 Zusammenfassung

18 Thesen und 5 Problemfelder bezüglich der didaktischen Qualifizierung der Dozierenden an Fachhochschulen

Die, im folgenden Text als Thesen und als Problemfelder bezeichneten Aussagen stellen eine Zusammenfassung der Ergebnisse aus den Gruppengesprächen und den Interviews dar, wie sie im Kapitel 5, Konzeptgrundlagen und im Kapitel 6, Konzeptvorschläge ausführlich dargestellt sind.

18 Thesen

1 Ziel der Lehre an Fachhochschulen

Die Dozierenden an Fachhochschulen garantieren eine wissenschaftsorientierte Lehre. Diese gewährleistet eine Berufsausbildung auf hohem Niveau.

2 Ziele der didaktischen Qualifizierung

Die didaktische Qualifizierung befähigt die Dozierenden, ihre Lehrtätigkeit in den folgenden Spannungsfeldern zu situieren:

- Wissenschaftsorientierung versus Berufsorientierung
- Umfassende Stoffvermittlung versus Exemplarische Stoffauswahl
- Schule versus Unternehmen
- Andragogische Ziele versus Unternehmerische Ziele
- Fremdsteuerung versus Selbststeuerung
- Lernkontinuität versus Förderung der Selbständigkeit

Die didaktische Qualifizierung befähigt die Dozierenden zu einer erwachsenengerechten Lehre. Für die Situation an den Fachhochschulen heisst dies, das Vorwissen und die Berufserfahrung der Studierenden in die Lehre einzubeziehen sowie einen hohen Praxisbezug und eine hohe Handlungsorientierung zu garantieren.

Die didaktische Qualifizierung befähigt die Dozierenden, ihre Lehrtätigkeit personenorientiert zu gestalten im Gegensatz zu einer ausschliesslich inhaltlichen Ausrichtung.

3 *Die Rolle der Dozierenden*

Die Rolle der Dozierenden erweitert sich
- von Stoffvermittler/innen zu Prozessbegleiter/innen
- von Dozenten/Dozentinnen zu Unternehmer/innen
- von der Vereinzelung in der Klasse zur Mitwirkung in einer dynamischen Schulorganisation
- Die didaktische Qualifizierung befähigt die Dozierenden, ihre Rolle zu reflektieren, zu erweitern und den verschiedenen Lernsettings entsprechend zu gestalten.

4 *Komplexes Kompetenzprofil*

Die didaktische Qualifizierung orientiert sich an einem komplexen Kompetenzprofil der Dozierenden an Fachhochschulen. Von Bedeutung sind neben den fachlichen auch die didaktischen, sozialen und unternehmerischen Kompetenzen.

5 *Bedeutung der Didaktik*

Die Bedeutung der didaktischen Kompetenzen und der didaktischen Qualifizierung für den Erfolg der Lehre ist an den Fachhochschulen vermehrt zu thematisieren.

6 *Grundsätze für die Gestaltung der didaktischen Qualifizierung*

Die didaktische Qualifizierung der Dozierenden an den Fachhochschulen orientiert sich an den folgenden Gesichtspunkten:
- Individualisierung
- Verbindung von Qualitätsmanagement mit didaktischer Weiterbildung
- Kontinuität
- Berufsbegleitender Erwerb

7 *Qualitätsmerkmale für die didaktische Qualifizierung*

Qualitätsmerkmale der didaktischen Weiterbildung der Dozierenden an den Fachhochschulen sind:
- Orientierung an den Gegebenheiten der Fachhochschulen
- Zielorientierung
- Handlungs- und Problemorientierung
- Bedarfs- und Bedürfnisorientierung

- Effizienz und Effektivität
- Theoretische Abstützung der Inhalte

8 Eigenständiges Berufsbild

Die didaktische Qualifizierung stellt einen Beitrag zur Entwicklung eines eigenständigen Berufsbildes der Dozierenden an Fachhochschulen dar.

9 Ort der didaktischen Qualifizierung

Die didaktische Qualifizierung kann schulextern oder schulintern erfolgen. Die schulexterne Weiterbildung dient der Erweiterung der didaktischen Kompetenzen und des Horizontes, der Bearbeitung individueller Schwächen und ermöglicht Kontakte mit Dozierenden anderer Schulen.
Die schulinterne Weiterbildung dient der Bearbeitung von Themen und Zielen, welche die Schule als Ganzes betreffen. Sie kann die Kollegialität fördern.

10 Adressaten der didaktischen Weiterbildung

Alle Dozierenden bilden sich didaktisch weiter. Die neu eingestellten Hauptamtlichen weisen eine didaktische Qualifizierung nach. Von den Nebenamtlichen ist eine angemessene didaktische Qualifizierung wünschbar.

11 Umfang/Struktur der didaktischen Weiterbildung

Die didaktische Basisqualifikation umfasst rund 200 Stunden, verteilt auf rund 100 Stunden Kurstage, 50 Stunden Selbststudium, 50 Stunden Mentorat, Intervision, Supervision. Kurstage und Selbststudium dienen in erster Linie dem Erwerb von Wissen und Fertigkeiten aber auch der Reflexion der Praxis. Die Transferbegleitung und -sicherung findet im Rahmen von Mentorat, Super- und Intervision statt.

12 Anerkennung

- 12a Der Nachweis von 200 Stunden Weiterbildung sowie der Nachweis erfolgreicher Lehrtätigkeit stellen die Grundlagen für eine Anerkennung der didaktischen Basisqualifikation dar.
- 12b Eine Anerkennung der didaktischen Qualifikation ist wünschenswert. Sie ist Ausdruck ihrer zunehmenden Bedeutung und schafft Sicherheit und Klarheit.

13 Mentorat

- 13a Das Mentorat stellt eine zentrale Form der Begleitung der beginnenden Dozierenden dar, wenn es gelingt, Rollenklarheit zu schaffen sowie die Funktionen Begleitung und Beurteilung zu entflechten.
  Diese Form der Begleitung bewegt sich im Spannungsfeld von *Tradierung der Schulkultur* und *Förderung des Fortschrittes*.
- 13b Mentoren brauchen eine angemessene Weiterbildung bezüglich Aufgaben und Rolle.
- 13c Das Mentorat stellt eine erweiterte Aufgabe der Dozierenden dar und muss entsprechend zeitlich dotiert sein.

14 Kontinuität

Zur didaktischen Qualifizierung gehört eine Basisqualifikation und die kontinuierliche Weiterbildung.

15 Didaktische Qualifizierung und Qualitätsmanagement

Die gewählten Kursinhalte orientieren sich (insbesondere im Rahmen der Weiterbildung) vor allem an den Ergebnissen des Qualitätsmanagementprozesses. Die Wahl der Kursinhalte stellt einen Teil des Qualitätsmanagements dar.

16 Zeit

Die didaktische Qualifizierung erfolgt in der schulfreien Arbeitszeit.

17 Anbieter

Verschiedene Bildungsinstitutionen bieten didaktische Qualifizierungsangebote für Dozierende an Fachhochschulen an.

18 Zentrale Dienstleistungsstellen

Zentrale Dienstleistungsstellen für die didaktische Qualifizierung dienen der Koordination und Information. Sie bieten Kurse und Beratungen für alle Fachhochschulen über alle Bereiche hinweg an.

Sie übernehmen die Koordination in den Fragen der didaktischen Qualifizierung sowie grundlegende Aufgaben im Bereich Qualitätsmanagement und Anerkennung. Sie bearbeiten spezifische Inhalte in den Bereichen Lehr- und Organisationskompetenz.

5 Problemfelder

1 Verbindlichkeit

Für wen soll die didaktische Qualifizierung freiwillig bzw. obligatorisch sein?

2 Finanzierung

Wer bezahlt die didaktische Qualifizierung? Übernehmen die Fachhochschulen die vollen Kosten? Welchen Beitrag leisten die Lehrkräfte?

3 Anerkennung

Wer stellt die Anerkennung aus (eine schulexterne Stelle oder die Fachhochschulen)?
Welches sind Kriterien für eine Anerkennung?

4 Verantwortlichkeiten

Wer überwacht die didaktische Basisqualifikation, wer überwacht die didaktische Weiterbildung?

5 Zentrale Dienstleistungsstellen versus Eigenverantwortlichkeit der Fachhochschulen

Soll eine zentrale Dienstleistungsstelle für die didaktische Qualifizierung geschaffen werden, oder soll die Bearbeitung der entsprechenden Aufgaben den einzelnen Schulen überlassen sein?

8 Empfehlungen

Die vorliegenden Empfehlungen basieren auf den in den Kapiteln 5 und 6 dargestellten Ergebnissen. Die Vorschläge der Verfasserin konnten im Team des Projektes Schweizerische Weiterbildungszentrale für Fachhochschulen (SWF) diskutiert und verifiziert werden. Die Trägergruppe des Projektes genehmigte diese Empfehlungen.
Diese Schritte entsprachen der Phase III des Erkenntnisprozesses (vgl. Kap. 4.4).

8.1 Empfehlungen zur Gestaltung von Weiterbildungsangeboten in Lehr- und Organisationskompetenz für Lehrende an Fachhochschulen

- Funktion
  Die didaktische Qualifizierung, verstanden als Element des Qualitätsmanagements soll einen Beitrag zur Qualitätssicherung an Fachhochschulen leisten.

  Sie soll durch die Orientierung am Ansatz der Eigenverantwortlichkeit und die Förderung der Sozial- und Selbstkompetenz zur Persönlichkeitsbildung beitragen und die Fähigkeit zur Selbstbeurteilung entwikkeln.

  Sie soll (trotz obligatorischer Weiterbildung) individuelle Entscheidungsspielräume erweitern.

- Adressaten
  Eine didaktische Basisqualifikation soll sich an beginnende Dozierende ohne Lehrbefähigung richten.

  Die kontinuierliche Weiterbildung soll sich an alle Dozierenden mit Lehrerfahrung richten.

- Ziele
  Die Weiterbildungsangebote im Bereich Lehr- und Organisationskompetenz müssen einen gezielten Beitrag zur professionellen Wahrnehmung der Tätigkeiten (Lehre, anwendungsorientierte Forschung und Entwicklung, Dienstleistungen) der Dozierenden an Fachhochschulen

leisten. Sie zielen auf die Erweiterung der didaktischen Handlungs-, Sozial- und Führungskompetenzen.
Die Förderung sozialer Kompetenzen soll integriertes Lehrziel der Weiterbildungen darstellen.

- Inhalte
  Didaktische Qualifizierungsangebote müssen von der künftigen Situation der Lehrenden an Fachhochschulen ausgehen. Diese werden zunehmend Aufgaben wahrnehmen, die über den traditionellen Auftrag als Dozent, als Dozentin hinausgehen. Ausserdem verlangt das heutige Lernverständnis von den Dozierenden den Einsatz von Formen des eigenverantwortlichen Lernens. Auf diesem Hintergrund sollen die folgenden Inhalte hohe Beachtung finden:

  Planung, Durchführung, Begleitung und Evaluation von Lernprozessen in verschiedenen Lernsettings (z.B. Vorlesung, Klassenverband, Projektgruppen, Einzelarbeit)
  Gesprächsführung mit Einzelnen und Gruppen
  Planung und Durchführung von Forschungs- und Entwicklungsprojekten
  Aufbau und Pflege von Beziehungen zu Wirtschaftskreisen
  Aquisition von Dienstleistungen
  Unternehmerisches Denken und Handeln
  Sitzungsleitung, Berichterstattung, Präsentation von Ergebnissen

- Gestaltung (Aufbau, Elemente, Methodik)
  Ein modularer Aufbau soll auf dem Hintergrund der individuellen Voraussetzungen individuelle Weiterbildungssettings ermöglichen.

  Die Angebote sollen als berufsbegleitende und prozessorientierte Weiterbildungen geplant und durchgeführt werden.

  Die Weiterbildungsangebote der didaktischen Basisqualifikation und der kontinuierlichen didaktischen Weiterbildung sollen den Erfahrungsaustausch und die Reflexion der Praxis ermöglichen.

  Seminarmässiges Lernen soll mit Selbststudium und Transferelementen (z.B. Mentorat, Supervision) kombiniert werden. Das Selbststudium ist in die Seminarien oder Transferelemente zu integrieren.

Das Mentorat muss zur Qualifizierung (nicht Reproduktion) beitragen. Dies setzt als Notwendigkeit eine Ausbildung von Mentorinnen und Mentoren voraus.

Lerngruppen ermöglichen neben dem Training der didaktischen Kompetenzen auch die Entwicklung sozialer Kompetenzen und Selbstkompetenzen. Sie sollen im Rahmen der didaktischen Basisqualifikation besonders gepflegt und müssen begleitet werden.

- Rahmen
  Die Angebote sollen je nach Zielsetzung und Inhalt schulintern und schulextern stattfinden.

  Für die Weiterbildungen sollen verschiedene Zeitgefässe (Ein- und Mehrtagesblöcke an verschiedenen Wochentagen, mehrheitlich an Freitagen und Samstagen) gewählt werden.

- Anforderungen an die Kursleitenden und Beratenden
  Sie müssen mit grundlegenden Fragen der Erwachsenenbildung vertraut sein, über Lehrerfahrung verfügen und einen hinreichenden Bezug zu den Bedürfnissen und zur Realität von Fachhochschulen ausweisen.

  Neben der Vermittlung von Grundwissen und -instrumentarien sollen sie auch zur Persönlichkeitsbildung befähigen.

  Sie sollen situationsabhängig eine ausbildende oder beratende Rolle wahrnehmen können und von einen emanzipatorischen Grundverständnis ausgehen.

8.2 Empfehlungen für Fachhochschulen bezüglich der didaktischen Qualifizierung

- Adressaten
  Alle Dozierenden sollen sich mit dem Ziel der Reflexion ihrer Praxis und der Auseinandersetzung mit neuen Erkenntnissen regelmässig didaktisch weiterbilden.

  Beginnende hauptamtliche Dozierende an Fachhochschulen ohne Lehrbefähigung sollen sich berufsbegleitend eine didaktische Grundqualifikation aneignen. Sie sollen diese, in Abhängigkeit ihrer Vorkenntnisse und -erfahrungen, individuell zusammenstellen können. Die Basisqualifikation soll rund 200 Stunden umfassen und im Rahmen von Seminarien, Selbststudium, Mentorat, Super- und Intervision stattfinden.

Beginnende nebenamtliche Dozierende an Fachhochschulen ohne Lehrbefähigung sollen sich ebenfalls angemessen didaktisch qualifizieren.

Erfahrene Dozierende sollten nicht für eine didaktische Basisqualifikation verpflichtet werden. Hier sollte das Prinzip der Selbstmotivation in Verbindung mit den Ergebnissen der Qualitätssicherung zum Zuge kommen können.

- Rahmen
  Die didaktische Qualifizierung soll schulintern und -extern erfolgen. Schulinterne Weiterbildung ist zwingend für Themen der Schulentwicklung und muss durch die Leitung autorisiert sein.
  Zur Förderung des kollegialen Austausches mit Kollegen und Kolleginnen anderer Fachhochschulen sind schulexterne Weiterbildungsformen besonders zu unterstützen.

  In der Basisqualifikation sollen schulexterne Teile mit schulinternen Elementen kombiniert werden (Mentorat).
  Hier soll besonders beachtet werden, dass das Mentorat nicht ausschliesslich der Tradierung der Schulkultur dient, sondern auch die Förderung des Fortschrittes an den Schulen ermöglicht. Eine Ausbildung der Mentorinnen und Mentoren ist unerlässlich.

  Die didaktische Qualifizierung kann bei verschiedenen Anbietern absolviert werden. Mittelfristig sollte ein Qualitätsarrangement unter den Anbietern erreicht werden.

- Rolle der Schulleitung
  Die Schulleitungen sollen an den Fachhochschulen ein Klima schaffen, in welchem didaktische Themen ständig thematisiert werden und die Dozierenden Eigenmotivation entwickeln können.

  Die Ergebnisse der Qualitätssicherung sollen mit den Dozierenden besprochen und Schlussfolgerungen bezüglich erwünschter didaktischer Weiterbildung gezogen werden.

Die Schulen sollen die didaktische Qualifizierung als ständige Aufgabe ihrer Dozierenden einstufen (Besuch während der schulfreien Arbeitszeit) und durch günstige Rahmenbedingungen unterstützen, z.B. durch teilweise oder vollumfängliche Finanzierung.

Neue Aufgaben wie beispielsweise die Wahrnehmung des Mentorats sollen entsprechend zeitlich dotiert sein. Die Qualifizierung der Dozierenden für neue Aufgaben ist sicherzustellen.

8.3 Empfehlungen zur Regelung der Anerkennung

- Notwendigkeit
  Die Regelung der Anerkennung der didaktischen Qualifikation soll zur Schaffung von Transparenz und zwecks Klärung des Stellenwertes der didaktischen Weiterbildung vorangetrieben werden.
- Anforderungen
  Als realistische Anforderungen sollen der Nachweis von 200 Stunden Ausbildung (ohne Abschlussprüfung) und der Nachweis erfolgreicher Lehrtätigkeit gelten.
- Klärungsbedarf
  - Zwecks Regelung eines Anerkennungsverfahrens sind die folgenden Klärungen zu leisten:
  - Welche Instanz legt die Minimalanforderungen definitiv fest?
  - Welche Instanz gibt die Ausweise (Zertifikate) ab (einzelne Fachhochschulen oder eine von den Fachhochschulen damit betraute, übergeordnete Stelle)?
  - Wer stellt den Nachweis für die erfolgreiche Lehrtätigkeit als Voraussetzung für die Anerkennung aus?
  - Welche Kursanbieter sollen anerkannt werden?
  - Welche Rolle spielt das BBT?
- Tendenz aus den Interviews
  Das Anerkennungsverfahren sollte fachhochschulnah entwickelt, aber nicht durch Fachhochschulen durchgeführt werden. Die Schulen sollen nicht einzeln Zertifikate abgeben.

8.4 Empfehlungen für den Aufbau und die Gestaltung von Schweizerischen Weiterbildungsstellen für Fachhochschulen

- Funktion und Aufgaben
  Zentrale Weiterbildungsstellen sollen:
  - als Plattform für alle didaktischen Fragen an Fachhochschulen funktionieren,
  - bestehende Angebote koordinieren und insbesondere für eine Zusammenarbeit mit anderen Weiterbildungsstellen sorgen,
  - Informationen für alle didaktischen Fragen (Dokumentation und Information über Ereignisse und Angebote im In- und Ausland) verfügbar machen,
  - mit den Schulen zusammenarbeiten,
  - den Diskurs über didaktische Themen unterhalten,
  - allgemeine didaktische Kurse (didaktische Basisqualifikation und kontinuierliche didaktische Weiterbildung) und Kaderkurse (Ausbildung von Moderatoren, Mentoren, Kurse für das Management der Fachhochschulen) anbieten,
  - die Fachhochschulen bei Entwicklungsprozessen und in Weiterbildungsfragen beraten und unterstützen.

  Sekundär sind weitergehende Erwartungen vorhanden, die noch diskutiert werden müssen und teilweise als mögliche Weiterentwicklung von zentralen Weiterbildungsstellen in Betracht gezogen werden können.
  Sie betreffen insbesondere die Frage der Federführung in didaktischen Belangen, aber auch mögliche Dienstleistungen in den Bereichen Anerkennung (Kriterien für eine Zertifizierung formulieren etc.), Qualitätsaussagen zu Ausbildungsangeboten (Qualitätsgarant), Information (Bibliothek, Rezensionen) sowie weitere inhaltliche Tätigkeiten.

- Anforderungen an die Dienstleistungen
  Kurse und weitere Dienstleistungen müssen dem komplexen Anforderungsprofil der Fachhochschuldozentinnen und -dozenten entsprechen und den Bedürfnissen des Managements der Fachhochschulen genügen. Dies setzt einen hohen Grad an entsprechender Kompetenz und Professionalität der Verantwortlichen der Stellen und der Ausbildenden und Beratenden voraus.

Die Stellen sollen diese Qualitätsanforderungen mittels eines internen Qualitätsmanagementsystems garantieren.

- Rechtsform, Struktur
  Wichtiger als die Rechtsform selbst sind die Anforderungen, die an diese gestellt werden:
  Eine Kooperation mit den Fachhochschulen muss sichergestellt sein. Schulen und bestehende Organisationen dürfen nicht vereinnahmt, sondern müssen in ihrer Autonomie belassen werden.

  Wenn die Fachhochschule Zentralschweiz oder eine universitäre Hochschule als Träger auftreten sollte, ist mit Vorbehalten bezüglich der Bereitschaft zur Anerkennung durch die übrigen Fachhochschulen zu rechnen. Diese Variante soll deshalb nicht prioritär angestrebt werden.

  Ein Verbund ist zwar denkbar aber zu kompliziert und deshalb nicht erstrebenswert.

  Von einer privaten Trägerschaft soll abgesehen werden, da diese bezüglich Anerkennung und Finanzierung der Dienstleistungen problematisch ist.

  Tendenziell wird die Rechtsform einer unabhängigen Stiftung als naheliegend betrachtet und soll deshalb angestrebt werden.

- Finanzierung
  Die Stellen müssen subventioniert werden (Bund, Kantone, Fachhochschulen). Sie sollen jedoch über ihre Angebote in einem zumutbaren Rahmen selber Finanzmittel erwirtschaften. In diesem Zusammenhang ist die Rolle des Bundesamtes für Berufsbildung und Technologie BBT und der Kantone zu klären.

- Akzeptanz
  Die Weiterbildungsstellen für Fachhochschulen sollen über eine hohe fachliche Kompetenz verfügen und sich die Akzeptanz aller Beteiligten erarbeiten (Fachhochschulen, Bund, Kantone, Fachleute).

Teil III

Reflexionen

Einleitung

In den Ergebnissen aus der qualitativen Untersuchung scheinen bestimmte Themen, explizit oder mehr implizit, besonders bedeutsam zu sein für das Verständnis der Situation der Fachhochschulen und für die (didaktische) Qualifizierung ihrer Angehörigen.
Der Ursprung der folgenden Ausführungen liegt in der Wahrnehmung, dass den Ergebnissen (vgl. Kap. 5 und 6) eine ausdrückliche Anspruchshaltung zugrunde liegt. Sie beinhalten Aspekte des Selbstverständnisses der Fachhochschulen, sie beschreiben das Kompetenzprofil der Dozierenden an Fachhochschulen und konzeptionelle Vorschläge zur Gestaltung von deren didaktischer Weiterbildung.
Es besteht vermutlich ein Zusammenhang zwischen dieser den Ergebnissen inhärenten Anspruchshaltung und der Art der Fragestellung. Die gewissermassen erwünschten, expliziten Vorstellungen und Anforderungen werden aber vermutlich durch implizite Ansprüche kumuliert.
Dabei handelt es sich um Ansprüche aus dem Umfeld an die Fachhochschule als Institution, an deren Angehörige, an die Funktion der didaktischen Weiterbildung, aber auch um Ansprüche der Fachhochschulen an sich selbst.
Es muss angenommen werden, dass heute Wirklichkeit und Wunsch noch oft auseinanderklaffen. Der Weg in Richtung gewisser unreflektierter Ideale dürfte sich als lang und steinig erweisen und mit vielen Frustrationen verbunden sein.
Die folgenden Ausführungen thematisieren diese Vermutungen anhand von vier Bereichen:

1. Der Autonomieanspruch der Fachhochschulen
2. Implizite Annahmen und Ansprüche im Konzept der didaktischen Weiterbildung, Chancen und Möglichkeiten
3. Fachhochschulen als Bildungsinstitutionen und Unternehmen unter einem Dach
4. Soziale Kompetenz als Anforderung an die Dozierenden und als Lernziel für die Studierenden

Die Reflexionen bieten gedankliche Klärungen an, zeigen theoretische Hintergründe auf und setzen bestehende theoretische Ansätze in Bezug zu

den Ergebnissen, basierend auf den Aussagen der Gesprächspartner und -partnerinnen.
Sie tragen dazu bei, die Ansprüche der beteiligten Systeme zu klären, und vermögen so hoffentlich als Beitrag für das Festlegen von realistischen und für den Verzicht auf unrealistische Ziele auch bezüglich der didaktischen Qualifizierung zu dienen.

Die Ausführungen beruhen auf der folgenden Vorgehensweise:

1. Die Thematik wurde aufgrund der Aussagen aus den Interviews im einleitenden Kapitel dargestellt und abgesteckt.
2. Erkenntnisse aus Literaturstudien führten zur Vertiefung der Thematik.
3. Den verschiedenen Themenbereichen wurden bestimmte Stichwörter zugeordnet. Die Interviews wurden in bezug auf diese Stichwörter systematisch analysiert (vgl. Anhang 3).
4. Die Vertiefungstexte werden mit den Aussagen aus den Interviews verknüpft.

Das Anfügen von Zitaten aus den Interviews zeigt auf, dass gewisse, in der Theorie vorhandene Gedanken sich in der Denkweise der Interviewpartner und -partnerinnen widerspiegeln.
Die Aussagen aus den Interviews sind kursiv gedruckt. Aus Datenschutzgründen wurde bei der Verwendung von Zitaten auf die Angabe der Quelle verzichtet.
Die vier Beiträge sind unabhängig voneinander lesbar, was gewisse inhaltliche Überschneidungen mit sich bringt.

9 Autonomie und Selbstorganisation an Fachhochschulen

9.1 Einleitung

Fachhochschulen nehmen für sich Autonomie in Anspruch und wollen als Organisationen wahrgenommen werden, die gemäss den Prinzipien der Selbstorganisation funktionieren:

> *„Die Schulen wissen, was sie brauchen“ (c, S. 6).*
> *„Wenn man den Leuten die Autonomie lässt, passiert gar nichts, dann kann man sie motiveren“ (c, S. 8).*

Dieser Anspruch zeigte sich beispielsweise in der Auffassung über die didaktische Qualifizierung und die Zertifizierung der Dozierenden (vgl. Kap. 6.2.3; 6.2.4), in der Frage der Wahl der Anbieter von didaktischen Weiterbildungen (vgl. Kap. 6.2.4.2), in den Äusserungen über die Gestaltung der didaktischen Weiterbildung durch die Fachhochschule und die einzelnen Dozierenden, insbesondere anhand der Aussagen bezüglich schulinterner und schulexterner Weiterbildung (vgl. Kap. 6.1.2.3), sowie im geforderten Zusammenhang zwischen Qualitätssicherung und didaktischer Weiterbildung (vgl. Kap. 5.1.3).

Die Thematik der Schulautonomie hat in breiten Teilen des Bildungswesens an Aktualität gewonnen und wird im Zusammenhang mit der Schulqualität diskutiert. THONHAUSER (1997, S. 696ff.) führt historische, logische und empirische Argumente für diesen Zusammenhang an:

- Historische Argumente
  Lehrer- und Lehrerinnen geben mangelnde Autonomie als Grund für mangelnde Qualität der Schule an. Beispiele von Schulreformen zeigen auch tatsächlich, dass eingeschränkte Autonomie eher eine Deprofessionalisierung zur Folge hat und dass das Gewähren von grösserer Autonomie durch die Entscheidungsträger interessante Entwicklungen unterstützt.[1]

---

[1] THONHAUSER (1997, S. 702) bezieht sich auf ein englisches Projekt, in welchem Schülerinnen der Abschlussklassen die Möglichkeit weitgehender Freiheiten bei Lehrplanfragen im Rahmen politischer Bildung trotz anspruchsvoller Lehrmaterialien gut wahrnahmen (vgl. RUDDUCK 1976, S. 3-13).

- Logische Argumente
  Die Autonomie der Lernenden ist Ziel schulischen Lernens. Dieses Ziel findet seine Entsprechung in den Konzepten der Ermöglichungsdidaktik oder des eigenverantwortlichen Lernens. Die Arbeit am Ziel der Autonomie erfordere logischerweise autonome Bedingungen.
  Autonomie stellt zudem ein Merkmal professioneller Berufe dar (vgl. Kap. 10.4.2). Postuliert wird ein enger Zusammenhang zwischen Professionalität und der Qualität des beruflichen Handelns.
- Empirische Argumente
  THONHAUSER (1997, S. 706) kommt aufgrund der inhaltsanalytischen Untersuchung der Inhalte des Sammelbandes von SPECHT & THONHAUSER 1996 zur folgenden Aussage bezüglich eines angenommenen Zusammenhangs von Autonomie und Schulqualität: „Einerseits: Autonomie ist eine wichtige Bedingung für Schulqualität. Ein erheblicher Anteil an Variablen, die als Merkmal guter Schulen identifiziert worden sind, steht mit Autonomie in einem mehr oder minder engen Zusammenhang. Andererseits: Autonomie ist zwar eine günstige, keineswegs aber die einzige und höchstwahrscheinlich keine notwendige Voraussetzung, um Schulqualität zu steigern."
  Ergebnisse aus Schulevaluationen weisen darauf hin, dass die Schulautonomie dann zu einer grösseren Schulqualität führt, wenn sie gut geplant und inhaltlich professionell gestaltet ist (SPECHT 1996, S. 195; zit. in THONHAUSER 1997, S. 709).

Fachhochschulen fordern ein hohes Mass an Autonomie. Eine Zunahme der Autonomie erfordert vermutlich auch eine Zunahme des Bedarfs an bestimmten Kompetenzen. Dieses Postulat soll anhand der folgenden Fragestellungen erläutert und vertieft werden:

- Was beinhaltet das Prinzip der Selbstorganisation?
- Welche Implikationen sind damit für die Angehörigen an Fachhochschulen verbunden?
- Wie kann die Gestaltung und Funktion von schulinterner und -externer Weiterbildung auf dem Hintergrund von Selbstorganisation wahrgenommen werden?

- Wo sind möglicherweise Grenzbereiche der Selbstorganisation in Bezug auf die didaktische Weiterbildung der Dozierenden an Fachhochschulen?

9.1.1 Zum Verständnis von Selbstorganisation

Die Verwendung des Begriffes Selbstorganisation impliziert ein bestimmtes Verständnis von Wirklichkeit und Wissen.

- Subjektive Wirklichkeitskonstruktion
  Wahrnehmungen sind immer mit Bedeutungszuweisungen verbunden. Sie können nie einer tatsächlich gemeinten Wirklichkeit entsprechen, da das Gehirn kognitiv und semantisch geschlossen ist. Das Gehirn wandelt einen wahrgenommenen Reiz aufgrund seiner kognitiven Möglichkeiten in Bedeutung um. Das Individuum nimmt also Ereignisse aufgrund seiner Denkmuster, seines Bezugsrahmens (Werte, Ziele, Strategien) wahr (WALLNER 1982; PROBST 1993).
  Eine Wirklichkeitskonstruktion ist nicht statisch, Wirklichkeit wird laufend gestaltet. Menschen können auf der Basis dieses Grundverständnisses nie dasselbe Wirklichkeitsverständnis haben. Interaktionen begünstigen die Schaffung von intersubjektiv geteilter Wirklichkeit. Diese stellt eine Voraussetzung für das Zusammenleben dar und ist insbesondere von hoher Bedeutung für die Zusammenarbeit und die Entwicklung in Institutionen.
- Objektives Wissen
  Auf dem Hintergrund der konstruktivistischen Denkweise ist es nicht angemessen und vertretbar, bestimmtes Wissen bezüglich der Realität als gültig zu erklären. Handeln lässt sich demzufolge nicht mit objektivem Wissen begründen. Der Anspruch an kausal-logisch geleitetes Handeln entspricht nicht dieser Denkweise. Empirisches Wissen stellt lediglich eine Erfahrung dar. Es ergibt sich aus der Bezugnahme der individuellen Konstrukte zur Wirklichkeit. Seine Gültigkeit muss sich wieder an der Wirklichkeit erweisen (WALLNER 1990).

Der Begriff Selbstorganisation wurde verschiedenen Bedeutungsinhalten zugeordnet:

- Selbstorganisation als Bezeichnung für Lern- und Entwicklungsprozesse in Systemen
  Selbstorganisation meint in diesem Sinne eine bestimmte Sichtweise für Entwicklungsprozesse in biologischen, psychischen und sozialen Systemen, eine Art und Weise, den Prozess von Ordnungsbildung in Systemen zu sehen: „Selbstorganisation bedeutet die Fähigkeit von Individuen, im Rahmen eines geschichteten Netzwerkes ihre jeweilige spezifische Situation, ihr Wissen, Können und Wollen spontan so zu ordnen, wie es dem einzelnen - ohne das Ganze schon erfassen zu können - am vorteilhaftesten erscheint, um die eigene Lebensfähigkeit und die Lebensfähigkeit des Ganzen zu steigern“ (WOLF 1990, S. 104).
  Im Rahmen der Perspektive der Selbstorganisation widmen die Angehörigen einer Organisation ihre Aufmerksamkeit vermehrt den im System vorhandenen Möglichkeiten und weniger der Kontrolle von aussen (FOERSTER 1985). Entwicklung in Organisationen ist in diesem Sinne das Ergebnis eines Prozesses der Selbstorganisation, das Ergebnis des Austausches unter den Angehörigen eines Ganzen und somit auch deren Autonomie (PROBST 1993, S. 481ff.).
- Selbstorganisation als politisches Programm
  Selbstorganisation stellte in den 70er Jahren ein politisches Programm dar, im Rahmen von dessen Bewegungen viele Selbsthilfegruppen gegründet wurden. Ihr Ziel war die Selbstbehauptung und Emanzipation gegenüber einer bevormundenden Umwelt. Diese Gruppen zeichneten sich aus durch den Anspruch an autonomes Handeln, Selbstgestaltung und Solidarität im Sinne eines Sozialengagements (VILMAR & RUNGE 1986, S. 17).
- Selbstorganisation als gesellschaftlicher Freisetzungsprozess
  Der Trend, Beziehungsformen nach eigenen Werten und Normen zu gestalten, diese von traditionellen Vorstellungen zu befreien, lässt sich als eine weitere Auffassung von Selbstorganisation darstellen. Selbstbestimmte Beziehungsformen inszenieren sich selbst, die Angehörigen handeln ihre Umgangsformen selber aus. Für die neuen selbstorganisierten Beziehungsformen fehlen aber weitgehend Modelle. Zur Unterstützung gibt es heute viele Weiterbildungsangebote, die neuen Bezie-

hungsformen müssen also gewissermassen erkauft werden (SCHATTENHOFER 1992).

9.1.2 Systemverständnis und Selbstorganisation

9.1.2.1 Naturwissenschaftlicher Hintergrund

Der Gedanke der Selbstorganisation von Systemen wurzelt in der naturwissenschaftlichen Forschungstradition, das Konzept wurde auf soziale Fragestellungen übertragen (VARELA 1987; LUHMANN 1985; 1990).
Das Prinzip Selbstorganisation oder Autopoiesis ist Teil der systemtheoretischen Grundposition (vgl. Kap. 2.1). Systeme gelten als materiell offen gegenüber ihrer Umwelt, sie verarbeiten die Impulse aber gemäss systemspezifischen Mustern (geschlossen). Ein systemischer Organismus bildet zwar eine mit der Umwelt zusammengesetzte Einheit, deren Bestandteile miteinander interagieren, sie sind aber hinsichtlich der Erkenntnisse gegeneinander abgeschlossen. Offenheit und Geschlossenheit bedingen sich gegenseitig. Zum Gedanken der Autopoiesis gehört ferner, dass das System die Komponenten zur Systemerhaltung ständig produziert und erneuert.
Für die beiden Biologen Humberto R. MATURANA (1982) und Francisco VARELA (1987) stellt das Prinzip der Autopoiesis[2] ein allgemeines Organisationsprinzip des Lebendigen dar, ein Prinzip, welches für alle Lebewesen gültig ist, nicht aber für soziale Systeme. Sie argumentieren dahingehend, dass soziale Systeme aus interagierenden, lebenden, also autopoietischen Systemen bestehen, dass diese aber nicht autopoietisch operieren, d.h. nicht ihre eigenen Mitglieder hervorbringen können (KNEER 1993, S. 55).

---

2 Autopoiesis ist ein von MATURANA selbst geschaffenes Kunstwort. Es setzt sich aus den beiden griechischen Begriffen autos (=selbst) und poiein (=machen) zusammen.

9.1.2.2 Selbstorganisation in sozialen Systemen

Entgegen den Überlegungen der Väter des Gedankens der Autopoiesis (MATURANA & VARELA) wurde das Konzept doch auf psychische und soziale Systeme übertragen. PROBST (1993, S. 454) definiert auf diesem Hintergrund den Begriff «soziales System»:
„In dieser Weise verstehen wir ein soziales System als ein umweltoffenes Ganzes, das sich selbst organisiert, seine eigene erkennbare Identität besitzt, seine Werte, seinen Bezugsrahmen, seine Verhaltenskonfigurationen, seine Grenzen, seine Beziehungen, und das sich im Austausch mit seiner Umwelt entwickelt.“ Das Leben des sozialen Systems hängt also davon ab, welchen Sinn es sich gibt, welches Ziel es verfolgt, gleichzeitig generiert es auch Sinn und Zielvorstellungen. In dieser Definition finden sich Elemente von PARSONS' (1976) Systemverständnis (Wertsysteme, Systemverhalten), sowie Gedanken von LUHMANNs (1984) früherer Auffassung (Beziehungen zur Umwelt) und seines späteren Verständnisses von sozialen Systemen (Selbstorganisation) (LUHMANN 1985).
ROTH (1986) verwendet einen Systembegriff, welcher die Geschlossenheit des Systems, seine Fähigkeit also, sich von seiner Umwelt unabhängig zu machen, als zentral erachtet. Am radikalsten hat LUHMANN das Prinzip der Autopoiesis auf psychische und soziale Systeme übertragen. Die folgenden Ausführungen orientieren sich an KNEER (1993, S. 57ff.), der LUHMANNs Ausführungen lesbar machte.
Psychische und soziale Systeme stellen selbstreferentiell - geschlossene Einheiten dar. Verschiedene Systemarten würden aber „ihre je eigene Weise der Autopoiesis auf verschiedene Weise zustande bringen. (...) Als autopoietisch wollen wir Systeme bezeichnen, die die Elemente, aus denen sie bestehen, selbst produzieren und reproduzieren. Alles, was solche Systeme als Einheit verwenden, ihre Elemente, ihre Prozesse, ihre Strukturen und sich selbst“ (LUHMANN 1985, S. 403).
Diese Denkweise unterscheidet sich von systemischen Auffassungen, die die Fähigkeit des Systems zur optimalen Anpassung an die Umwelt oder zur Erhaltung des Gleichgewichtes als zentrale Merkmale von Systemen erachten (WATZLAWICK 1981).

LUHMANNs Konzeption hat weitreichende Konsequenzen für das Verständnis von Selbstorganisation in Organisationen:

1. Zu grosse Offenheit für die Umwelt verhindert das Gleichgewicht. Interne und externe Störungen sind Motor für Veränderungen in Systemen, die nach Lösungen verlangen und Anlass für den Übergang in neue Ordnungssysteme darstellen können.
2. Nicht die Reize von aussen sind ausschlaggebend für eine bestimmte Reaktion in einer Organisation, sondern die Organisation reagiert auf die ihr gewohnte Weise auf Reize von aussen (operationale Geschlossenheit) (SCHATTENHOFER 1992, S. 21,22).

9.2 Merkmale von selbstorganisierten Systemen

Die folgenden Ausführungen beziehen sich ausschliesslich auf soziale Systeme. Die beschriebenen Charakteristika äussern sich in den Gestaltungsaktivitäten und Denkweisen einer Organisation und zeigen damit deren Fähigkeit zur Selbstorganisation.

9.2.1 Komplexität

Die Struktur von sozialen Systemen verändert sich fortwährend. Sie schwankt zwischen Ordnung und Unordnung und findet so ihr «dynamisches Fliessgewicht» (PROBST 1993, S. 482). Das Ansteigen der Komplexität in Organisationen ermöglicht die Selbstorganisation (KÜHL 1994, S. 128ff.), andererseits erhöht Selbstorganisation aber auch die Komplexität.

Eine spontane Ordnung in einem System ermöglicht es, mehr Informationen zu nutzen und «intelligenter» zu agieren (MALIK 1990). Die modernen Informationstechnologien ermöglichen dies, indem sie Informationen schneller verfügbar machen, sie müssen nicht mehr zentral verwaltet werden.

Das Mass der Komplexität eines Systems hängt von dessen Organisation ab:

„Ein zentralistisches und insofern fremdorganisiertes System mag unter vielen Umständen und in vielerlei Hinsichten besser und leistungsfähiger sein als ein sich selbst organisierendes. Es kann aber niemals so komplex

und damit so «intelligent» sein wie eine spontane Ordnung" (MALIK 1990, S. 97). Die paradoxe Frage lautet demnach: „Wie muss ein System organisiert sein, damit es sich selbst organisieren kann" (MALIK 1990, S. 98)?
Das Verständnis der Komplexität in Systemen zeigte sich in der Auffassung der Vertreter und Vertreterinnen der Fachhochschulen bezüglich der Anbieter von didaktischer Weiterbildung, die für sie ein Umweltsystem darstellen. Sie lehnen eine zentralistische Lösung ab und präferieren eine komplexe, sich selbstorganisierende Lösung. In den folgenden Zitaten zeigt sich diese Auffassung:

> *„Ich sehe viele Anbieter, an verschiedensten Orten. (...) Ich schätze die Pluralität, es soll kein Monopol geben" (a, S. 3).*

> *„Es soll verschiedene Anbieter haben. Man sollte aber mittelfristig zu einem Qualitätsarrangement kommen" (f, S. 7).*

> *„Nicht gut ist, wenn jeder diese Frage für sich löst. Wir brauchen auch in diesem Sektor zwingend einen Professionalisierungsschub. Dies hängt davon ab, dass man seine Kräfte konzentriert. (...) Die Professionalisierung stellt sich her mit der Intensivierung der Kontakte und einer Bündelung der Kräfte und der Aufgaben. (...) Man sollte zusammenarbeiten" (l, S. 10).*

9.2.2 Selbstreferenz

Selbstreferenz ist die Eigenschaft eines Systems, sich selbst zu betrachten und sich seine eigene Logik zu konstruieren. Das System gestaltet sich und wird von ihm gestaltet: „Durch Selbstreferenz schafft sich ein Unternehmen selbst seine Identität und Organisation, die es als Ganzheit definieren" (PROBST 1993, S. 485). Selbstreferenz ist dann gegeben, wenn der Bezugsrahmen systemspezifisch und in keiner Weise durch die Umwelt geprägt ist. Selbstreferentialität impliziert Abgeschlossenheit und Autonomie. Jedes Verhalten des Systems wirkt auf dieses zurück, konkret auf die Interaktionen der Beteiligten, und gestaltet das nachfolgende Verhalten konstitutiv mit. Zentral in diesem Verständnis ist die Reflexion der Selbstorganisation, dass das System sich nicht nur als selbstreferentiell

versteht, sondern diese Gegebenheit auch reflektiert (SCHATTENHOFER 1992). Mittels der Feedbacks aus seiner Umwelt kann es seine Grenzen definieren und Kohäsionskräfte entwickeln. Begriffe wie Rekursivität, Feedback, Autopoiese, Selbsterzeugung werden oft verwendet für die Bezeichnung des Prozesses der Selbstreferentialität.
In der schulinternen Weiterbildung kommt für viele Interviewpartner die Eigenschaft der Selbstreferentialität zum Ausdruck. Sie erhält die Funktion, das System zu gestalten, wie das folgende Zitat es ausdrückt:

> *„Schulentwicklungsthemen, die Entwickung der Schulkultur, des gruppendynamischen Prozesses, die Gestaltung von Prüfungen als Teil der Schulkultur sind in schulinterner Weiterbildung anzugehen" (z, S. 2).*

9.2.3 Autonomie

Ein System ist dann autonom, wenn seine Verhaltensweisen nur durch es selbst bestimmt werden. „Eine Ganzheit ist autonom, wenn sie selbst die Elemente ihres Bezugsrahmens, nach denen sie ihr Handeln ausrichtet, sowie die einzelnen Aspekte dieses Handelns, aus denen sich ihre Daseinsberechtigung als soziales System ableiten lässt, bestimmen kann" (PROBST 1993, S. 487).
VARELA (1987, S. 121) schlägt ebenfalls die Benützung des Begriffes Autonomie vor, da das Konzept der Autopoiese bezüglich biologischer Systeme auf soziale umstritten ist: „Allen autonomen Systemen ist gemeinsam, dass sie organisationell geschlossen sind. Eine organisationell geschlossene Einheit wird als zusammengesetzte Einheit bestimmt durch ein Netzwerk von Interaktionen der Bestandteile, die

1. durch ihre Interaktionen rekursiv das Netzwerk derjenigen Interaktionen regenerieren, das sie hergestellt hat, und
2. das Netzwerk als eine Einheit in demjenigen Raum verwirklichen, wo die Bestandteile existieren, in dem sie die Grenzen der Einheit als Ablösung vom Hintergrund konstituieren und spezifizieren."

Autonomie ist ein gradueller Begriff, sie entsteht und verändert sich. Wenn Systeme als autonom im besprochenen Sinne aufgefasst werden, bedeutet dies, dass ein System nicht von aussen steuerbar ist und nicht als Abbild

planerischer und zweckrationaler Intentionen aufgefasst werden kann (BERGER 1987, S. 134ff.).
Systeme entwickeln sich zu Anfang immer auf der Basis gesicherter Ressourcen. Eingriffe von aussen können aber den Prozess der Selbstorganisation stören. Autonomie ist ein relativer Begriff. Die Wahrnehmung eines bestimmten Grades an Autonomie ist abhängig von der Sichtweise und Bedeutungszuschreibung der beobachtenden Personen: „Die Logik der Beobachtung ist durch die Logik des beobachtenden Systems und nicht durch den Gegenstand definiert“ (WILLKE 1987, S. 94).
Die folgenden Aussagen unterstreichen den Autonomieanspruch der Fachhochschulen in Bezug auf den Besuch der Weiterbildung der Dozierenden, die Verantwortung der didaktischen Qualifizierung generell sowie die Anerkennung:

> *„Unser Programm hat aus einem Grunde Erfolg, es basiert auf absoluter Freiwilligkeit. Dieses Element ist sehr wesentlich. Man kann auf dieser Stufe nicht vorschreiben, in was sich der Einzelne fortbilden soll.*
> *Man erwartet von den Studenten, dass sie sich im Selbststudium weiterbilden, z.B. ein Sprachaufenthalt in den Ferien oder die selbständige Aneignung von Computer-Software. Das gleiche kann man von den Dozenten erwarten. Man kann Empfehlungen machen, wir haben das gemacht: Wir empfehlen 1-2 Tage didaktische Weiterbildung. Dies ist eine Empfehlung an die Adresse der Behörden, dass der Dozent das Recht hat, sich freizustellen. Er muss Zeit haben für die Weiterbildung. Dies ist das Problem. (...)*
> *Alle Versuche, dies obligatorisch zu machen, sind misslungen. Auch wenn man nicht alle auf diese Art erreichen kann, würde ich sagen, es sind Erwachsene. Dies gehört zu einer akademischen Einstellung. Der Akademiker ist selber verantwortlich für seine Qualifikation. Das soll so bleiben. Davon bin ich überzeugt.*
> *Wenn der Dozent eine Eigenleistung erbringt, muss man ihm die Bedingungen möglichst günstig gestalten. Wichtig ist, dass der Dozent nicht ein halbes Jahr zum voraus, wenn möglich über die Erziehungsdirektion, ein Gesuch einreichen muss, wenn er einen Kurs besuchen will, und dass dies, vor allem wenn der Kurs Fr. 500.-- kostet, budgetiert*

werden muss, und dass man nicht aufrechnen muss, ob man noch einen Kurs besuchen kann. Dozenten sind Akademiker, es sind Schulen auf Hochschulniveau. (...), in diesem Moment ist eine Schule kompetent in Sachen Beurteilung ihrer Dozierenden.
Die DIS hat den Schulen auch in anderen Zusammenhängen eine gewisse Autonomie gegeben, z. B. im Bereich Nachdiplomstudien. Hier gibt es Richtlinien der Direktorenkonferenz (DIS). Wenn eine Schule ein Nachdiplomstudium anmeldet, dann wird dieses von der DIS anerkannt.
Bei der Zertifizierung gehen wir gleich vor. Wenn die Empfehlung durch die Schulleitung vorliegt, dann kann das Zertifikat erteilt werden. Es wird dann im Rahmen der Fachhochschulentwickung von der Fachhochschule erteilt und ist dann ein Fachhochschulzeugnis. Die Standortschulleitung gibt die Empfehlung. Die Fachhochschulleitung anerkennt, was die Standortschule vorschlägt. Ein fachhhochschulübergreifendes Gremium würde administrativ zu kompliziert" (b, S. 5ff.).

„Die Schulen wissen, was sie brauchen. Wenn die Schulen das Gesetz in dieser Hinsicht umsetzen, will das BIGA (heute BBT) nicht regeln. (...) Didaktische Weiterbildung ist ein gesetzlicher Auftrag, für dessen Umsetzung die Schulen zuständig sind" (z, S. 3).

9.2.4 Redundanz

Redundanz meint, dass in selbstorganisierten Systemen ein gewisses Potential an gestaltenden Kräften über verschiedene Angehörige verteilt ist, oder dass jede Stelle in einer Institution mehrere Funktionen ausüben können sollte. Das Vorhandensein von Redundanz stellt damit eine Voraussetzung für Selbstorganisation dar und kann insbesondere durch Lernprozesse (Schulung) erhöht werden.

9.3 Zur Organisation von Selbstorganisation

9.3.1 Begrenzte Instabilität

„Man unterstelle Freiheit und Selbstbestimmung, und die Leute werden sich arrangieren. Man unterstelle einen fest definierten Sinn und einen

vorgeschriebenen Zweck, und die Leute werden sich nach etwas anderem umsehen“ (KÜHL 1994, S. 128).
Zu starke Begrenzungen von aussen und von innen, zu stabile Ordnungen und Strukturierungen verhindern die Selbstorganisation. In diesem Sinne stellen Komplexität und Chaos eine Voraussetzung für die Selbstorganisation dar (BAECKER 1992).
Begrenzte Instabilität heisst konkret, dass die Ziele, die Qualität der Leistungen und die Grundzüge der Gestaltung der Abläufe durch eine zentrale Instanz festzulegen sind, diese aber auf die Ausgestaltung von Details verzichtet. Diese sind der individuellen Interpretation und Gestaltung überlassen. Praktisch kann begrenzte Instabilität ermöglicht werden durch die Ausstattung von zentralen Mitgliedern der Organisation mit einem Satz von wesentlichen Regeln, die Modellcharaker haben. An dieser sogenannten Kontextbildung müssen alle autonomen Einheiten beteiligt werden.
Dieser Einbezug erleichtert die gewünschte Selbstkontrolle, indem das System, gemäss den von ihm anerkannten Regeln, seine Prozesse im Rahmen des Ansatzes der kontrollierten Autonomie selbst überwacht (MALIK 1990; KÜHL 1994).
Die „reflexive, dezentrale Steuerung der Kontextbedingungen aller Teilsysteme und autonome Selbststeuerung jedes einzelnen Teilsystemes“ stellt ein Führungsprinzip dar (WILLKE 1989, S. 86). Optimal sei, wenn den spontanen Kräften der Organisation freier Lauf gewährt werden kann, aber sicher gestellt sei, dass damit dem Zweck der Organisation gedient ist. Eine ständige Orientierung am Ziel ist wichtig.
Hierarchie fällt nicht weg, sie dient der Umsetzung der im Konsens gefundenen Entscheidungen.

9.3.2 Gestaltung von Interaktionen

Organisationen, die gemäss den Vorstellungen der Selbstorganisation funktionieren wollen, richten ihre Aufmerksamkeit nicht auf die einzelnen Teile, sondern auf die Bewegungen zwischen den Teilen, die Interaktionen. Der Austausch von Erfahrungen in einem offenen Kommunikationsklima ist wichtig. Interaktion heisst dann, die subjektive Wirklichkeitskonstruktion der einzelnen Individuen kennenzulernen und diese bei der

Konstruktion der intersubjektiv geteilten Wirklichkeit zu berücksichigen und zu integrieren (PROBST 1993).
Dieses Verständnis erfordert die Selbstkontrolle und die ständige Selbst- und Fremdbeobachtung die Selbst- und Fremdreflexion, um zu entscheiden, ob eine bestimmte Handlung gemäss der anerkannten Zielvorstellungen sinnvoll war.
Die Angehörigen einer Organisation stellen und beantworten folgende Frage laufend: Wie sind die Interaktionen zu gestalten, damit sie der Entwicklung des Ganzen dienen? Je mehr Interaktionen ablaufen, desto mehr Rückkoppelungsprozesse sind notwendig. „Organisationen sind dann in letzter Konsequenz nicht mehr Strukturgebilde, sondern ein sich dauernd wandelnder, rückgekoppelter Prozess“ (KÜHL 1994, S. 133).
Zentraler Inhalt dieser Kommunikationsprozesse ist die Rückkoppelung zwischen Ziel und Ergebnis der Arbeit. Dieser Feedbackprozess orientiert sich sinnvollerweise an einer deklarierten Leistungsanforderung.
Die Gestaltung von Interaktionsprozessen setzt demnach Transparenz über die geforderten quantitativen und qualitativen Leistungen voraus (Organisationsstrategien), aber auch die entsprechenden Fähigkeiten im Bereich der Sozialkompetenz sowie eine entsprechende Kommunikationskultur in der Organisation (MALIK 199O).

9.3.3 Institutionelle Lernprozesse

Für PROBST (1993) stellt das organisationale Lernen, neben der konstruktivistischen Grundposition und der Selbstorganisation, ein Basiskonzept des entwicklungsorientierten Managements dar. Selbstorganisation stellt als Grundgedanke für die Gestaltung und Lenkung einer Organisation einen fortlaufenden Lernprozess dar. Die Reflexion und der Austausch über vergangene Prozesse sind Gestaltungsaspekte der Selbstorganisation. Wenn die daraus gewonnenen Einsichten in zukünftige Handlungen und Überlegungen einfliessen, kann von einem eigentlichen Entwicklungs- oder Lernprozess gesprochen werden. Selbstorganisation ermöglichen kann mit anderen Worten auch heissen, Lernprozesse ermöglichen.

Der Begriff «organisationales Lernen» hat sich durchgesetzt, aufgrund der Feststellung von Diskrepanzen zwischen individuellen Absichten und Gruppenverhalten in Organisationen.[3]
Die Einführung dieses Begriffs ist mit einer Kritik an der traditionellen Pädagogik verbunden, die sich vor allem mit dem lernenden Individuum im Rahmen von pädagogischen Institutionen befasst, während gerade in Unternehmen im Bereich der Wirtschaft sehr viele Lernsituationen gegeben sind, allerdings mit dem Ziel der Umsetzung einer bestimmten Unternehmenspolitik,[4] im Gegensatz zum Lernen in pädagogischen Institutionen, welche die umfassende Entwicklung des Menschen bezwecken (GEISSLER 1990). Die neue Begrifflichkeit verweist auf die Annahme, Lernen finde in verschiedenen Dimensionen statt, individuell, in Gruppen und Organisationen.

9.3.3.1 Individuelles Lernen in Organisationen

An dieser Stelle wird die Unterscheidung zwischen individuellem und organisationalem Lernen erläutert.
Das individuelle Lernen wird hier als Prozess verstanden, der sich im einzelnen Individuum vollzieht und in dessen Gehirn lokalisiert wird. Lernen bedeutet dann, in Anlehnung an PIAGET (1972, 1976), dass das Individuum neues Wissen und Können erwirbt (Assimilation) und den vorhandenen Bezugsrahmen anreichert, oder die vorhandenen Wissens- und Könnenssstrukturen den neuen Erfahrungen anpasst und diese entsprechend weiterentwickelt (Akkomodation). Damit unterscheidet sich dieses Lernverständnis von den behavioristischen Lernkonzepten, welche Lernen massgeblich als Reiz-Reaktionsmodelle verstehen und den Übergang von

---

[3] PAUTZKE (1989, S. 112) beschreibt in seiner Dissertation drei Möglichkeiten von Organisationslernen.
1. Wissen verfügbar zu machen und in die Entscheidungen einfliessen zu lassen.
2. Aktuelles Wissen zu verändern.
3. Fortentwicklung von organisatorischem Wissen (zit. in ARNOLD 1995, S. 84).

[4] Hier ist ein Perspektivwandel in der Auffassung des Zwecks von organisationalen Lernprozessen zu beobachten. Das Verständnis des Lernens als „Lernen für die Organisation", für deren Bedarf, wird abgelöst durch das Verständnis des „Lernens für die Entwicklung der Organisation" (ARNOLD 1995, S. 83).

Informationen zu handlungsrelevantem Wissen nicht darstellen. Im Konzept des organisationalen Lernens ist aber gerade die Frage zentral, wie Informationen die Qualität von verfügbarem Wissen erhalten (PROBST 1993).

NEISSER (1979) sieht im Vorgang der Akkomodation einen aktiven, sozialen Prozess und fügt so dem Lernverständnis von Piaget eine wichtige Komponente hinzu. Er geht davon aus, dass das Individuum seine Umwelt entsprechend seinen kognitiven Strukturen handelnd verändert. Diese Überlegung stellt einen Hinweis auf eine Schnittstelle zwischen individuellem und sozialem Lernen dar.

Lernen aus organisationspsychologischer Sicht kann als anhaltende Veränderung des Steuerungspotentials des Individuums bezüglich seines Umgangs mit der Umwelt, beispielsweise der Arbeitswelt aufgefasst werden (GEISSLER 1991, S. 81ff.). Er definiert individuelles Lernen in Organisationen „als eine nicht momentane, das heisst anhaltende Änderung des Steuerungspotentials, über das das Individuum bezüglich seines Verhaltens in denjenigen organisationsspezifischen Kontexten, in die es involviert ist, verfügt“ (GEISSLER 1991, S. 84). Das angesprochene Steuerungspotential setzt sich aus einem Pool von kognitivem Wissen, praktischem Können und motivationalem Wollen zusammen. Ein komplexes Regelsystem setzt diese Elemente untereinander in Beziehung und gibt so diesem Potential eine identitätsstiftende Einheitlichkeit (WEIDENMANN 1985).

Organisationen, aufgefasst als soziale Systeme, bestehen aus verschiedenen Gruppen, als deren Elementarsysteme. Individuen stellen im systemischen Ansatz Elemente eines organisatorischen Elementarsystems dar. Für das Verständnis des organisationalen Lernens ist es bedeutsam, dass mit dem Lernprozess eines Individuums ein organisatorisches Grundelement der Institution lernt.

Konkrete Praxiserfahrungen im Organisationskontext können aufgrund einer bestimmten Lernoffenheit oder Sensibilität eines Individuums den Anstoss für einen Lernprozess liefern. Wenn das innerlich abgebildete Bild der Organisation («innerer Kontext» oder Schema) aufgrund einer reflektierten Erfahrung verändert wird, findet individuelles Lernen statt. Der «innere Kontext» ist dabei zugleich ein wichtiger Bedingungsfaktor indi-

viduellen Lernens in Organisationen wie gleichermassen auch ein Resultat vorgängiger Lernprozesse des Individuums.
Das individuelle Lernen ist in diesem Sinne abhängig von den Kontextbedingungen, welche die Interaktionspartner des Individuums ihm ermöglichen. Somit besteht zwischen dem einzelnen Individuum und dem Elementarsystem, zu welchem es gehört, ein zirkulärer Zusammenhang: Der «innere Kontext» des Individuums gestaltet und reguliert sein Verhalten in der Organisation, andererseits bilden die organisationsspezifischen Kontexte wichtige, aber nicht umfassende Bedingungsfaktoren für die «geistige Landkarte», die das Individuum sich von seiner Organisation konstruiert. Der Lernprozess des Individuums als Veränderung seines Steuerungspotentials ist dann identisch mit der Veränderung des Steuerungspotentials seiner Organisationspraxis, also seinem Handeln, Wollen und Wissen im Kontext seines organisatorischen Elementarsystems.

9.3.3.2 Organisationales Lernen

Ein Lernprozess in einer Gruppe hat stattgefunden, wenn die Gruppe anhaltend gelernt hat, ihr Steuerungspotential zu erhöhen. Fassbar wird das Lernen in einer Gruppe an der Veränderung des gruppeninternen Kontextes, also des inneren Kontextes aller Gruppenmitglieder verbunden mit der Veränderung des individuellen Steuerungspotentiales aller. Eine Gruppe hat dann gelernt, wenn sie sich neue Möglichkeiten zur Lösung ihrer Aufgaben und Probleme erschlossen hat. Gruppeninterne Rückkoppelungsprozesse zwischen den einzelnen Mitgliedern einer Organisationsgruppe unter sich und zwischen dem Individuum und der Gruppe als Ganzes führen zu Lernprozessen innerhalb dieser Gruppen. Auch Einflüsse von aussen können in einer Gruppe Lernprozesse auslösen, indem sie ihr dynamisches Fliessgewicht stören und die Gruppe dieses wieder finden muss.
Das individuelle Lernen und das Lernen in Gruppen stehen in einem Zusammenhang: „Es ist davon auszugehen, dass in den meisten Fällen Lernprozesse der Gruppe von individuellen Lernprozessen vorbereitet werden müssen, wobei das Individuum allerdings keineswegs sicher sein kann, dass sein Lernen ein entsprechendes Lernen der gesamten Gruppe initiiert (...)“ (GEISSLER 1990, S. 90). Individuelle Anstrengungen müssen zu

diesem Zweck von den anderen Gruppenmitgliedern kooperativ aufgenommen werden.

Das Verständnis des Lernens von Gruppen ist eine Voraussetzung für das Verständnis einer lernenden Organisation.
Organisationales Lernen kann in diesem Kontext verstanden werden als die Veränderung des Steuerungspotentials der Organisation bezüglich ihres Umgangs mit internen und externen Problemen. Es zeigt sich in der Umgestaltung von wichtigen Instrumenten einer Organisation (z.B. Lohnsystem, Stellen- und Aufgabenbeschreibung, Leistungsbeurteilung, Umgang mit Weiterbildung). Organisationales Lernen kann dann das Entdecken von Fehlern, das Korrigieren und Aufzeigen von alternativen Handlungen oder das Setzen neuer Ziele und Werte beinhalten. Grundlage ist die Veränderung der Wert- und Wissensbasis einzelner ihrer Mitglieder, um neue Handlungsstrategien und Strukturen zu entwickeln (PROBST 1993).
Organisationales Lernen ist das Ergebnis individueller Lernprozesse einiger ihrer Mitglieder. Oft handelt es sich um Organisationsmitglieder, die strategisch wichtige Positionen besetzen. Organisations-Lernen kann, wie das Lernen in der Gruppe, auch Anlass für individuelle Lernprozesse sein.
Es ist aber nicht gleichzusetzen mit der Summe der individuellen Lernprozesse aller Angehörigen einer Organisation. Die Organisation kann sich anders verhalten, als es ihre individuellen Angehörigen tun. Organisationales Lernen basiert auf konstanten Austauschbeziehungen zwischen der Institution und ihren Angehörigen. „Die Konstruktion einer kollektiv geteilten Wirklichkeit beruht auf der (bewussten) Gestaltung eines Bezugsrahmens als Resultat der Analyse betriebsinterner und -externer Gegebenheiten“ (PROBST 1993, S. 476).
Hinweise auf ein vorhandenes Verständnis von organisationalem Lernen an Fachhochschulen ergeben sich aufgrund von Aussagen zur schulinternen Weiterbildung:

> *„Oft findet Weiterbildung im Tun statt, beispielsweise im Teamteaching, dann ist Weiterbildung ausserhalb nicht so wichtig.*
> *Durch Thematisieren der didaktischen Fragen (Austausch, Auswertung, Vergleich) entsteht automatisch ein Druck, sich weiterzuqualifizieren“ (g, S. 3).*

„Ziel der schulinternen Fortbildung kann die Verstärkung der internen Koordination und Zusammenarbeit sein, die Arbeit an Themen, an welchen die Dozierenden gemeinsam arbeiten müssen, Fortbildung als Arbeit an gemeinsamer Gestalt" (l, S. 6).

„Die grosse Aufgabe besteht darin, heraus zu finden, wie man diese Veränderungen an die Leute heranträgt, ohne Innovationswiderstände und Angst auszulösen. Dies muss man ganz sorgfältig angehen. Mein Ziel: Möglichst viel Veränderung gestalten, aber die Menschen müssen mitmachen und die Innovation tragen. Sonst gibt es Lagerteilung zwischen Erziehungswissenschaftern und den Institutionen, wäre katastrophale Entwicklung. Heute reagieren auch hochmotivierte Leute sarkastisch. Dies ist eine Möglichkeit, mit Druck umzugehen. Wichtig ist, dass Veränderung verankert ist in der Dozentenschaft. Alles andere ist Papier" (n, S. 2).

In Bezug auf das organisationale Lernen unterscheiden ARGYRIS & SCHÖN (1978) das „Single-loop-Learning" und das „Double-loop-Learning". Lernprozesse sind als Problemlösungsprozesse zu verstehen.

- Das „Single-loop-Learning"
  Im „Single-loop-Learning" besteht der Lernprozess der Organisation darin, Fehler zu entdecken und zu beheben. Das ursprüngliche Ziel bleibt unangetastet. Fehler wirken in diesem Sinne anpassend und befestigend. Diese Lernart kann als einfachen Feedbackprozess wahrgenommen werden. Informationen aus der Umwelt werden auf der Basis eines vorhandenen Bezugsrahmens begriffen und in bestehende Denk- und Handlungsweisen integriert.

  Beispiel: Die Studierenden zeigen mangelhaftes Wissen in Umsetzungsaufgaben.
  Die unbefriedigenden Lösungen werden auf mangelhafte Stoffpräsentationen oder falsche Aufgabenstellungen zurückgeführt.
  Wenn Fachhochschulen eine bestimmte festgestellte Schwäche in ihrer Institution eher auf der unterrichtstechnologischen Ebene einordnen und entsprechende Massnahmen für die Dozierenden organisieren, findet ein Lernprozess im Sinne des „Single-loop-Learning" statt.

- Das „Double-loop-Learning“
  Im „Double-loop-Learning“ beinhalten Lernprozesse zusätzlich zur Überprüfung der Zielerreichung auch das Hinterfragen des Bezugsrahmens oder der Rahmenbedingungen (Ziele, Normen, Werte). Es findet also ein doppelter Feedbackprozess statt. Neue Sachverhalte (Problemstellungen) werden auch in Bezug zu den bestehenden Rahmenbedingungen gesetzt. Sind Probleme innerhalb des bestehenden Rahmens nicht lösbar, werden entsprechende Veränderungen eingeleitet.
  Der ausgelöste Prozess besteht in einem interindividuellen Prozess, oft Konfliktlöseprozess, woran der organisationale Aspekt deutlich wird. Die Angehörigen der Institution bewerten die neuen Ergebnisse hinsichtlich von Problemstellungen im Rahmen von Interaktionsprozessen kritisch. Konkret meint dies, dass Mitarbeitende nicht nur bezüglich ihrer konkreten Arbeitshandlungen gefragt sind, sondern dass sie auch ihre Meinung bezüglich Problemdefinitionen, Situationsanalysen, Leitideen und Strategien eingeben und mitdiskutieren.

  Beispiel: Die Studierenden zeigen mangelhaftes Wissen in Umsetzungsaufgaben.
  Die unbefriedigenden Lösungen werden mit konzeptionellen Fragen in Verbindung gebracht. Die Dozierenden diskutieren im Team die angestrebte Kompetenzentwicklung bei ihren Studierenden und die verwendeten Lehrformen (Vorlesungen, Projekte, Selbststudium).

- Das „Deutero-Learning“
  Im „Deutero-Learning“ geht es um die Reflexion der Anwendung von „Single-loop Learning“ oder „Double-loop-Learning“.
  Ein „Deutero-Lernprozess“ hat dann stattgefunden, wenn auch die Denkweise der Individuen eine Änderung erfahren hat. Deutero-Lernprozesse beinhalten die Entwicklung der Reflexionsfähigkeit. Nicht nur der Organisationskontext, sondern auch die Problemsituation, der gesamte Lern- und Arbeitsprozess (Ist-Situation), der eigene Lernprozess, die eigenen kognitiven Strukturen und der persönliche Sinnbezug sind Gegenstand der Reflexion (BATESON 1980). Entsprechende Umsetzungskonzepte sind in diesem Konzept noch unscharf. Voraussetzun-

gen sind mit Sicherheit eine offene Diskussionskultur und die Schaffung und Erhaltung von Freiräumen.

Beispiel: Die Studierenden zeigen mangelhaftes Wissen in Umsetzungsaufgaben.
Die Dozierenden diskutieren verschiedene Ebenen des Unterrichtsgeschehens und sind bereit, das eigene Verständnis von Lehren und Lernen grundsätzlich zu reflektieren.

Der Übergang vom individuellen Lernen zum Lernen der Organisation ist noch wenig geklärt. SIMON (1991, S. 126) meint dazu: „In einer Organisation, als Set von dauerhaften Regelungen, kann allerdings dafür gesorgt werden, dass Prozesse des individuellen Lernens zielgerichtet institutionalisiert werden."

9.3.4 Führungskonzepte

Die Umsetzung des Prinzips der Selbstorganisation in einer Bildungsinstitution verlangt angemessene Führungskonzepte. DUBS (1994, S. 31ff.) erläutert dazu zwei neue Führungsansätze:

- Professionelle Autorität
  Das berufliche Handeln der Lehrkräfte basiert auf wissenschaftlichen Erkenntnissen.
  „Lehrkräfte handeln im Lichte beruflicher Sozialisation, beruflicher Ziel- und Wertvorstellungen und allgemein anerkannter Leitsätze für die berufliche Tätigkeit" (DUBS 1994, S. 35).
  Macht und Einfluss beruhen vermehrt auf Sachkompetenz. Dialog und Kollegialität gelten als wesentliche Führungsprinzipien.
- Moralische Autorität
  Gemeinsame Werte und hohes persönliches Engagement der Lehrkräfte zeichnen die Schulen aus.
  „Die Schulen werden zu selbstgestaltenden Lerngemeinschaften, in denen die Lehrkräfte aus persönlicher Verantwortung agieren" (DUBS 1994, S. 35).

Dies wird möglich, wenn die Zielfindung gemeinsam erfolgt. Der Schulleitung kommt in diesem Entwicklungsprozess eine moderierende Funktion zu.

9.4 Anforderungen

Die Umsetzung des Gestaltungsprinzips Selbstorganisation impliziert die beschriebene Denkweise und die Ausbildung bestimmter Kompetenzen bei den Angehörigen einer Organisation. Die Übernahme von mehr Verantwortung könnte zu einem mehr oder weniger kräftigen Motivationsimpuls für alle Angehörigen der Fachhochschulen führen, ihre Kompetenzen tatsächlich weiterzuentwickeln und ihr Potential voll auszuschöpfen (THONHAUSER 1979, S. 709).

DUBS (1994, S. 36,37.) schreibt der Idee der Selbstverwirklichung bestechende Vorteile zu:„Durch die Offenheit der Organisation wird innovative Kraft geschaffen. Die Möglichkeit der Mitwirkung aller Beteiligten bringt Dynamik, indem unterschiedliche Wertvorstellungen ausdiskutiert und zu einer gemeinsamen Wertbasis geführt werden, die das Agieren innerhalb der Organisation erleichtert. Das dauernde Lernen innerhalb der Organisationen sichert deren Weiterentwicklung und verhindert das Festfahren in traditionellen Anschaungen, wie dies in bürokratischen Organisationen der Fall ist. Allerdings dürfen auch die Probleme mit der Selbstorganisation nicht übersehen werden. Sie erfordert eine hohe Selbstverpflichtung aller Beteiligten, denn ohne dauerndes Lernen und starke Identifikation mit der eigenen Organisation lässt sich der selbstgesteuerte Prozess nicht in Gang halten."

In selbstorganisierten Institutionen ist die Macht neu verteilt, was von allen Beteiligten eine neue Einstellung erfordert. Kontinuierliche Lernprozesse und die Entwicklung bestimmter Kompetenzen sind Voraussetzungen für die Umsetzung der Idee der Selbstorganisation. Die hier beschriebenen Kompetenzen sind von den Merkmalen selbstorganisierter Systeme und den Organisationsaspekten einer sich selbstorganisierenden Institution abgeleitet (vgl. zur Klärung des Kompetenzbegriffs Kap. 12).

9.4.1 Anforderungen an die Führungsverantwortlichen

Bei den folgenden Ausführungen sollte beachtet werden, dass die beschriebenen Anforderungen durch die Führung einer Organisation, die sich als selbstorganisierendes System versteht, zu gewährleisten sind. Dies bedeutet wiederum nicht, dass diese Kompetenzen ausschliesslich durch eine einzige Führungsperson abgedeckt werden müssen.

- Führungs- und Organisationskompetenzen
  Damit sind Fähigkeiten gemeint, die sich auf die Steuerung der Organisation als Ganzes beziehen. Die Führung gewährleistet die begrenzte Instabilität beziehungsweise das richtige Mass an Autonomie. Dies verlangt,
  - Impulse, Neuerungen aus dem bildungspolitischen und wissenschaftlichen Umfeld der Institution im verkraftbaren Masse aufzunehmen und der internen Verarbeitung zugänglich zu machen,
  - den verbindlichen Rahmen (Ziele, Strategien, Werte, Normen) gemeinsam zu entwickeln, damit dieser durch viele Angehörige der Institution mitgetragen wird (vgl. LUTZ 1991, S. 103ff.),
  - die kontinuierliche und regelmässige Reflexion sicherzustellen (zeitliche und räumliche Voraussetzungen),
  - die Komplexität der Institution zu unterstützen, indem die Voraussetzungen für einen optimalen Informationsfluss geschaffen werden und eine gewisse sinnvolle personelle Redundanz gesichert ist,
  - personelle Entscheide sicher zu fällen.

- Soziale Kompetenzen
  Damit sind Fähigkeiten gemeint, die sich auf die Gestaltung der Interaktionsprozesse gewinnbringend auswirken. Dies beinhaltet,
  - die Beziehungen nach innen und nach aussen so zu gestalten, dass ein Klima entsteht, in welchem gemeinsam Handlungsspielräume erarbeitet werden, Zielfindungsprozesse und Reflexionen möglich sind und zur Weiterentwicklung der Institution beitragen (klimatische und beziehungsmässige Voraussetzungen),
  - Entwicklungsprozesse zu moderieren,
  - Feedbackprozesse optimal zu gestalten,
  - Informationen klar zu vermitteln,

- an einem Klima der Fehlertoleranz statt Fehlerfreiheit zu arbeiten.

- Selbstkompetenzen
  Damit sind Fähigkeiten gemeint, die sich auf den Umgang mit der eigenen Person beziehen. Dies beinhaltet,
  - Offenheit für Initiativen zu zeigen,
  - persönlich mit Komplexität und Autonomie umzugehen,
  - sich über wissenschaftliche Erkenntnisse zu informieren und somit die Fachkompetenz erhalten und erweitern.

9.4.2 Anforderungen an Dozierende und weitere Angehörige von Fachhochschulen

- Organisatorische Kompetenzen
  Die Angehörigen von Fachhochschulen sind in der Lage, den Rahmen einer Organisation zu erkennen, mitzugestalten und mitzutragen. Sie denken für das Ganze und handeln entsprechend. Sie setzen sich für eine aktive Mitgestaltung der Freiräume ein und verfügen über die entsprechenden fachlichen und persönlich-sozialen Kompetenzen, beziehungsweise sie sind bereit, diese zu entwickeln.

- Soziale Kompetenzen
  Die Angehörigen von Fachhochschulen sind in der Lage, in Gruppen und Teams zu arbeiten, die entsprechenden Arbeitsprozesse mitzuentwickeln und auch auf der kommunikativen Ebene mitzugestalten (sich mitteilen können, Feedback geben können).

- Personale Kompetenzen
  Die Angehörigen von Fachhochschulen sind in der Lage und haben die Bereitschaft, ihre Arbeitsprozesse und Werthaltungen zu reflektieren. Sie sind bereit, bestimmte Rahmenbedingungen der Organisation mitzugestalten, anzuerkennen und mitzutragen.

PROBST (1992, S. 489) fasst die erwarteten Fähigkeiten wie folgt zusammen:

Abbildung 4: Erwartete Fähigkeiten an Mitglieder autonomer Institutionen, nach PROBST (1992)

„Was vom Mitarbeiter erwartet wird	Was vom Manager erwartet wird
Initiativ- und Innovativdenken	Schaffung eines entwicklungsförderlichen Kontextes
Selbstkritik, Bereitschaft zur Infragestellung	Konstruktive Konflikbewältigung
Bereitschaft zur persönlichen Entwicklung im Hinblick auf die Entwicklung des Unternehmens	Vernetztes Denken
Offenheit gegenüber Veränderung und Instabilität	Einbeziehen der Kunden, Mitarbeiter, etc. in das Ganze
Neue Standpunkte	Definieren klarer Leitlinien
Streben nach einem bestimmten Ideal	Freiräume, Autonomie und Flexibilität in Bezug auf das letztere“

LUTZ (1991, S. 108) nennt die folgenden neuen Fähigkeiten für Führungspersonen, die Selbstorganisation als Gestaltungsprinzip anerkennen: „Empathie, Vision, Gelassenheit, Dialogfähigkeit, Kann auch ausserhalb stehen, Geschehen lassen und mitgestalten, Soziale Kompetenz, Sensibilität für Umfeld und sich selbst, innere Regungen, ganzheitlich.“
Eine Führung, die die Organisation als evolutionäres System auffasst, frägt nach den Möglichkeiten der Eigenentwicklung: „Nicht die Gestaltung und das Machen stehen im Vordergrund, sondern das Wachsenlassen und Hegen - so könnte man diesen Paradigmenwechsel «griffig» kennzeichnen“ (ARNOLD 1995, S. 47).

9.5 Autonomie und didaktische Weiterbildung

Die folgenden Ausführungen beleuchten die didaktische Weiterbildung als Bereich der Schulautonomie und enthalten abschliessend Vorschläge für den Autonomieträger der beschriebenen Bereiche.

9.5.1 Gestaltungsbereiche der Weiterbildung

Das Konzept der Selbstorganisation ermöglicht es, die Aufgaben der schulinternen und schulexternen Weiterbildung zu präzisieren.

- Schulinterne Weiterbildung
  Die schulinterne Weiterbildung stellt ein konstruktives Element und eine Voraussetzung für die selbstorganisierte Weiterentwicklung einer Institution dar. Sie ist Ausdruck der Autonomie.
  Wenn „(...) jeder Akt des Erkennens eine Welt hervorbringt" (MATURANA & VARELA 1987, S. 31), Erkennen also als eine wirksame Handlung aufzufassen ist, „ (...) das heisst, als eine Handlung, die es einem Lebewesen in einem bestimmten Milieu erlaubt, seine Existenz darin fortzusetzen, indem es dort seine Welt hervorbringt" (MATURANA & VARELA 1987, S. 36), kann die innerbetriebliche Weiterbildung als Weiterentwicklungsmöglichkeit betrieblicher Wirklichkeiten aufgefasst werden (ARNOLD 1995, S. 49).
  Schulinterne Weiterbildung ist dann ausgerichtet auf die Förderung der Selbstorganisationsfähigkeit der Institution und des Individuums. Voraussetzung für diese Funktion und Auffassung von innerbetrieblicher Weiterbildung ist das Verständnis und das Umsetzen wollen der Selbstorganisation als Organisationsprinzip. Diese Werthaltung der Organisation als Ganzes muss sich als Norm im Handeln der Organisation zeigen und stellt eine wesentliche Facette des inneren Kontextes des Individuums nach GEISSLER (1990) dar (vgl. 9.3.3.2).
  „Die Fortschrittsfähigkeit von Betrieben ist somit abhängig von der Lernfähigkeit ihrer Mitarbeiter, wie auch deren Fortschritte wiederum abhängig sind von der Wandlungs- und Lernfähigkeit ihrer Betriebe" (ARNOLD 1995, S. 50).
  Hier sind einige ergänzende Aussagen zur schulinternen Weiterbildung angeführt, die deren Bedeutung im obigen Sinne unterstreichen:

  > Schulinterne Weiterbildung ist angezeigt:„*Wenn (ein) individuelles Schulkonzept zum Tragen kommt, (...) Themen, bei welchen der Austausch der Dozierenden, auch über die Studierenden, wichtig ist, die Dozierenden kennen sich häufig ja nicht" (o, S. 4).*

„Ziel kann die Verstärkung der internen Koordination und Zusammenarbeit sein. Themen, an welchen die Dozenten gemeinsam arbeiten müssen. Weiterbildung als Arbeit an gemeinsamer Gestalt.
Es wäre nicht sinnvoll, nur schulinterne WB zu betreiben und die schulexterne zu vernachlässigen. (...) Man muss beide Komponenten sehen: Jede Schule will eine eigene Gestalt haben, es ist völlig verkehrt, jetzt nur darauf zu setzen, dann würde es sehr schnell eine nach innen gerichtete schöne Gemeinschaft, auf die Dynamik, die ein Aussennetz ermöglicht, sollte man nicht verzichten, im Gegenteil, man sollte sie nutzen" (l, S. 6).

„Der Trend nach interner Weiterbildung hat mit dem Sparen zu tun. Ich finde interne Weiterbildung nicht a priori gut. Ich habe vieles erlebt, wo kein neuer Input kommt, keine neue Sichtweise. Das Traditionelle wird einfach fortgeschrieben" (m, S. 4).

„Was ich als schulintern betrachte, ist die Qualitätssicherung, das muss sich jede Schule selber überlegen" (f, S. 5).

Autonomieträger bezüglich der Wahl der Inhalte und Ziele stellt die Schulleitung dar.

- Schulexterne Weiterbildung

  Eine Institution, die sich als selbstorganisiertes, autonomes soziales Gebilde auffasst, weiss, dass eine gewisse Offenheit unumgänglich ist. Impulse aus dem Umfeld der Institution sind überlebenswichtig und nähren den Zustand des internen dynamischen Ungleichgewichtes. Ein langjähriger Dozent meint:

  „Je länger ich tätig bin, desto mehr suche ich die Auseinandersetzung mit Leuten aus anderen Fachbereichen" (h, S. 2).

  Im Rahmen externer Weiterbildung erhalten die Mitglieder einer Institution Impulse. Externe Weiterbildungen stellen eine Gelegenheit dar, ihr Bild über die Organisation, zu der sie sich zugehörig fühlen, zu reflektieren. Sie tragen dazu bei, dass der erstrebte Zustand des dynamischen Fliessgewichtes aufrecht erhalten wird und nicht in eine ruhende Struktur mündet.

„Wenn Sie aber eine gute Weiterbildung machen wollen, dann müssen sie aus dem täglichen Gebäude heraus. (...) Es ist hier wie in der Industrie. Wenn ich da in eine Weiterbildung gehe, dann suche ich in erster Linie die Bestätigung, dass ich es richtig mache. Dann versuche ich aufzunehmen, was ich noch besser machen könnte. Das wichtigste ist, dass miteinander geredet wird: Hinaus gehen, gemischt, möglichst keine Inzucht" (c, S. 4).

Bestimmte Inhalte, bei welchen persönliche Aspekte betroffen sind (soziale und didaktische Kompetenzen), können besser ausserhalb der eigenen Institution bearbeitet werden, da gerade der Aspekt der Selbstreferentialität hinderlich sein kann, und zwar in dem Sinne, dass bestehende Bilder über Kollegen und Kolleginnen sich reproduzieren und darauf tendieren, zu verfestigten Rollenzuschreibungen und entsprechendem Rollenverhalten zu führen. Diese Situation behindert die individuellen Lernprozesse.

„Für die individuellen Schwächen ist die schulexterne Weiterbildung geeignet, eine neutrale Stelle ist geeigneter" (f, S. 4).

Dass schulexterne Weiterbildungen dem Aspekt des Transfers besondere Aufmerksamkeit widmen müssen, ist bekannt. Theorien und Lösungsansätze sind vorhanden (DÖRIG 1994, S. 214ff.). Die Einschätzung des Transferproblems fällt unterschiedlich aus:

„Es ist bekannt, dass viele Schulen etwas (Weiterbildung) für sich machen, auf Abschottung machen. Die Frage des Umsetzens in der eigenen Organisation wird als grösster Hinderungsgrund für die externe Weiterbildung genannt. (...) Mir muss keiner sagen, er könne das Gelernte nicht umsetzen. Natürlich muss das Angebot die Fachhochschulsituation abbilden, dann ist die Umsetzung kein Problem. Die Fachhochschulen machen vieles selber, weil sie sich nicht dreinschauen lassen wollen"(f, S. 4).

„Das Transferproblem stellt sich immer. Man ist nachher einsam mit seinem Wissen" (i, S. 3).

Autonomieträger bezüglich der Wahl der Inhalte und Ziele, des Umfangs sowie der Weiterbildungsinstitution stellt die Schulleitung dar.

Die Dozierenden sind begrenzte Autonomieträger, sie legen ihre Vorschläge der Schulleitung zur Begutachtung vor.

9.5.2 Zertifizierung - Grenzbereich der Selbstorganisation

Mit der didaktischen Qualifizierung eng verbunden ist die Frage nach deren Zertifizierung, die heute noch nicht umfassend geklärt und geregelt ist. Die Fachhochschulen im Bereich der Technik haben gemäss der folgenden Aussagen für sich eine Lösung getroffen und operieren autonom:

> *„Die DIS (Direktorenkonferenz der Ingenieurschulen) hat den Schulen auch in anderen Zusammenhängen eine gewisse Autonomie gegeben, z.B. im Bereich Nachdiplomstudien. Hier gibt es Richtlinien der Direktorenkonferenz. Wenn eine Schule ein Nachdiplomstudium anmeldet, dann wird dieses von der DIS anerkannt.*
> *Bei der Zertifizierung gehen wir gleich vor. Wenn die Empfehlung durch die Schulleitung vorliegt, dann kann das Zertifikat erteilt werden. Es wird dann im Rahmen der Fachhochschulentwicklung von der Fachhochschule erteilt und ist dann ein Fachhochschulzeugnis.*
> *Die Standortschulleitung gibt die Empfehlung. Die Fachhochschulleitung anerkennt, was die Standortschule vorschlägt. Ein fachhochschulübergreifendes Gremium würde administrativ zu kompliziert" (b, S. 8).*

> *„Man müsste die Anerkennung möglichst weit hinunter delegieren. (...) Mit Regelungen, die weit unten sind, kann eher experimentiert werden. Eine Änderung ist möglich, ohne gleich den Gesamtbundesrat einzuberufen" (a, S. 4).*

Andere Gesprächspartner und -partnerinnen setzen hier hinsichtlich der Unabhängigkeit der Dozierenden und der Akzeptanz der Anerkennung die Grenzen des Autonomieanspruchs der Fachhochschulen

> *„Damit die didaktische Weiterbildung ernst genommen wird, braucht es eine Zertifizierung. (...) Fachleute müssen Aussagen machen über die Qualität der Lehrfähigkeit der Dozierenden, die eine didaktische Weiterbildung absolviert haben. Sie dürfen nicht aus der gleichen Schule kommen, es besteht die Gefahr des Geschwätzes. (...) Nicht einzelne Schulträgerschaft soll Zertifikate abgeben, sondern eine Stelle, die ho-*

hen Status hat. (...) Etwas Übergeordnetes, wenig Bürokratisches" (n, S. 5).

„Ich fände es nicht gut, wenn einzelne Schulen die Zertifizierung vornehmen. Es wäre vernünftig, wenn man die Qualifizierung extern erwerben kann. (...) Von der Sache her scheint es mir ganz explizit wichtig, dass man eine schulexterne Stelle mit der Zertifizierung betraut" (l, S. 5).

„Die Träger der Fachhochschulen sollen diese Frage aufgreifen (Zertifizierung). Das BIGA (heute BBT) gibt den Rahmen, die Träger (Kantone) müssen ausbuchstabieren, was sie wollen. Die Dozierenden sollen aber nicht von den Schulen abhängig sein. Es braucht eine übergeordnete Stelle" (y, S. 5).

Voraussetzung zur Regelung der Zertifizierung ist die Übereinstimmung der Fachhochschulen über Art und Umfang der Basisqualifizierung. Wünschbar ist zudem eine Vorstellung darüber, welche Weiterbildungsinstitutionen diese Qualifizierung leisten können (dürfen). Hiezu müsste ein entsprechendes Akkreditierungsverfahren in die Wege geleitet werden.
Die Autorin vertritt die Auffassung, dass diese Themenkomplexe fachhochschulübergreifend gelöst werden sollten.
Die Übereinstimmung über die Basisanforderungen stellt ein äusserliches Kriterium zur Vergleichbarkeit der Fachhochschulen bezüglich ihrer Qualität dar und würde die Fachhochschulen vom vielgehörten Vorwurf des Etikettenschwindels befreien.

9.6 Zusammenfassung und Schluss

In der Thematik Autonomie und didaktische Weiterbildung sind drei Bereiche erkennbar, für welche verschiedene Gremien und Verantwortungsträger Autonomie beanspruchen:

- Festlegen der Anforderungen an eine didaktische Basisqualifikation
- Gestaltung der didaktischen Weiterbildung
- Wahl der Weiterbildungsinstitutionen

Die Abbildung 5 zeigt, welche Institutionen, bzw. Personen für welche Entscheidungsbereiche Autonomie wahrnehmen könnten und müssten.

Abbildung 5: Weiterbildung und Autonomie an Fachhochschulen

Bereiche der Autonomie Träger der Autonomie	Anforderungen Basisqualifikation/ Zertifizierung	Gestaltung der didaktischen Weiterbildung (WB)		Wahl der Weiterbildungs-institution
		Schul-interne WB	Schul-externe WB	
Fachhochschulüber-greifendes Gremium, z.B. Fachhochschul-Direktorenkonferenz	Erlässt Richtlinien für die Zertifizie-rung	----------	----------	Erlässt Richtlinien für ein Akkredi-tierungsvefahren
Schulleitung	----------------------	Verant-wortung für Pla-nung und Durch-führung	Kann Wahl der Inhalte mitpla-nen in Verb. mit der Qua-litäts-sicherung	Kann Wahl der Weiterbildungs-institute mitbe-stimmen
Dozierende	----------------------	Können Inhalte und Ziele mitbestimmen		Können Wahl der Weiterbildungsin-stitute mitbestim-men

Die hier vorgelegten Ausführungen über selbstorganisierte Prozesse sollten aufzeigen, dass die Ermöglichung von Selbstorganisation in einer Institution ein Klima schafft, in welchem Entwicklung und Innovation möglich und gefragt ist. Es dürfte aber auch deutlich geworden sein, dass die Realisierung von selbstorganisierten Prozessen eine professionelle Führung und Planung, ein Klima der offenen und gestalteten Kommunikation, das Kreieren und Aushalten von Instabilität und ein optimales Wissensmanagement erfordert. Diese Rahmenbedingungen müssen laufend geschaffen und gepflegt werden. Andererseits braucht es die Bereitschaft aller, sich einzugeben. Es braucht Einsicht in die Bedeutung von persönlichen Lernprozes-

sen für die individuelle und organisationelle Wandlungsfähigkeit und den persönlichen Willen. Notwendig ist ein Bewusstsein, dass Entwicklung dann möglich ist, wenn viele Mitglieder einer Institution bereit sind zu lernen und Verantwortung zu übernehmen. Lernen heisst dann nicht nur Fehler zu beheben, sondern auch die Ziele zu reflektieren und die eigenen Denkhaltungen zu hinterfragen. Ist dieses Bewusstsein vorhanden, ist der Autonomieanspruch gerechtfertigt und gewinnbringend. Auf diesem Hintergrund können schulinterne und -externe Weiterbildungen eine gewisse Nachhaltigkeit erreichen. Schulinterne Weiterbildungen tragen zum gemeinsamen Verständnis von wichtigen Themen bei. Erkenntnisse aus schulexternen Weiterbildungen haben eine Chance, angewendet zu werden und verhelfen der Institution möglicherweise zu dem, für ihre Entwicklung notwendigen Ungleichgewicht.
Die in diesem Zusammenhang beschriebenen Anforderungen an die Angehörigen der Fachhochschulen sind in erster Linie als Richtungsweiser für Lernprozesse und als Gesprächsgrundlage zu verstehen.

10 Implizite Ansprüche, Annahmen und Chancen

10.1 Einleitung

Das folgende Kapitel reflektiert Hintergründe des Konzeptes der didaktischen Weiterbildung der Dozierenden an Fachhochschulen und zeigt Chancen der Realisierung auf. Der explizite Anspruch an die didaktische Weiterbildung besteht im Erbringen eines Beitrages zur Sicherung der Qualität der Lehre an Fachhochschulen.

Dieser Anspruch ist mit bestimmten Voraussetzungen in bezug auf das Denken und Wollen der Angehörigen an Fachhochschulen verbunden:

a) Sie nehmen die didaktische Weiterbildung in Verbindung mit dem Anliegen der Qualitätssicherung wahr.
b) Sie wollen die Qualität ihrer Lehre verbessern und besuchen aufgrund der Ergebnisse der Qualitätsicherungsmassnahmen Weiterbildungsangebote in Hinsicht auf die Bearbeitung vorhandener Schwächen.
c) Die Verantwortlichen unterstützen und konzipieren die notwendigen Angebote.

Damit sind weitere allgemeine Annahmen in bezug auf das Lehren und Lernen verbunden, mit welchen wir uns aus wissenschaftlicher Sicht noch weitgehend auf dem Boden von Spekulationen befinden:

a) Lehren ist lernbar.
b) Die Fähigkeiten zur Lehre sind steigerbar.
c) Lehrende wenden Gelerntes richtig an. Richtig würde dann bedeuten, dass sie das Gelernte im Sinne der dahinterliegenden Lernkonzepte und reflektiert im Dienste der Qualität anwenden.
d) Die gelernten Inhalte, richtig angewendet, leisten tatsächlich einen Beitrag zur Sicherung der erwünschten Qualität.

Dass die Lehrperson ein bedeutender Garant für die gute Qualität der Lehre ist, dürfte unbestritten sein (vgl. Kap. 11.3.2). Die Ansprüche an diese, wie sie im Kompetenzprofil (Kap. 5.4) zum Ausdruck kommen, sind jedoch ausgesprochen hoch, wenn nicht überhöht.

Im folgenden Text ist eine Gegenüberstellung des Kompetenzprofils für Dozierende an Fachhochschulen mit den 14 Dimensionen des Lehrerhan-

delns nachzulesen, die im OECD-Bericht 1994 als Ergebnis von Fallstudien und Diskussionen in Seminarien über gute Schulen dargestellt sind. Sie verdeutlicht, dass das entworfene Lehrerprofil für die Dozierenden an Fachhochschulen in wesentlichen Punkten durchaus vergleichbar ist mit bekannten Vorstellungen über das Bild des guten Lehrers.
An die didaktische Weiterbildung werden, wie eingangs dieses Kapitels ausgeführt wurde, hohe Ansprüche herangetragen. Diesbezüglich wird hier der Versuch unternommen, implizite Annahmen aufzuzeigen, welche sich im Denken über die didaktische Weiterbildung der Dozierenden an Fachhochschulen zeigen.
Abschliessend werden die didaktische Weiterbildung als Chance zur Professionalisierung der Lehrtätigkeit besprochen sowie im vorliegenden Konzept implizit vorhandene Realisierungskonzepte vorgestellt.

10.2 Das Bild des guten Fachhochschuldozierenden

Wenn man das Bild des «guten Lehrers», dargestellt im Bericht über das OECD & CERI-Projekt „Teacher Quality“ (1994, S. 2ff. zit. in ALTRICHTER 1996, S. 109ff.) dem Kompetenzprofil des Fachhochschuldozierenden gegenüberstellt, zeigen sich gewisse Übereinstimmungen.
Bei den folgenden Ausführungen steht jeweils an erster Stelle die Darstellung der Ergebnisse des OECD & CERI-Projektes „Teacher Quality“. An zweiter Stelle kann eine Kommentierung bezüglich der Situation der Dozierenden an Fachhochschulen nachgelesen werden. An dritter Stelle stehen Kompetenzen, welche dem Kompetenzprofil für Fachhochschuldozierende entstammen, und/oder Statements aus den Interviews (kursiv gedruckt), die der jeweiligen Dimension zugeordnet werden können.

1. Verpflichtung (Commitment)
   Der Begriff Commitment umfasst stark haltungsmässige und emotionale Elemente: „Engagement, Enthusiasmus und ein Gefühl der Verpflichtung gegenüber den SchülerInnen und ihrem Erfolg, gegenüber dem Beruf und der eigenen Weiterentwicklung, gegenüber der Schule und ihrer Umgebung sind die energetisierenden Qualitäten 'guter Lehrerinnen'. Dazu gehört auch, sich selbst motivieren können und bereit sein, neue Herausforderungen anzunehmen.“

Dieser Aspekt „... mag nach einer Konzeption von Innovationspolitik rufen, die sich mehr an Unterstützung und Anreizen für guten Unterricht und weniger an Anforderungen, Regulierungen und Zwängen orientiert" (S. 110).

Dieser Aspekt gilt auch für die Dozierenden an Fachhochschulen. Die Antworten der Befragten sind aber mehr handlungsorientierter als einstellungsmässiger Art. Im Vordergrund steht die Äusserung von Offenheit gegenüber neuen Aufgaben. So wird als Kompetenz verlangt:

„Als Obertitel würde ich nehmen: Offenheit und permanentes Hinterfragen der eigenen Tätigkeit, alte Muster abwerfen können" (a, S. 1).

Das verlangte Engagement drückt sich im folgenden Statement aus:

„Die persönliche Betreuung der Studierenden ist gefragt. (...) Die Dozierenden sollen eine Gabe entwickeln, die Studierenden psychologisch zu betreuen" (c, S. 2.)

Als Kompetenz wird diesbezüglich verlangt:

„Unsere Dozierenden müssen Vorbild sein für die Studierenden" (c, S. 2).

2. Fachspezifische Didaktik (Subject-Specific Didactics)
   „Wie sie in ihrem Gegenstand Verständnis fördern und Interesse hervorrufen können, ist der Kern des Handwerks von LehrerInnen" (S. 110).

Gute Lehrende verfügen über differenziertes inhaltliches Wissen, über fachdidaktische Entwicklungen und fachspezifische Lehrstrategien. Sie führen selbst eigene Entwicklungsarbeit durch. Fachdidaktik stellt einen wichtigen Inhalt der didaktischen Weiterbildung dar. Als Erwartung wird formuliert:

„Das heisst, man bräuchte Leute, die fachdidaktisch geschult sind" (k, S. 3).

3. Liebe zu Kindern (Love Childern)
   „Eine positive Beziehung zu den Lernenden (auch dort, wo das nicht immer einfach ist) und Respekt vor ihrer Individualität wurden als Merkmale «guter LehrerInnen» genannt. Solche LehrerInnen bieten den

SchülerInnen eine gewisse Sicherheit, ermutigen sie aber auch, kontrollierte Risiken einzugehen“ (S. 110).

Diese Dimensionen zeigen sich in den verlangten Kompetenzen im Bereich der Lernbegleitung:

„Alle Faktoren der Lernbegleitung, Feedback geben und erhalten sind die wesentlichen Anforderungen“ (l, S. 2).

4. Moralisches Vorbild (Set an Example of Moral Conduct)
„«Gute LehrerInnen» kümmern sich nicht nur um das intellektuelle Wachstum der ihnen anvertrauten SchülerInnen, sondern auch um deren persönliche und soziale Entwicklung (...). Dies erfordert auch, dass eigenes Verhalten mit den schulischen Zielen übereinstimmt“ (S. 110).

Diese Dimension des Lehrerhandelns zeigt sich nicht explizit in einer erwarteten Kompetenz. Allerdings könnte der oft genannte Anspruch an die Dozierenden, auch die sozialen Kompetenzen ihrer Studierenden zu entwickeln, der Dimension 'Förderung der persönlichen und sozialen Entwicklung' zugeordnet werden. Die folgenden Aussagen unterstreichen die Auffassung, Sozialkompetenz (oft auch Persönlichkeitsentwicklung genannt) als Lehrinhalt aufzufassen:

„Die Förderung der sozialen Kompetenz gehört zur Aufgabe eines Dozierenden, das möchte ich mehr unterstreichen, weil es weniger selbstverständlich ist“ (a, S. 1).

„Thema Teamarbeit: Ich leiste meine Anstrengungen als Teil eines Ganzen. Ich bin nicht ohnmächtig, aber auch nicht allmächtig“ (i, S. 3).

„Soziale Kompetenzen sind wichtig, da man mit sehr unterschiedlichen Studenten arbeiten muss, aber auch die Studierenden müssen Teamfähigkeit lernen, weil man heute die Probleme nicht mehr alleine lösen kann“ (y, S. 1).

5. Umgang mit Gruppendynamik (Manage Groups Effectively)
„LehrerInnen müssen mit grossen Gruppen umgehen. Fähigkeiten der Differenzierung und Individualisierung, des Managements und der Logistik, um den Unterrichtsfluss aufrechtzuerhalten, aber auch die Bereitschaft, SchülerInnen selbst bei der Organisation ihres Lernens Kompetenzen entwickeln zu lassen, sind dafür wichtig“ (S. 110, 111).

Fachhochschuldozierende müssen mit verschieden grossen Gruppen umgehen und ihr Lehrarrangement entsprechend anpassen können. (Vorlesungen für Grossgruppen, Lehrformen für Klassen, Begleitungsformen für Kleingruppen (Projekte). Als weiterer Anspruch wird die Fähigkeit zur Förderung der Lernkompetenzen der Studierenden formuliert. Die folgenden Kompetenzen werden genannt:

„Der Umgang mit einer Gruppe von Studierenden muss gelernt werden“ (y, S. 2).

„Moderation ist ein Thema“ (m, S. 1).

„Beraten können“ (n, S. 1).

„Lernende begleiten können bei Projekten“ (o, S. 1).

6. Einbezug neuer Technologien (Incorporate New Technology)
„Engagierte LehrerInnen in der OECD-Untersuchung zeichneten sich gerade dadurch aus, dass sie neue Anwendungsmöglichkeiten der Informationstechnologien jenseits von Drillprogrammen für Differenzierung, für Bearbeitung komplexer Aufgaben und für die Kommunikation mit Schülergruppen anderer Schulen erprobten“ (S. 111).

Dieser Aspekt wird in den Interviews nicht sehr ausdrücklich betont. Es bleibt offen, ob die Benutzung der neuen Informationstechnologien schon so selbstverständlich ist, oder ob da ein riesiges Entwicklungspotential offen liegt. Der Rektor einer Schule erwähnt als Bestandteil ihres fortschrittlichen Lehrkonzeptes:

„Jeder Studierende arbeitet während der Lehrveranstaltungen mit einem persönlichen Computer“ (e, S. 1).

7. Beherrschen verschiedener Lehr- und Lernmodelle (Master of Multiple Models of Teaching and Learning)
„«Gute LehrerInnen» haben ein breites Repertoire von Unterrichtsmodellen (...), das sie variieren und sensibel für den speziellen Kontext einsetzen können.“ (S. 111).

Dies gilt auch für die Fachhochschulen:

„Die Dozenten arbeiten schon lange mit verschiedenen Lehrformen: Seminararbeiten, Projektarbeiten, Labor“ (b, S. 1).

8. Beobachten und improvisieren (Adjust and Improvise)
„«Gute Lehrerinnen» beobachten die Entwicklungen innerhalb und ausserhalb der Schule in einer nicht-defensiven Haltung und versuchen, «fruchtbare Momente» aufzugreifen" (S. 111).

Diese Dimension ist für eine fachhochschulgerechte und erwachsenengerechte Lehre vermutlich von besonderer Bedeutung. Die verlangte Praxisorientierung (und auch der postulierte Transfer der Erkenntnisse aus der anwendungsorientierten Forschung und Entwicklung in die Lehre) erfordert von den Dozierenden die kontinuierliche Beobachtung der Entwicklungen innerhalb und ausserhalb der Fachhochschule:

„Der Praxisbezug, man geht aus von Problemstellungen, lernt diese präzise fassen und Lösungen zu erarbeiten" (a, S. 1).

„Dozierende brauchen eine Praxiserfahrung, um einen Wirklichkeitsbezug zu garantieren" (y, S. 1).

9. Nachdenken (Reflect)
„Sie passen sich aber externen Anforderungen nicht unreflektiert an, sondern versuchen, ihren eigenen Stil situtionsangemessen zu entwikkeln. Eine aktive, aber reflektierend-kritische Haltung ist besonders angesichts der Vielzahl staatlicher Politiken wichtig, die manchen von einer policy overload sprechen lässt" (S. 111).

Diesem Bereich entsprechen die folgenden Aussagen:

„Der zentrale Punkt scheint mir die Fähigkeit, die eigene Tätigkeit zur Diskussion zu stellen. (...) Der Lehr- und Lernprozess muss Gesprächsgegenstand werden" (l, S. 1).

„Die Qualitätssicherung, die Selbstbeurteilung, dies sind Aspekte, wo es ans Fleisch geht" (o, S. 1)

10. Verstehen der Studierenden (Know the Students)
„Ein Eingehen auf die Schülerindividualität und diagnostische Fähigkeiten (...) erweisen sich besonders angesichts der Verminderung der sozialen Distanz zwischen LehrerInnen und SchülerInnen und angesichts zunehmender (ethnischer, sozialer) Heterogenität in den Klassen als bedeutsam" (S. 111).

Diese Dimension erscheint wieder bezüglich des Gesichtspunktes der Erwachsenenbildung bedeutsam. Die Dozierenden müssen die Vorerfahrungen, das Vorwissen und insbesondere auch die Lernerfahrungen berücksichtigen und mit der Tatsache umgehen, dass sie oft wenig Wissensvorsprung haben, insbesondere bei den Weiterbildungsangeboten. Die folgenden verlangten Kompetenzen stehen damit in Zusammenhang:

> *„(...) wie kann das Wissen und die Erfahrung der Studierenden für den Lernprozess genutzt werden?" (h, S. 1ff.)*

> *„Eine Herausforderung wird auch darin bestehen, dass sehr oft die Dozierenden nicht über viel mehr Wissen verfügen als die Studierenden" (z, S. 1).*

11. Austauschen von Ideen mit anderen Lehrenden (Exchange Ideas with Other teachers)
„Formelle (Engagement in der Lehrerfortbildung, Schule als Fortbildungszentrum), halbformelle (Arbeitskreise, Paararbeit, kollegiale Beratung) und informelle Gelegenheiten zum kollegialen Austausch wurden von «guten LehrerInnen» zwecks beruflicher Entlastung und Weiterentwicklung geschätzt und genutzt" (S. 111).

Dies ist vermutlich ein Bereich, der an den Fachhochschulen noch auszubauen ist (vgl. hiezu Punkt 12).

12. Zusammenarbeiten mit anderen Lehrenden (Collaborate with Other Teachers)
„Sowohl unterrichtsbezogene (Unterrichtsplanung und -abstimmung, Fortbildung) als auch ausserunterrichtliche (Schulentwicklung) Zusammenarbeit von LehrerInnen haben eine steigende Bedeutung im Lehrerberuf. Gleichzeitig ist effiziente Zusammenarbeit nicht immer leicht zu erreichen. «Ineffiziente, zeitraubende Zusammenarbeit» wird von einem beträchtlichen Teil der Lehrerschaft abgelehnt. Insofern müssen entsprechende Einstellungen und Kompetenzen verstärkt in der Lehrerausbildung und bei der Gestaltung der Arbeit in der Schule (z.B. attraktive Konferenzgestaltung) gefördert werden" (S. 111, 112).

Die Bedeutung der Zusammenarbeit der Dozierenden wurde erkannt, sie ist unter dem Anspruch der Interdisziplinarität unabdingbar (vgl. auch Aspekt 4):

> *„Grössere Interdisziplinarität ist gefragt" (g, S, 1).*

13. Fördern der Professionalisierung (Advance the Profession of Teaching)
    „«Gute LehrerInnen» sorgen sich offenbar auch um die Weiterentwicklung des Berufes, indem sie sich für soziale Anerkennung und den Aufbau einer berufsspezifischen Wissensbasis engagieren" (S. 112).

Der Gedanke der Professionalisierung der Lehrtätigkeit an Fachhochschulen kommt in den Interviews nur am Rande zum Ausdruck: Die Vertreterin einer Dienstleistungsstelle an einer Universität meint:

> *„...dass diese gesetzliche Forderung einen Vorstoss in Richtung Professionalisierung darstellt, wird nicht gesehen. Die didaktische Qualifikation stellt einen Beitrag dar zur Entwicklung eines eigenständigen Berufsbildes" (y, S. 4).*

14. Beitragen zur Gesellschaft (Contribute to Society at Large)
    „Viele «gute LehrerInnen» zeigen grosse Verantwortung angesichts wirtschaftlicher oder ökologischer Probleme, ethnischer Diversität, Immigration, sozialer Konflikte usw." (S. 112).

Aufgrund der Gespräche lässt sich hiezu keine Aussage anfügen, aber folgendes bemerken: Fachhochschulen treten mit Institutionen ihrer Umwelt als mögliche Wirtschaftspartner in Kontakt. Die Haltung ist geprägt durch unternehmerische Interessen, nicht von sozialem Verantwortungsgefühl. Im Vordergrund stehen unternehmerische Fragen: Welche Institutionen können für uns Partner sein? Welche Dienstleistungen benötigen diese? Was können wir für diese anbieten?
Der Direktor einer Fachhochschule sieht darin die grösste Veränderung der Fachhochschulreform:

> *„Die grösste Veränderung ist also sicher, dass eine Partnerschaft zwischen Schule und Wirtschaft gefordert ist" (c, S. 1).*

Für ALTRICHTER (1996) befindet sich bereits diese Auflistung von Dimensionen des Lehrerverhaltens in einer für ihn etwas unangenehmen Nähe zu einem Tugendkatalog, der zwar Ordnung in das Gewirr der Einzelergebnisse bringt und somit als Diskussionsgrundlage zu dienen vermag. Er hält aber fest: „Ihre intuitive Plausibilität ist meist stärker als ihre empirische Absicherung und theoretische Fundierung“ (ALTRICHTER 1996, S. 112).

K. Osterwalder, Rektor der ETH Zürich, präsentierte an der Tagung zur «Qualitätssicherung in der Lehre an Fachhochschulen» vom 11. und 12. September 1998 in Baden, organisiert von der Fachhochschule Aargau, sechs Qualitätsmerkmale für eine akademische Lehrperson und skizziert damit ein einfacheres Bild:

1. Setzen klarer Zielsetzungen
2. Treffen adäquater Vorbereitungen (Vorhandensein entsprechenden Wissens und entsprechender Fähigkeiten)
3. Einsetzen angepasster Methoden zur Zielerreichung
4. Erreichen signifikanter Resultate
5. Effizient präsentieren
6. Die eigene Arbeit reflektiert kritisieren und beurteilen[1]

Heute gewinnen die Vorstellungen über eine gute Lehre im Zusammenhang mit der geforderten Qualitätssicherung an Aktualität. STAMM (1998, S. 76) stellt fest, dass noch kein Konsens über Kriterien der guten Lehre und damit der guten Lehrperson besteht, dass aber die Evaluation der Lehre zwingend bestimmte relevante Kriterien verlangt. Eine entsprechende Gesprächstradition muss an den meisten Schulen aufgebaut werden. Sie legt einen Kriterienkatalog zur Rollenanalyse der akademischen Lehrperson vor, weist aber darauf hin, dass es sich dabei nicht um überzogene Ansprüche an die Lehrfähigkeit der Dozierenden handle (STAMM 1998, S. 77,78; WEBLER 1991, S. 143ff.). Die folgende Übersicht stellt das Ergebnis eines mehrjährigen Diskussionsprozesses verschiedener Arbeitsgruppen von Dozierenden dar:

„Wissenschaftliche Inhalte fachdidaktisch aufbereiten

- Themen und Stoffauswahl entsprechen dem neuesten wissenschaftlichen Stand.

---

[1] Osterwalder stützte seine Aussagen auf: GLASSICK, CH. E.; TAYLOR HUBER, M. & MAEROFF, G. I. , 1997.

- Die Planung erfolgt im Einklang mit den Zielen des Studienkonzeptes.
- Zu den Unterrichtsinhalten werden explizite Forschungsbezüge hergestellt.
- Gegensätzliche wissenschaftliche Positionen werden den Studierenden nicht vorenthalten.

Ein Repertoire an Motivierungstechniken haben, Ziele und Prozesse aufeinander abstimmen.

- Die studentischen Arbeiten (Referate, Semesterarbeiten, usw.) werden auf die Ziele und Inhalte der Lehrveranstaltungen abgestimmt.
- Die eingesetzten Lehrmaterialien, Texte und Medien sind auf Verständlichkeit, Eignung und Klarheit geprüft.
- Die Dozierenden sind bereit, sich in Lehre und Unterricht verbindlich zu engagieren und dieses Engagement auf die Studierenden zu übertragen.
- Die Einzelveranstaltungen sind gut vorbereitet und knüpfen an die vorherige Sitzung an.

Ein Repertoire an Interaktionsstrategien haben

- Die Dozierenden bauen ein persönliches Lehr- und Lernverhältnis zu den Studierenden auf.
- Persönliche Ausstrahlung und Präsentationsfähigkeit der Sachverhalte gehen einher mit der Überzeugung der Lehrenden für ihren Fachgegenstand.
- Die Studierenden werden als Partner und Partnerinnen angesehen, die als Lernende selbstverantwortlich für ihr Tun sind.
- Die Dozierenden sind fähig zur Kritik und zu selbstkritischer Reflexion.

Ein Repertoire an Verständlichkeitskonzepten haben

- Die Darstellung ist auch bei schwierigen Sachverhalten klar.
- Besonders wichtige Teile werden hervorgehoben und zusammengefasst.
- Es werden Zusammenfassungen abgegeben, die das Behalten erleichtern.
- Die Dozierenden sind fähig, auf Fragen klar und vollständig zu antworten.
- Die Themen werden in grössere Perspektiven eingeordnet.
- Die Dozierenden haben eine klare, verständliche und variable Sprache mit lebhaftem Ausdruck.

Lehr- und Lernmedien spezifisch auswählen können
- Zielangemessenheit und Zweckmässigkeit des Aufbaus und der Anwendung der Methoden werden beachtet.
- Der Wechsel der sozialen Organisationsformen erfolgt zielangemessen.
- Für Fragen und Diskussionen wird ausreichend Zeit reserviert.
- Das Lernen von Fakten ist dem Verstehen und Handhaben von übergeordneten Prinzipien nachgeordnet.
- In Simulationen, praktischen Erprobungen und Praxisphasen erfolgt eine komplexe Verknüpfung und Anwendung des Gelernten.

Leistungsbeurteilungsinstrumente sachgerecht einsetzen können
- Prüfungsfragen werden klar und eindeutig formuliert.
- Prüfungen werden auf die zugehörige Veranstaltung abgestimmt.
- Bei der Beurteilung wird auf Ausgewogenheit und Gerechtigkeit des Urteils geachtet.
- Leistungsanforderungen und Bewertungen werden vorher dargestellt und begründet.
- Die Beurteilung wird falls nötig mit einem Beratungsgespräch begründet.
- Es werden gegebenenfalls Vorschläge zur Überwindung der Schwächen gemacht und Möglichkeiten aufgezeigt, wie Lücken geschlossen werden können.

Effektivität als Verhältnis zwischen Ist- und Soll-Zustand in Erfahrung bringen
- Die Veranstaltungsziele werden realistisch gesetzt und sind auch für leistungsstarke Studierende attraktiv.
- Es werden klare Erfolgskriterien (Anforderungen) formuliert.
- Transferleistungen werden im Unterricht und in den Praxisphasen eingehend geübt.
- Der Unterricht/die Lehre wird regelmässig ausgewertet.
- Die Dozierenden legen Prämissen und Grenzen in der unterrichtsbezogenen Arbeit offen.

Mitarbeit und Eigenverantwortung der Studierenden fördern
- Die Studierenden werden aktiv an Planung und Durchführung der Lehrveranstaltung beteiligt.

- Die Studierenden werden zur Selbstbeurteilung angeleitet.
- Die Dozierenden verstehen sich selbst als Lernende und nicht als Allwissende und haben Mut zur Lücke“ (STAMM 1998, S. 77, 78).

Bedenkt man, dass sich Fachhochschuldozierende mit mehr oder weniger expliziten Bildern des guten Lehrers und den damit verbundenen Anforderungen konfrontiert sehen und die Lehrtätigkeit zudem noch um die Aufgaben *Dienstleistungen* und *Anwendungsorientierte Forschung und Entwicklung* erweitert worden ist, stellt sich realistischerweise die Frage, ob diese Ansprüche in der Realität überhaupt je einlösbar sind und welche Funktion die didaktische Weiterbildung dabei haben kann.
Hinter dem Bild des guten Lehrers und dem Kompetenzprofil kann ein überhöhter Anspruch festgestellt werden. Der Rektor einer Fachhochschule äussert sich dazu:

> *„Das Anforderungsprofil ist hoch. (...) Dies verlangt Übermenschen. Wer dieses Profil aufweist, geht in die Industrie. Es sind überrissene Anforderungen, die auch kein Hochschulprofessor erfüllt“ (e, S. 1).*

Es dürfte plausibel sein, dass die didaktische Weiterbildung im vorgesehenen Rahmen nicht in der Lage ist, einen befriedigenden Beitrag zur Unterstützung der Dozierenden zu leisten. Eine Gewichtung der Anforderungen und der Weiterbildungsziele ist erforderlich.

10.3 Implizite Annahmen in der Konzeption der didaktischen Weiterbildung

Zusätzlich zu den expliziten Ansprüchen bezüglich der Anforderungen an die Dozierenden scheint die Konzeption der didaktischen Weiterbildung durch implizite Annahmen (gedankliche Orientierungen) geprägt zu sein.
Die folgenden Ausführungen gehen den Fragen nach bestehenden gedanklichen Orientierungen innerhalb von Bildungssystemen nach sowie möglichen Entsprechungen in bezug auf das Verständnis der didaktischen Weiterbildung in den Interviews.
In diesem Sinne sind im Anschluss an die einzelnen Kapitel Ausschnitte aus den Interviews angefügt, die darauf verweisen, dass die beschriebenen

Überlegungen sich im Denken von einzelnen der befragten Schlüsselpersonen finden lassen.

Mit der didaktischen Weiterbildung sind bestimmte personenbezogene Absichten verbunden. Durch didaktische Weiterbildungsmassnahmen sollen ausgewählte, berufsbezogene Fähigkeiten bei Individuen gefördert werden. Der hohe Anspruch der didaktischen Weiterbildung zeigt sich darin, dass sie beabsichtigt, die Wissens- und Könnensstrukturen der Lehrpersonen zu optimieren, zusätzlich will sie auch zur Reflexion ihrer Wertstrukturen und zur Entwicklung ihrer Beziehungsstrukturen anregen, sie will bei ihren Zielpersonen die Fähigkeiten fördern, sich als Person in eine Arbeitsbeziehung einzugeben.
Diese offensichtlichen Absichten der didaktischen Weiterbildung sind durchaus vergleichbar mit den Absichten, die sich in verschiedenen Konzepten von Erziehungssystemen generell finden lassen.
Es wäre sicher unangebracht, die didaktische Weiterbildung als Teil des Erziehungssystems aufzufassen, denn kein Fachhochschuldozent wird sich erziehen lassen wollen. Sie kann aber als Teil des Aus- und Weiterbildungssystems aufgefasst und in diesem Sinne, geschichtlich gesehen, als Fortführung oder Erweiterung von Erziehungssystemen wahrgenommen werden.
Unter dieser Wahrnehmungsperspektive ist die Frage interessant, ob gewisse das Erziehungssystem prägende Gedanken sich in der Konzeption der didaktischen Weiterbildung für Fachhochschuldozierende implizit oder explizit zeigen.
Antworten auf diese Frage können zum Verständnis der hohen Ansprüche an die Dozierenden und zur Funktion der didaktischen Weiterbildung der Dozierenden an Fachhochschulen beitragen, indem sie diese bewusst und diskutierbar machen. Diese Gedankenführung setzt allerdings voraus, dass man die Konzeption der didaktischen Weiterbildung als Erweiterung früherer und heutiger Erziehungs- und Schulsysteme auffassen will und dass man sie bezüglich ihrer Ausrichtung als in deren Tradition stehend wahrnimmt.

10.3.1 Zentrale ideelle Ausrichtungen im pädagogischen Denken (Kontingenzen)

Die Ausdifferenzierung sozialer Systeme (z.B. Kirche, Schulwesen) erschwerte zunehmend eine gemeinsame Ausrichtung des Handelns. Dieser Prozess erforderte es, eine Art Grundhypothese über den Bezugspunkt des Handelns aller Teilsysteme zu formulieren, wenn eine gemeinsame Ausrichtung möglich bleiben sollte.

Diese Zentralorientierungen, die sich mit dem Laufe der Zeit wandelten, werden Kontingenzen genannt (LUHMANN 1979, S. 58ff.).

In religiösen Systemen stellt der Gottesbegriff diese Orientierung dar. Mit der Ablösung des Erziehungssystem von den kirchlichen Systemen musste dieses auch seine Kontingenzformel klären. Für diesen Prozess der Suche nach einer eigenen Kontingenzformel waren drei für das Erziehungssystem typische Merkmale bedeutsam (LUHMANN 1979, S. 61ff.):

1. Der Prozess der Differenzierung seit dem 18. Jahrhundert erfolgte in einem hohen Tempo. Noch heute lässt sich eine schnelle Ausdifferenzierung des Bildungssystems beobachten, beispielsweise im tertiären und quartären Bildungssektor (besonders im Bereich der beruflichen und nichtberuflichen Weiterbildung).
2. Die Unterrichtsthemen wachsen immens an. Als Folge der Informationsüberflutung hat dieses Merkmal auch heute mehr denn je seine Gültigkeit in allen Bildungssektoren behalten.
3. Erziehungssysteme (und Bildungssysteme) haben viele Überschneidungsbereiche mit anderen Systemen, welche für diese eine hohe funktionale Relevanz haben. Gerade im Bereich der Fachhochschulen gibt es viele Überschneidungsbereiche, wie beispielsweise mit Partnerschulen, mit Betrieben und deren Weiterbildungsabteilungen.

Diese Merkmale haben mit dazu geführt, „dass das Erziehungssystem seine Kontingenzformel nicht auf Anhieb endgültig festgelegt, sondern im Laufe der letzten zweihundert Jahre mehrfach reformuliert hat. Die Kontingenzformel lautet zunächst *humane Perfektion* dann *Bildung,* dann *Lernfähigkeit.* Ein durchlaufendes Moment im Wechsel dieser Kontingenzformeln besteht darin, das einfache Lernen und den Erwerb blosser Erkenntnisse abzuwerten. Erziehung wird damit als selektives Verfahren begründet. Dem dient im Kontext von Perfektion die Berufung auf die Vernunft, im Kontext von Bildung die Idee des Allgemeinen im Unterschied zum Besonderen (das allein gelernt werden kann) und im Kontext von Lernfähigkeit schliesslich die Lernfähigkeit selbst, das heisst die anschliessenden Lernmöglichkeiten, auf die es in allem Lernen letzlich ankommt" (LUHMANN 1979, S. 61,62).

Dieser Prozess, der als Prozess der Schwerpunktformulierung und nicht im Sinne wechselseitiger Exklusivität zu verstehen ist, lässt die folgenden Tendenzen erkennen:

- Die zentralen Ausrichtungen werden zunehmend spezifischer auf die Funktion des Erziehungssystems bezogen.
- Die Anlehnung an die Überschneidungsbereiche wechselt. Bei der Formel *humane Perfektion* ist eine Überschneidung von Erziehungs- und Schulsystem zu sehen, bei der Formel *Bildung* eine Überschneidung von Schulsystem und Universität (Wissenschaft), welcher hohe Bedeutung zugemessen wird. Bei der Kontingenzformel *Lernfähigkeit* schliesslich ist eine Bezugnahme auf zukünftige oder gegenwärtige relevante Institutionen im Bereich Arbeit und Gemeinwesen in das Zentrum des Denkens gerückt.

10.3.1.1 Die Kontingenzformel Humane Perfektion

Der Gedanke der Perfektion basiert auf der Annahme der Unvollkommenheit des Menschen und der Steigerbarkeit seiner Vollkommenheit. Als Folge von natürlichen und technischen Prozessen kann eine fortschreitende Vervollkommnung des Menschen erreicht werden.

Durch erzieherische Einwirkungen, später durch Einwirkungen des Bildungssystems kann ein Optimum des Guten erreicht werden. Das Gute stellt eine Qualität dar, welche zeit- und raumabhängig, jeweils näher zu definieren ist. Damit sind viele Fragen philosophischer und theologischer Natur verbunden:

Woran soll sich das Optimum, die Vollkommenheit zeigen? Handelt es sich dabei um operative Zwecke oder regulative Ideen (Kant)? Besteht das Ziel im glücklichen Menschen, im vernünftigen Menschen oder in der Annäherung des Menschen an Gott? Zeigt sich das Vollkommene an einem

Menschen eher in seinen Fähigkeiten, glücklich zu werden oder gottähnlich zu werden oder vernünftig zu werden? Ist der Mensch nicht bereits vollkommen (Rousseau)? Ist die Schöpfung nicht bereits perfekt (religiöses Denken)? Bezieht die Idee der Vollkommenheit sich auf den Menschen oder die Gesellschaft?[2]

Der Begriff der Vollendung gehört in einen theologischen Bezugsrahmen. Er bezieht sich auf die Gottähnlichkeit, einen Begriff, der zur absoluten Wirklichkeit gehört, der sich aber durch bestimmte reine Tugenden in der relativen Welt zeigt (z.B. in der Nächstenliebe). Die Perfektion des Menschen stellt ein christliches Gedankengut dar, es prägt aber das pädagogische Denken des 19. und 20. Jh., obwohl der christliche Hintergrund als Bezugspunkt dieses Denkens oftmals nicht mehr bewusst ist (OELKERS 1990, S. 66). Das pädagogische Denken orientiert sich immer wieder an reinen Tugenden. Diese Tugenden dienen der Ausrichtung des pädagogischen Handelns sowohl der Lehrenden als auch der Lernenden.

In der geisteswissenschaftlichen Pädagogik werden die Begriffe Vollkommenheit oder Perfektionierung des Menschen verwendet zur Bezeichnung des Prozesses der fortschreitenden inneren Formung des Menschen. Dieser Prozess sei nicht nur auf die Kindheit zu begrenzen, sondern als unendliche Aufgabe zu begreifen. Die Vollkommenheit wäre demnach unbegrenzt. (NECKER 1828, S. 30 zit. in OELKERS 1990, S. 43).
Damit ist die weitere Annahme verbunden, dass dieser individuelle Prozess der Vervollkommnung auch zu Fortschritten in der Gesellschaft führe.

Diese Denkweise wirft Fragen auf:
- Kann Erziehung und Bildung diesen *Auftrag*, den Menschen und die Gesellschaft zu vervollkommnen, übernehmen? Durch Bildung können Dispositionen (Gewöhnungen, habits) verändert werden. Die Dauerhaftigkeit dieser Veränderung in die gewünschte Richtung der Vollkommenheit bleibt Gegenstand moderner sozialwissenschaftlicher Forschung.

---

[2] Ein vertiefender Abriss über die Entwicklung des Perfektionsgedankens findet sich bei LUHMANN 1976, S. 63ff..

- Ist der Anspruch überhaupt wünschbar, den Geist in eine bestimmte Richtung formen zu wollen? Ist dieser Anspruch überhaupt didaktisierbar?
- Sind Erziehungs- oder Bildungssysteme in der Lage, durch die Initiierung von Lernprozessen Wirkungen bei einem Menschen in eine erwünschte Richtung der Vollkommenheit hervorzubringen, wenn man annimmt, dass Lernprozesse immer individuell sind und alle Einwirkungen immer eine Übersetzung nach innen brauchen?

OELKERS (1990, S. 70) schreibt dazu: „In diesem Sinne kann man von Kontingenz sprechen: Erziehung ist keine handhabbare Ursache, die kontrollierbare Wirkungen hervorbringt. Sie ist überhaupt kein *Ding*, wie es die Alltagssprache unterstellt. Was in ihrem traditionellen Bedeutungshorizont rekonstruiert werden kann, ist die doppelte Relation von Handlung und Lernen sowie von Situation und Prozess. Keiner dieser Begriffe verweist auf eine determinierte »Realität«, und was immer unter 'Realität' verstanden werden mag, denkt man Erziehung als *Einwirkung*, dann kann nur auf einen Prozess verwiesen sein, der sich in immer neuen Situationsketten materialisiiert, deren Wirkungen aber nicht beherrscht, weil die vorausgesetzte Handlung und das nachfolgende Lernen nie in eine ideale Passung gebracht werden können. Genau das unterstellt die Erziehung zur *Vollkommenheit*."
Wenn Wirkungen nicht beherrschbar sind, sind sie auch nicht hinsichtlich einer bestimmten Richtung planbar oder gar einsetzbar. Dieser Gedanke der Steigerung in Richtung eines Absoluten müsste dann aufgegeben werden „... aufgrund der Einsicht in das kreative Chaos der tatsächlichen Wirklichkeit" (OELKERS 1990, S. 71).

Begriffe wie Vollkommenheit und Tugenden sind nicht Teil der Sprache der Befragten. Hingegen zeigt das formulierte Kompetenzprofil Züge einer Vollkommenheitsvorstellung. In der Formulierung der hohen Anforderungen zeigt sich der Steigerungs- und Perfektionierungsgedanke:

„Es braucht Persönlichkeiten" (c, S. 2).

Diese hohen Ansprüche sind noch selten reflektiert, ein Interviewpartner meint:

„Dies bedeutet einen enormen Weg, damit die Fachhochschule sich auch qualitativ verändert“ (n, S. 1).

Der Gedanke der Machbarkeit ist präsent in den Annahmen, dass didaktische Weiterbildungen einen Beitrag zur menschlichen Perfektionierung zu leisten vermögen und dass diese Formung einen Beitrag zur Qualitätssicherung leistet.
(Es muss allerdings eingeräumt werden, dass diese Annahme durch die Art der Befragung vorgegeben wurde.)

Diese hohen Ansprüche an die Dozierenden einerseits und die funktionelle Rolle der didaktischen Weiterbildung andererseits sind zu thematisieren. Diese Diskussion stellt eine Voraussetzung dar, um von realistischen Erwartungen an die Dozierenden auszugehen und die Vorstellung eines allseitig kompetenten Dozierenden aufzugeben (OELKERS, 1990). Dozierende sollen als Menschen mit Stärken und Schwächen wahrgenommen werden, welche sich in einem Prozess dauernder Veränderungen befinden. Es sind keine Alleskönner.
Die didaktische Weiterbildung gibt Impulse, die die Dozierenden gemäss ihren Möglichkeiten und Zielvorstellungen aufnehmen, verarbeiten und umsetzen.

10.3.1.2 Die Kontingenzformel Bildung

Der Begriff Bildung verbreitete sich seit der Mitte des 18. Jahrhunderts und tritt als neue Orientierung an die Stelle der Kontingenzformel *humane Perfektion* (vgl. LUHMANN 1979, S. 73ff.). Der Bildungsbegriff als neuer Bezugspunkt der Reflexion der Pädagogik dient so deren Selbstidentifikation.
Der unscharfe Begriff lässt sich vorerst mittels folgender Merkmale bestimmen:
Bildung richtet sich an das Individuum. Sie geht aus vom autonomen Individuum als Subjekt und befasst sich mit dessen Idealisierung (Humboldt). Individualität und Harmonie sind dabei zentrale Begriffe.
Vorstellungen über Nützlichkeit der Bildung als Zielvorstellung müssen nicht im Widerspruch zu personorientierten Bildungszielen stehen, denn

Nützlichkeit versteht sich für einen gebildeten Menschen, der mit der Welt zurechtkommen will, von selbst[3]

Der Begriff der Bildung wird in späteren Jahren auch auf den Bereich der beruflichen Arbeit hin ausgeweitet und verliert damit seine besonderen Konturen, welche gemäss LUHMANN (1979, S. 83) in ihrem Bezug zur Welt, zur Wissenschaft und zur Individualität im *allgemeinen* bestehen. „Am Ende ist Bildung nur noch ein Ersatzausdruck für Erziehung, der anscheinend immer dann einspringt, wenn es gilt, Orientierungslosigkeit durch Berufung auf Werthaftes zu überspielen. (...) Die Kontingenzformel *Bildung* löst sich in jene Unbestimmtheit auf, die zu bestimmen ihre Funktion hätte sein sollen" (LUHMANN 1979, S. 83,84).

Der gebildete Mensch als Ziel der Pädagogik hat sein inneres Verhältnis zur Welt als Folge des Zusammenwirkens externer und interner Kräfte reflektiert. Gebildete Menschen sind autonom und reflektieren ihre Wertverhältnisse.

Bildung ist meist als schulische Bildung gedacht. Die Schulpädagogen verstehen sich als Mittler zwischen Inhalten und Individuen. Sie legitimieren ihr Tun mit dem Wahrheitsgehalt der Inhalte, welche sie von den Wissenschaften her beziehen. Der Bezug zur Welt wird über den Bezug zu den Wissenschaften möglich. Die Wahrheit der Inhalte erweist sich als Garant dafür, dass Lernprozesse zu einsehendem Erkennen führen (LUHMANN 1979, S. 79).

Damit aber ein Schulsystem seine Lernenden zur Autonomie befähigen kann, einem zentralen Ziel von Bildung, muss es selbst autonom sein und seine Bildungsziele reflektieren (LUHMANN 1979, S. 82).

Die Kritik an der Kontingenzformel *Bildung* bezieht sich auf die unpräzise Zuschneidung des Begriffs auf seine Erziehungsfunktion, nämlich der Formung des jungen Menschen als Individuum. Somit sei sie ungeeignet, als Zentralorientierung für die verschiedenen Bereiche des sich rasch ausdifferenzierenden Bildungssystems zu dienen.

---

[3] LUHMANN (1979) bezieht sich bei dieser Aussage auf Vorlesungen von SCHLEIERMACHER (1964).

LANGE (1987, S. 304ff.) kritisiert an der Gedankenführung Luhmanns, dass dieser seinen Bildungsbegriff einseitig von Kants Philosophie her ableitet.
Bildung diente auch Erziehungstheorien, die sich nicht in der Tradition von Kant situierten, als zentrale Orientierung. So bezog Bildung im Humanismus sich auf den Menschen als Sozialwesen und als gesellschaftsbezogenes Individuum (LANGE 1987, S. 309).
Unter diesen verschiedenen Gesichtspunkten sei nicht die Kontingenzformel *Bildung* der entscheidendende Bezugspunkt, „denn sie ist das allgemeine Erkennungszeichen der sich ausdifferenzierenden, abgrenzenden Profession; sondern entscheidend ist das Kennzeichen der Pädagogik als 'geisteswissenschaftlich'" (LANGE 1987, S. 310).
In den Ergebnissen der Interviews ist diese Kontingenzformel insoweit zu erkennen, als einige Interviewpartner einen hohen Bezug der Lehrinhalte zu wissenschaftlichen Inhalten deklarieren. Lehrpersonen vermitteln diese Inhalte an die Studierenden (Vermittlungsdidaktik):

> *"Die Vermittlung muss attraktiv sein. Die Dozierenden müssen einschätzen können, welchen Stoff man in welcher Form vermittelt" (f, S. 2).*

> *„Schulen pauken den Stoff nach ihrem Trainingsmodell durch. Dies steht im Widerspruch zur gemeinsamen, teamartigen Erarbeitung, wie dies im Zentrum des Berufslebens steht" (l, S. 1).*

> *„In der Realität der Ingenieurschulen wird sehr traditionelles, erarbeitendes Lernen praktiziert. (...) Ich weise in meinen Beratungen immer darauf hin, dass es andere Formen gibt. Dann heisst es, aber ich muss meinen Stoff durchbringen. Sie meinen, das Fachgebiet sei zu gross, um sich andere Sozialformen leisten zu können" (n, S. 1;2).*

Die hohe Priorität der Inhalte zeigt sich ausserdem in der höheren Bewertung der fachlichen gegenüber der didaktischen Weiterbildung. Ideelle Vorstellungen über Mensch und Gesellschaft, wie sie von verschiedenen Bildungstheoretikern formuliert wurden, sind eher die Ausnahme:

> *„Fachhochschulen müssen sich aber auch Vorstellungen machen über den Typus Mensch" (f, S. 3).*

„(...) für mich ist es manchmal ein Problem, dass man allzu marktorientiert ist, man macht, was gefragt ist (...), was Erfolg bringt, was gute Rezensionen in der Zeitung bringt. Man fragt sich nicht nach einer gesellschaftlichen Verpflichtung bezüglich Mensch und Natur. Man sollte auch etwas von einer Idee ausgehen und nicht nur vom Markt" (a, S. 1).

Ein Anspruch an die Vermittlung wissenschaftlicher Inhalte ist vorhanden und scheint praktiziert zu werden. Die Dozierenden bewegen sich hier im Spannungsfeld zwischen dem Anspruch, wissenschaftliche Inhalte umfassend zu vermitteln und gleichzeitig den Praxisbezug zu gewährleisten. Hinter diesen beiden Ansprüchen liegen unterschiedliche Menschenbilder und Lernverständnisse. Es kommt hier zur Überschneidung zweier Kontingenzformeln, wie die folgenden Ausführungen verdeutlichen werden.

10.3.1.3 Die Kontingenzformel Lernfähigkeit

Angesichts der zunehmenden Pluralität der Lernorte muss eine Zentralausrichtung für das Bildungswesen eine universelle wie auch spezielle Ausrichtung vornehmen, „die für jede Art von Unterricht in Betracht kommt und zugleich eine nur im Unterricht erreichbare Spezifikation aufweist" (LUHMANN 1979, S. 83).
Nicht mehr das Verhältnis einer Person zur Welt stellt heute den Gegenstand der erzieherischen Einwirkung und damit der Steigerung gewünschter Fähigkeiten dar, sondern der Prozess des *Lernen Könnens* soll gefördert werden.
Heute stehen die zentralen Orientierungshypothesen im Spannungsfeld von Selbstverwirklichung (Bildung) und Leistung (Anpassung an Anforderungen von Gesellschaft und Wirtschaft). Auf dem Hintergrund der Frage, ob in Zukunft Arbeit für alle vorhanden ist, wird die Bedeutung des Aspektes der Selbstverwirklichung durch Bildung wieder in den Vordergrund rükken.[4]

---

[4] BOHNSACK, F. (1989, S. 47-60) hat darauf hingewiesen, dass die Bedeutung der Veränderung des Klientels auch eine Veränderung der Schulen bewirke. Aufgrund der Abnahme von Zukunftsorientierung nehme das Verlangen nach Sinnerfüllung in der Gegenwart zu. Die Verwirklichung individueller Sinnvorstellungen gewinnt an Bedeutung.

Die Formel *Lernfähigkeit* gehört in eine funktional hoch differenzierte Gesellschaft. Der Begriff der Lernfähigkeit bezieht sich auf personale und soziale Systeme (vgl. Kap. 9.3.3).

Durch Lernen sollen nicht mehr in erster Linie Erkenntnisse angehäuft werden. Im Zentrum der Lernaktivität steht die Fähigkeit, das Gelernte als Grundlage für weiteres Lernen verwenden zu können. Das Ziel besteht in der Entwicklung der Dauerbereitschaft, gelernte Strukturen und Muster bezüglich neuer Lebenssituationen (meist sind Arbeitssituationen gemeint) wenn nötig zu verändern. Lernfähigkeit soll den Transfer des Gelernten in die Praxis vereinfachen, den Praxisschock verringern. Damit ist eine Wende bezüglich der Orientierung der Bildungssysteme festzustellen. Hat sich die Formel *Bildung* besonders an den Wissenschaften orientiert, richtet sich die Formel *Lernfähigkeit* primär nach den wirtschaftlich-beruflichen Anforderungen.[5] Der Begriff der Tugend verschwindet. Als Bezeichnung für die angestrebten Fähigkeiten dient der Begriff der Kompetenz (vgl. Kap. 12.2).

Bei der Kompetenz, Gelerntes in der Situation umzudisponieren, handelt es sich um eine Spezialkompetenz, die Gegenstand einer Steigerung, aber auch deren Voraussetzung darstellt.

Diese Fähigkeit ist schwierig zu erfassen und kann nur an Situationen eingeübt werden. Angesichts der unterschiedlichen Vorbedingungen der Lernenden ist es bezüglich dieser Fähigkeit besonders schwierig, sich ein bestimmtes Level oder eine lineare Steigerbarkeit vorzustellen.

Die Idee der Lernfähigkeit stellt eine Möglichkeit dar, die Lernenden zur Handlungsfähigkeit in einer rasch sich wandelnden (Arbeits)Welt zu befähigen. Die Frage der Machbarkeit ist noch grösstenteils ungelöst. (vgl. dazu auch die Ausführungen zum Erwerb sozialer Kompetenzen, Kap. 12.5). Vorstellungen eines technologisierbaren Lernprozesses sind hier undenkbar. Sicher aber braucht es eine operative und eine diese reflektierende

---

[5] Diese Wende zeigt sich auch darin, dass heute, als Folge der netzwerkartigen Kommunikationsstrukturen Wissenschaftswissen zunehmend gleichbedeutend neben pragmatischen Informationen steht. Die Verschiedenheit zwischen diesen Wissensarten wird reduziert. Dies heisst im Klartext, dass die Bedeutung des wissenschaftlich fundierten Wissens gegenüber funktionsfähigen Informationen abnimmt.

Ebene des Lernprozesses (LUHMANN 1979, S. 90). Ob man das Lernen mit Hilfe des Gelernten wirklich gelernt hat, werden erst die Erfahrungen in der Praxis zeigen, womit die Praxis sozusagen zur „letzten Instanz" für den Lernerfolg erhoben wird (LUHMANN 1979, S. 92). Die Praxis erweist sich, gerade wegen des Praxisschocks, als überaus günstige Lernsituation, wobei es situations- und personenabhängig bleibt, ob dadurch tatsächlich Lernen stattfindet, oder ob der Schock nicht zur Verhärtung des Gelernten führt. Trotz all dieser Unsicherheiten muss die Ausbildung bei den Studierenden aber kognitiv fundierte Lernfähigkeiten fördern, die im Berufsalltag abrufbar sein sollten.

LANGE (1987, S. 324) stellt die Frage, ob die gemeinte Lernfähigkeit, die ein Merkmal aller sich selbstorganisierender Systeme darstelle, überhaupt als Kontingenzformel für das eine (Bildungs)system herangezogen werden könne. Er befürchtet, dass der Bildungsbegriff als Kontingenzformel zu früh zugunsten einer ungeklärten, unspezifischen Orientierung aufgegeben worden sei.

Auch an Fachhochschulen wird die Förderung der Kompetenz *Lernen lernen* diskutiert und als Ziel deklariert. Einzelne Schulen, besonders im Bereich der Fachhochschulen für Soziale Arbeit, verfolgen bereits entsprechende Konzepte und erproben geeignete Lehr- und Lernformen.

Das Vorhandensein dieser Zentralorientierung im Denken sehr vieler Interviewpartner und -partnerinnen zeigte sich in den Ergebnissen sehr deutlich. Einige Beispiele:

> *„Fachhochschulen müssen praxisnahe Hochschulen darstellen. Sie müssen selbständiges Lernen ermöglichen und dieses auch entsprechend begleiten" (z, S. 1).*

> *„Es beginnt damit, sein eigenes Lernen zu organisieren und zu planen. Es wird nicht mehr alles vorgegeben. Das ist der zentrale Punkt der Veränderung. Es gibt eine allgemeine generelle gesellschaftspolitische Veränderung, die ich so bezeichnen würde, dass Studierende ihr Lernen selber steuern, Mitsprache bezüglich ihres Lernens wahrnehmen. Anforderungen des Berufes und gesellschaftspolitische Veränderungen kommen so zusammen" (l, S. 1).*

„Dozierender wird vermehrt Arrangeur von Lernprozessen, anstelle von frontalem Wissensvermittler“ (n, S. 1).

„Wie kann ich die Studierenden anregen und motivieren, selbständig eine Fragestellung zu vertiefen“ (h, S. 1)?

Diese Vorstellungen scheinen aber heute noch mehr in den Köpfen als in der eigentlichen Lehrpraxis vorhanden zu sein, wie das folgende Zitat besagt:

„Dies sind heute noch Schlagwörter, viele Dozierende können diese nicht füllen, sie wissen nicht, was damit anzufangen. Die Umsetzung ist schwierig, Dozierende müssen Prozesse mitgestalten, andere Lernwege zulassen können, sich selbst zurücknehmen, Lern- und Arbeitstechniken vermitteln, dass die Studierenden nachher in Selbstverantwortung lernen können“ (o, S. 2).

10.3.1.4 Übersicht über die drei Kontingenzformeln

Abbildung 6: Übersicht über die drei Kontingenzformeln

Kontingenzformel	**Human Perfection**	**Bildung**	**Lernen lernen**
Orientierung	an religiösen Systemen (Kirche)	an wissenschaftlichen Systemen (Universitäten)	an wirtschaftlichen Systemen (Berufspraxis)
Ziele	Erwerb von Tugenden Vollkommener Mensch	Erweb von Bildung Gebildeter, harmonischer, autonomer Mensch	Erwerb von Kompetenzen Kompetente, flexible, lernfähige Persönlichkeit
Tätigkeit der Lehrenden	Erziehen	Bilden	Lehren, anleiten, begleiten

10.3.1.5 Klärungsbedarf für die Praxis

In den Vorstellungen über den (Bildungs)Auftrag der Fachhochschulen, in der Beschreibung der Aufgaben der Dozierenden und der an sie gestellten Anforderungen, im Konzept zur didaktischen Weiterbildung der Dozierenden sind Elemente der beschriebenen Kontingenzen zu finden.
Der ideale Fachhochschuldozierende müsste demnach (nur bezogen auf die Lehre, er ist auch noch Forscher) eine perfekte, allseitig geformte Persönlichkeit darstellen. Als solche müsste er in der Lage sein, wissenschaftsbezogene umfassende Inhalte zu vermitteln und handlungsorientierte, praxisbezogene Lernprozesse zu begleiten. Im Zeichen dieser Anspruchsinflation sind einige Klärungen notwendig:

- Welche Anforderungen sind prioritär?
- In welchem Verhältnis stehen die Lehrinhalte an Fachhochschulen zu wissenschaftlichem Wissen?
- Kann der Anspruch an die Vermittlung wissenschaftlicher Inhalte mit dem Anspruch der Praxisorientierung und der Förderung der Kompetenz *Lernen lernen* überhaupt verbunden werden?

Die Priorisierung der Anforderungen und die Klärung der Lernverständnisse aufgrund der vermuteten impliziten Kontingenzen an Fachhochschulen sind Voraussetzungen für eine adressatennahe, bedarfs- und bedürfnisorientierte und somit nachhaltig wirksame Gestaltung der didaktischen Weiterbildung.

10.4 Didaktische Weiterbildung - Chance zur Förderung der Professionalisierung

Bis vor kurzem stellten die wissenschaftliche Ausbildung und die Praxiserfahrung die wesentlichen Voraussetzungen für die Lehrtätigkeit, das Kerngeschäft der Fachhochschulen dar. Mit dem neuen Fachhochschulgesetz wird zusätzlich die didaktische Qualifikation gefordert. Damit erfährt das Selbstverständnis der Lehrperson an Fachhochschulen eine Veränderung. Bis anhin hat sie die Legitimation für ihre lehrende Tätigkeit aus ihrer wissenschaftlich abgestützten Fachkompetenz oder aus ihrer Berufserfahrung bezogen (Physikerin, Psychologe oder Ingenieur). Die neu verlangte didaktische Qualifikation könnte zu einem erweiterten Selbstverständnis von

Dozierenden an Fachhochschulen führen und damit einen Beitrag zu einem situativ angemessenen Berufsbild leisten. Die verlangte didaktische Qualifizierung liesse sich somit als Schritt in Richtung Professionalisierung darstellen.

10.4.1 Der Begriff Professionalisierung

Der Begriff Professionalisierung bezeichnet einen Prozess, den eine Tätigkeit durchläuft, wenn sie sich zu einer Profession wandelt und dabei eine Reihe von Merkmalen erwirbt.[6]

Als zentrale Professionskriterien gelten:

1. Berufsausübung auf wissenschaftlicher Grundlage
2. Lange Spezialausbildung
3. Altruistisch motivierte klientenbezogene Berufsausübung
   Die Motivation zur Ausübung des Berufes liegt im Wunsch begründet, eine gesellschaftlich relevante, für den Klienten nützliche Dienstleistung zu erbringen.
4. Sorgfältige Kontrolle der Ausbildung und der Ausübung des Berufes
5. Gut organisierte Berufsverbände, die über die Einhaltung berufsethischer Grundsätze wachen
6. Autonomie der Berufsausübung

Das soziale Ansehen einer Profession ist vergleichsweise hoch (SCHWÄNKE 1988, S. 25 u. 29). Was die Professionalisierung des Berufs des Dozierenden an Fachhochschulen betrifft, kann bezüglich dieser Kriterien festgehalten werden, dass der Professionalisierungsprozess noch nicht abgeschlossen ist. Heute sind die Merkmale *Berufsausübung auf wissenschaftlicher Grundlage* und *lange Spezialausbildung* zwar bezogen auf den Fachinhalt erfüllt, nicht aber bezogen auf die Lehrtätigkeit. Die gesetzlichen Grundlagen allerdings sind gelegt. Über die Motive von Fachpersonen für die Lehrtätigkeit an Fachhochschulen kann hier keine Aussage gewagt werden. Die Bemerkung sei erlaubt, dass die Motive vermutlich nicht

---

[6] Daneben gibt es weitere Verständnisse von Professionalisierung (vgl. SCHWÄNKE 1988, S. 13 ff.): Die Umwandlung einer Tätigkeit nebenbei in einen Beruf (Sozialarbeiter), die Umwandlung einer theoretischen Wissenschaft in einen Beruf (Soziologe), das zeitlich vorgegebene Durchlaufen von bestimmten Entwicklungsschritten.

nur altruistischer Art sind, sondern den Wünschen entgegenkommen, fachlich zu arbeiten, Gratifikation und Sicherheit zu erhalten oder weniger Stress im Vergleich zur Tätigkeit in der Wirtschaft ausgesetzt zu sein. Ein Interviewpartner meint zu letzterem:

> *„Der Fluchtgedanke von der Wirtschaft zu einem beschaulichen Leben in der Schule ist aufgehoben" (c, S. 1).*

Die weiteren Kriterien zur Professionalisierung der Tätigkeit als Dozierende an Fachhochschulen sind weitgehend erfüllt. Das Kriterium «sorgfältige Kontrolle der Ausbildung» erfährt als Folge des Fachhochschulgesetzes, welches die Qualitätssicherung gesetzlich verankert, zudem eine Bedeutungszunahme.
Die folgenden Ausführungen beziehen sich ausschliesslich auf den Aspekt *Professionalisierung durch Qualifikation.*

10.4.2 Professionalisierung durch Qualifikation

Professionalisierung durch Qualifikation, bezogen auf die Lehrtätigkeit der Dozierenden an Fachhochschulen, beinhaltet, dass diese Tätigkeit aufgrund einer speziellen Weiterbildung auf wissenschaftlicher Basis erfolgt.

> *„Gesetzliche Forderungen stellen einen Vorstoss in Richtung Professionalisierung dar. Die didaktische Qualifikation stellt einen Beitrag dar zur Entwicklung eines eigenständigen Berufsbildes" (y, S. 2).*

> *„Wir merken, (...) dass Qualität eine ganz andere Rolle spielt. Der Unterricht wird evaluiert. Die Dozierenden müssen ihren Unterricht legitimieren und aufzeigen können, wie es zum Erfolg kommt, also zum Leistungserfolg der Teilnehmenden" (m, S. 1).*

> *„Man braucht ein didaktisches Grundgerüst, dann einen Aufbau, der zur Professionalisierung führt" (o, S. 3;4).*

Wenn Weiterbildung eine Professionalisierungsfunktion zugeschrieben wird, hat sie als zentrales Problem die Frage nach der Verbindung von Theorie und Praxis zu lösen. Bezüglich der didaktischen Weiterbildung für Dozierende an Fachhochschulen muss diese Verbindung auf zwei Ebenen gedacht werden:

1. Die erste Ebene bezieht sich auf die Frage, wie die Fachinhalte im Rahmen von Lernprozessen für die Praxis verfügbar gemacht werden können, wie also über den Bezug zwischen den Fachinhalten und der Lehrpraxis eine Verbindung zur Berufspraxis hergestellt werden kann (fachdidaktische Fragen).
2. Die zweite Ebene reflektiert die Möglichkeiten der Verbindung von pädagogischen und sozialwissenschaftlichen Erkenntnissen und Theorien mit der Gestaltung der konkreten Lehrpraxis.

Die folgenden Ausführungen beziehen sich auf die zweite Ebene. Bezüglich der Möglichkeiten, Theorie und Praxis zu verbinden, unterscheidet BECKMANN (1968) drei gängige Denkmodelle:

1. Die wissenschaftliche Bildung an Universitäten führt an sich zu einer ganzheitlichen Bildung. Sie gewährleistet die Orientierungsgrundlagen für die Praxis und befähigt zum Handeln. Dahinter steht die Auffassung, dass Theorien den Menschen prägen und dass diese Prägungen sich in seinem Handeln zeigen. Die Theorie wirkt also über den Menschen in die Praxis.
2. Das positivistische Denkmodell geht davon aus, dass sich aufgrund nicht falsifizierbarer Hypothesen Voraussagen über die Folgen menschlichen Handelns machen lassen. Die mit der konkreten Erfahrung verbundenen beobachtbaren Aussagen gelten solange als Theorie, als sie nicht widerlegbar sind. Somit kann in diesem Verständnis der Theorie die Möglichkeit der direkten Umsetzbarkeit in die Praxis zugeschrieben werden, weil sie eben aus dem direkten Kontakt mit der Praxis entstanden ist. Kritisiert wird an dieser Theorieauffassung, dass die Frage nach dem Erkenntnis- und nach dem Verwertungsinteresse unbeachtet bleibe.
3. Im Denkmodell der kritischen Theorie wird auch der Kontext der Theoriebildung und der -umsetzung mitreflektiert. Die Bildung von Theorie gilt bereits als soziale Praxis, wenn dabei Wert- und Sinnfragen sowie Bedingungen der empirischen Forschungsmethoden kritisch beleuchtet werden. Kritisch meint dann, dass diese bezüglich ihrer Möglichkeit hinterfragt werden, einen Beitrag zur Mündigkeit des Menschen zu leisten. „Das Verhältnis von Theorie und Praxis ist daher

ein doppeltes. Zum einen sind die theoretischen Erkenntnisse auf die Praxis anwendbar, zum andern aber ist Theorie, die im praktischen Diskurs der Betroffenen Aufklärungsarbeit leistet, selbst soziale Praxis“ (BECKMANN 1968, zit. in SCHWÄNKE 1988, S. 57ff.).

Hier soll die Frage beantwortet werden, ob diese Denkmodelle über den Theorie-Praxis-Bezug im dargelegten Konzept der didaktischen Weiterbildung zu finden sind.

Die erstgenannte Denkweise kann in der bis vor kurzem noch an Fachhochschulen und universitären Hochschulen praktisch gelebten Auffassung gefunden werden, dass die Kompetenz im Fachwissen als Voraussetzung für die Lehre genüge. Die Konzeptvorschläge zur didaktischen Weiterbildung hingegen scheinen nicht von dieser Denkweise geprägt zu sein.
Die vorgeschlagenen Elemente wie Selbststudium, Supervision, Lehrübungen zeigen, dass man heute weiss, dass erworbene Erkenntnisse nicht ohne Übung und Reflexion praxis-wirksam werden können.

Die positivistische (zweite) Denkweise hat sich meiner Einsicht nach im dargestellten Konzept am deutlichsten niedergeschlagen. Sie zeigt sich
a) im didaktischen Modell der Lernzielorientierung und
b) an bestimmten Lehrinhalten, die als wichtig erachtet werden (z.B. Leistungsmessung).

Die dritte Denkweise, in deren Zentrum der herrschaftsfreie Diskurs steht, würde sich in den Konzeptvorschlägen der didaktischen Weiterbildung an bestimmten Zielformulierungen zeigen, wie beispielsweise, die angebotenen Lehrarrangements auch bezüglich Menschenbild, Lernverständnis und Zielen zu reflektieren und über die Bedingungen des Lehr- und Lernprozesse nachdenken zu lernen. Solche Gedanken wurden in den Interviews wenig ausgedrückt. Der Gedanke der Zielorientierung und Effizienz steht im Vordergrund.[7] Dass reflektierende Weiterbildungsthemen wenig gefragt sind, zeigt sich auch am aktuellen Anmeldeverhalten der Fachhochschul-

---

[7] Von den angebotenen Kursen werden Angebote mit reflexiven Inhalten weniger gewählt. Kurse, die praktisch Umsetzbares versprechen, sind besser besucht.

dozierenden im Rahmen des Programms der SWF Schweizerische Weiterbildungszentrale für Fachhochschulen.

Generell kann festgehalten werden, dass in den Konzeptvorschlägen die Verbindung von Theorie und Praxis ein Ziel darstellt. Eine professionelle Weiterbildung muss einerseits am aktuellen Stand der Forschung anknüpfen und die relevanten Spezialkenntnisse anbieten, aber auch zur Reflexion des eigenen unterrichtlichen Handelns anleiten. Die Theorie ermöglicht der Lehrperson, eine kritisch-distanzierte Haltung zur eigenen Praxis einzunehmen, andererseits soll die Theorie aber auch die notwendigen Sachkenntnisse vermitteln, beziehungsweise die kognitiven Strukturen erweitern, auf deren Grundlage die Lehrperson ihre Aufgaben wissenschaftlich fundiert ausführen kann (BECK 1971).

10.5 Konzepte zur Gestaltung der didaktischen Weiterbildung

Für die klassische Lehrerausbildung zeigt sich das Problem der Herstellung des Theorie-Praxisbezuges nicht nur als konzeptionelles, sondern auch als organisatorisch-institutionelles Problem.

Für die berufsbegleitend konzipierte didaktische Weiterbildung der Dozierenden an Fachhochschulen ist der Praxisbezug gegeben. Er muss nicht organisiert, hingegen aber gestaltet werden. Die didaktische Weiterbildung ist dual gedacht. Ein gewichtiger Teil findet im Rahmen von Seminarien und Reflexionssitzungen statt, ein geringerer Teil durch die Begleitung eines Mentors an der Schule selbst.

Im folgenden werden zwei Konzepte für die Qualifikation von Lehrpersonen vorgestellt, nämlich die für Professionen entwickelte Konzeption nach LUHMANN & SCHORR (1976) und das Modell «Competency-Based Teacher Education (CBTE)», welches vor allem in Amerika bekannt ist, aber auch in die hiesige Lehrerbildung und in den Bereich «Ausbildung der Ausbildner» Eingang gefunden hat. Anschliessend an eine kurze Beschreibung der beiden Konzepte erfolgen Überlegungen über ihre Bedeutsamkeit bezüglich der didaktischen Qualifikation der Dozierenden an Fachhochschulen.

10.5.1 Konzeption für die Ausbildung von Professionen nach LUHMANN & SCHORR

Dieses Modell lehnt sich an die Ausbildung zum Juristen an, die Ausbildung hat einem Curriculum zu folgen und ist in drei zeitlich aufeinander folgende Phasen gegliedert. Die drei Phasen beziehen sich auf drei Ebenen der Tätigkeit in der Organisation Schule:

- Technische Ebene: Hier geht es um den Erwerb grundlegender technischer Fertigkeiten.
- Lernebene: In dieser Phase sollen theoretische Einsichten in den Lernprozess vermittelt werden, z.B. Entwicklungs-, Motivations- und Kognitionspsychologie, Interaktionstheorien, Rollenverständnis.
- Reflexionsebene: Hier sollen organisatorische und gesellschaftliche Bedingungen des Lernens reflektiert werden.

Diese Ebenen werden in einer einseitigen, nicht umkehrbaren Abhängigkeit gesehen. Sie können als drei verschiedene Arten der Bezugnahme zur unterrichtlichen Tätigkeit aufgefasst werden (LUHMANN & SCHORR 1976, zit. in SCHWÄNKE 1988, S. 187ff.).

Dieses Konzept kann für die didaktische Weiterbildung der Dozierenden an Fachhochschulen so nicht übernommen werden, denn eine bestimmte unterrichtliche Handlung lässt sich nicht auf eine der drei Ebenen reduzieren. So müssen beim Erwerb einer bestimmten Technik der damit anvisierte Lernprozess und die Bedingungen der Anwendung dieser Technik mitreflektiert werden. Eine Unterrichtshandlung zeichnet sich gerade durch ihre Komplexität aus. Die Vorstellung der drei Phasen ist ungeeignet.

Für die Konzeption der didaktischen Weiterbildung kann aber der Gedanke übernommen werden, dass in einer didaktischen Weiterbildung alle besprochenen Ebenen zu berücksichtigen sind. Sie soll Techniken und kognitive Kenntnisse anbieten und die Verarbeitung und Reflexion ermöglichen.[8]

---

[8] Eine ausführliche Kritik des Dreiphasenkonzeptes bezüglich der Kriterien Temporalisierung, Unterrichtsverständnis, Berufsbild ist zu finden in SCHWÄNKE (1988, S. 188ff.).

Diesbezüglich gehen allerdings die Vorstellungen der Interviewpartner auseinander. Die Akzente werden einerseits bei der Begründung der Inhalte, andererseits bei der Vermittlung von Techniken gesetzt:

„Es braucht übergreifende Inhalte (Didaktik, Kommunikation).(...) Das Curriculum muss theoretisch abgestützt sein. Eine ernsthafte Begründung der Inhalte ist Voraussetzung für die Professionalisierung. Es bräuchte Forschung“ (y, S. 3).

„Wir machen konkrete Projekte. Im Rahmen von Projekten sollen Methoden gelernt werden: So hoffen wir, in kleinen Gebieten zu qualifizieren. (...) Man muss den Lehrern Handwerk geben, damit sie Sicherheit bekommen. Man muss nicht mit ihnen diskutieren“ (k, S. 3;4).

10.5.2 Die Konzeption Competency-Based Teacher Education (CBTE)

Die folgenden Ausführungen stützen sich auf die Analyse und Dokumentation von VOGEL (1981). Hinter der Konzeption «Competency-Based Teacher Education» (CBTE) steht der Anspruch an eine Lehrerausbildung, sich konsequent auf die Anforderungen der Berufspraxis auszurichten. Diese Anforderungen verlangen bestimmte Kenntnisse, Fähigkeiten und Fertigkeiten, welche unter dem Terminus «Competency» zusammengefasst werden. Diese Kompetenzen sind durch bestimmte Trainingsmethoden zu vermitteln und die Ergebnisse zu überprüfen (vgl. Kap. 12.2).
Triebfeder für diesen Ansatz waren Professionalisierungsbestrebungen der Lehrer und ihrer Verbände. Die Lehrerausbildung stellte für sie eine zentrale Voraussetzung zum Gewinn von mehr professioneller Autonomie dar.
Die Ausbildung besteht aus einzelnen Bausteinen, welche aufgrund des mangelnden Konsenses über die relevante Theorie pragmatisch konzipiert wurden. 1971 formulierte aber das «Committee on Performance-Based Teacher Education» grundlegende Prinzipien. Sie sind auch als konstitutive Elemente für die Konzeption der didaktischen Weiterbildung der Dozierenden an Fachhochschulen bedeutungsvoll (VOGEL 1981, S. 102ff.):

„- Die Effizienz der Lehrerausbildung soll durch den Einsatz moderner Planungs- und Managementmethoden erhöht werden. Bei der Entwicklung von Lehrerausbildungsprogrammen ist darauf zu achten, dass sie den Anforderungen der Berufspraxis genügen.

- Da es keine allgemein anerkannte Theorie der Lehrerausbildung gibt, kann keines dieser Modelle als generell überlegen gelten. Daher muss das Nebeneinander verschiedener Ansätze bestehen bleiben.
- Lehrer, die den Anforderungen der Praxis genügen wollen, müssen über die notwendigen Einzelkompetenzen verfügen. Es gehört zu den zentralen Grundannahmen des CBTE-Konzeptes, dass derartige Kompetenzen isolierbar sind und einzeln erworben bzw. vermittelt werden können.
- Zur Überprüfung des Ausbildungsziels wird ein Katalog wünschenswerter Kompetenzen aufgestellt. Die Überprüfung dieser Kompetenzen erfolgt durch die Beobachtung von Verhalten anhand von Kriterien, die vorweg - möglichst in operationalisierter Form - beschrieben werden und Studenten wie Ausbildern bekannt sind.
- Die angestrebten Kompetenzen bilden nicht nur Leitlinie für den individuellen Ausbildungsgang, sondern für das gesamte Curriculum. Zielstruktur und Programmstruktur sollen einander entsprechen.
- Wie schnell ein Student im Programm voranschreitet und die Lehrbefähigung zuerkannt bekommt, ist allein davon abhängig, welche Kompetenzen er nachweisen kann. Es ist also nicht erforderlich, eine bestimmte Zeit in dem Programm zu verbringen oder eine bestimmte Zahl von Kursen zu besuchen. Das Ausbildungsprogramm muss daher sehr flexibel sein und die Möglichkeit häufig unmittelbaren Feedbacks einräumen.
- Im Mittelpunkt der CBTE-Programme stehen direkte Trainingsmethoden. Neben dem breiten Einsatz von Microteaching und Simulationstraining findet in der Regel auch eine direkte unterrichtspraktische Ausbildung statt.
- Management und Evaluation eines CBTE-Programms sollen ebenso kompetenzorientiert sein wie das Ausbildungsprogramm selbst. Das ge-

samte Programm und alle seine Einzelelemente müssen einer ständigen Überprüfung unterworfen werden und jederzeit revidierbar sein."

Im folgenden wird ein solcher Kompetenzkatalog, eine Art Lernzielkatalog für die didaktische Weiterbildung, wiedergegeben, der sich sowohl auf den Unterricht bestimmter Fächer als auch den Unterricht im allgemeinen bezieht (VOGEL 1981, S. 292ff).

Der Lehrer (die Lehrerin)

„- kann die emotionalen, sozialen, physischen und intellektuellen Bedürfnisse der Schüler feststellen, um die nötigen Grundinformationen über die Adressaten seines Unterrichts zu sammeln,
- kann allgemeine und spezielle Lernziele bestimmen und aufzählen, die auf den Bedürfnissen der Schüler basieren, er kann Lernziele für Schüler verständlich formulieren,
- plant den Unterricht so, dass er den Lernzielen und den individuellen Lernbedürfnissen der Schulen angemessen ist,
- führt den Unterricht in Übereinstimmung mit der Planung durch, ist aber flexibel genug, die Unterrichtsstrategien den wechselnden Lernvoraussetzungen und Lernzielen anzupassen,
- entwirft und verwendet Verfahren zur Bewertung des Leistungszuwachses der Schüler und zur Evaluation der Effektivität des Unterrichts,
- bezieht die kulturelle Umwelt der Schüler in den Unterricht mit ein, um ihnen die Identifikation mit Inhalten und Lernprozessen zu erleichtern,
- verfügt über ein Repertoire von Unterrichtsverfahren und Lehrtechniken, die den aufgestellten Lernzielen und den einzelnen Schülern angemessen sind,
- fördert ein wirksames und produktives Kommunikationsverhalten in der Lerngruppe,
- verwendet eine Vielfalt von Medien und Unterrichtsmaterialien, die zweckmässig zum Erreichen der Lernziele sind,
- modifiziert sein Lehrverhalten während des Unterrichts aufgrund der verbalen und nonverbalen Rückmeldungen der Schüler,

- wendet geeignete Organisations- und Managementtechniken an, um ein positives Lernklima und eine möglichst wirksame Lernumgebung zu schaffen,
- registriert seine eigenen Gefühle und Bedürfnisse ebenso wie die anderer Beteiligter und reagiert sensibel darauf; geht nicht nur auf die Bedürfnisse der Schüler, sondern auch der Kollegen und Eltern ein,
- beweist Flexibilität und Offenheit auch für kritische Einwände und Vorschläge,
- kooperiert wirkungsvoll mit seinen Teamkollegen und orientiert sich an den Zielen und Maximen der Lehrerprofession,
- beobachtet und analysiert die Wirksamkeit seiner professionellen Arbeit und arbeitet kontinuierlich daran, den Wirkungsgrad zu erhöhen,
- plant und realisiert einen Unterricht, der die Vorbereitung auf das Berufsleben einbezieht.“

Gemäss VOGEL sind die befragten Lehrer davon überzeugt, dass diese Art der Ausbildung anderen Konzeptionen überlegen sei, und beurteilen sie als erfogreich.

Das vorgelegte Konzept zur didaktischen Weiterbildung der Dozierenden an Fachhochschulen ist bezüglich drei Aspekten mit dem CBTE vergleichbar:

- Grundsätzliche Orientierung an Kompetenzen
- Art der Kompetenzen (Inhalte)
- Modularer Aufbau

Die folgenden, kritischen Aspekte bezüglich der CBTE-Programme sind für das entwickelte Konzept zur didaktischen Weiterbildung mitzubedenken:

- Vertreter der humanistischen Psychologie kritisieren die einseitig behavioristische Ausrichtung. Durch die einseitige Betonung des beobachtbaren Verhaltens werde die Frage nach den dieses Verhalten mitkonstituierenden Gefühlen, Einstellungen und persönlichen Bedeutungen vernachlässigt.

- Die Modularisierung wird abgelehnt, da es schwierig sei, bestimmte Kompetenzen zu isolieren und in einzelne Module umzusetzen.
- Die Frage der Persönlichkeitsbildung bleibt ungelöst.
- Das Lernverständnis hinter diesem Konzept vernachlässigt den Gesichtspunkt, dass Lernende Subjekt des Lernprozesses sind, dass Lernen ein eigenaktiver Prozess ist. Lehren werde reduziert auf den Prozess der Informationsweitergabe und auf das Verhaltenstraining. Innerpsychische Prozesse werden ausser acht gelassen, ebenso die Möglichkeit, Lernen als kommunikativen Prozess unter Gleichberechtigten aufzufassen.
- Der Aspekt der Planung und Begründung von Unterricht tritt zugunsten einer Überbetonung von Vermittlungsaspekten in den Hintergrund.

Bezüglich der erwünschten Autonomie als Aspekt der Professionalisierung muss die Frage gestellt werden, ob diese durch die erworbene Abrufbarkeit von einzelnen Kompetenzen tatsächlich erhöht wird.
„In der Tat ist es ja gerade ein Kennzeichen professioneller Berufstätigkeit, dass sie nicht in der quasi mechanischen Anwendung gelernter Kenntnisse und Techniken besteht, sondern in der fallweisen, selbständigen und selbstverantwortlichen Entscheidung über die jeweils heranzuziehenden Theorien. Das Treffen solcher fallspezifischer Entscheidungen ist wegen der Verschiedenheit, ja oft Einzigartigkeit der Fälle nicht trainierbar" (VOGEL 1981, S. 197).

Die Vorbereitung auf die Berufspraxis beinhaltet sinnvollerweise das Training bestimmter Einzelkompetenzen als einen zentralen Bereich. Damit diese trainierten Kompetenzen in unterschiedlichen Situationen aktiviert und eingesetzt werden können, müssen die Teilnehmenden an didaktischen Weiterbildungen

a) diese im Rahmen verschiedener Situationen und unterschiedlicher Zielsetzungen (Prinzip der multiplen Perspektive) anwenden,
b) an authentischen Problemen üben,
c) den erlebten Lernprozess artikulieren (Metaebene), sowie
d) kooperatives Lernen erfahren und auswerten (vgl. MANDL, GRUBER & RENKL 1993, S. 66ff.).

Ein weiterer Lernbereich muss ergänzend in der gedanklichen Auseinandersetzung mit Theorien zur Begründung des Handelns bestehen sowie im Üben der Fähigkeit, das eigene Handeln zu reflektieren.

Das Konzept für die didaktische Weiterbildung enthält Strukturelemente, die dem kompetenzorientierten Ansatz entsprechen. Es sind dies vor allem die modularen Seminartage, an denen Wissen vermittelt (und diskutiert) wird und einzelne Übungen möglich sind. Die aufgrund dieser Konzepte durch die Schweizerische Weiterbildungszentrale für Fachhochschulen entwickelten grösseren Weiterbildungsmodule und der umfassende Kompaktlehrgang beinhalten auch Elemente (z.B. Coaching, Selbststudium und Supervision), die das eigenverantwortliche Lernen, das Lernen an komplexen, verschiedenen Situationen, das Lernen durch Artikulieren und Austauschen von Erfahrung ermöglichen wollen.

10.5.3 Hinweise für die Praxis der didaktischen Weiterbildung

Von der didaktischen Weiterbildung wird ein Beitrag zur Förderung methodischer und personaler Kompetenzen erwartet. An diesen Zielen kann mittels geeigneter, parallel laufender Weiterbildungselemente gearbeitet werden.
An Seminartagen können Lernsituationen angeboten werden, um Wissen und Erkenntnisse zu erwerben, kognitive Strukturen zu erweitern, Handlungsweisen zu erproben und zu reflektieren. Hier kommt weitgehend das Vermittlungskonzept, aber auch das Ermöglichungskonzept zur Anwendung (vgl. Kap. 12.5.2.3).
Den parallelen Lernelementen wie Selbststudium, Coaching und Supervision liegt vorwiegend ein ermöglichungsdidaktisches Lernkonzept zugrunde (vgl. Kap. 6.2.1.5). Diese Lerngelegenheiten stellen einen Rahmen für die persönliche Vertiefung von Gelerntem, für persönlich orientierte Lernprozesse dar.
Ob und wie das an Seminartagen vermittelte Wissen in die parallelen Lernelemente und in die Praxis einfliesst und neue Lernprozesse ermöglicht, kann durch Lernberichte und Evaluationsgespräche zu einem gewissen Teil in Erfahrung gebracht werden.

Dieser erwünschte Transfer muss angeleitet und reflektiert werden. Sinnvoll ist es, die verschiedenen Lernkonzepte, die hinter den verschiedenen Elementen stehen und von den Lernenden verschiedene Lernprozesse erwarten, durch Reflexion bewusst zu machen. Dann können die im Rahmen der didaktischen Weiterbildung gemachten Lernerfahrungen Modell für eine an Fachhochschulen typische Lernproblematik darstellen.

10.6 Schluss

Das Nachdenken über die Aussagen zur didaktischen Weiterbildung zeigt, dass darin Bilder über den Fachhochschuldozierenden vorhanden sind, die geprägt sind von einer gewissen Tugendhaftigkeit, Vollkommenheit und Grenzenlosigkeit. Die Erwartungen sind hoch und komplex. Es kann angenommen werden, dass die Wurzeln dieser Bilder in unreflektierten, gedanklichen Bezugsrähmen zu finden sind. Zu wünschen bleibt, dass mit der Reflexion der Qualität an den Fachhochschulen auch die Ansprüche an die Dozierenden transparent werden. Ebenfalls ist eine Gewichtung notwendig.

Fachhochschuldozierende verstehen sich noch stark als Vermittler und Vermittlerinnen von Wissen, auch wenn das Bewusstsein über dessen rasche Vergänglichkeit und Relativität der Bedeutung dazu führt, neben der Orientierung an Fachinhalten eine Ausrichtung auf die Förderung allgemeiner Kompetenzen vorzunehmen. Diese beiden Ausrichtungen sind erkennbar in den Ziele der Fachhochschulen und in den Zielen, die eine didaktische Weiterbildung erbringen sollte. Die Gleichzeitigkeit dieser beiden Ausrichtungen führt vermutlich zu den hohen Ansprüchen und zu Problemen, diese zu erfüllen.
In bezug auf die didaktische Weiterbildung ist eine Betonung der Kompetenzorientierung zu erkennen. Dies ist auch auf dem Hintergrund des Trends zu verstehen, in wenig Zeit gewisse Befähigungen erwerben zu wollen. Für tiefere Reflexionen in bezug auf theoretische Hintergründe, auf Menschenbilder und persönliche Werthaltungen ist die Zeit anscheinend nicht vorhanden. Für einen fundierten Professionalisierungsprozess, in welchem die Vertreter dieser Profession die Verbindung von Theorie und Praxis reflektiert haben, scheint mir diese gedankliche Auseinandersetzung unerlässlich zu sein.

11 Fachhochschulen als Schule und Unternehmen

11.1 Einleitung

Viele Schlüsselpersonen haben in den Interviews über die didaktische Weiterbildung der Dozierenden an Fachhochschulen herausgestrichen, dass der Leistungsauftrag an die Fachhochschulen bedeutet, dass diese Bildungsinstitutionen und Unternehmen in einem sind. Fachhochschulen müssen den Erwartungen an eine Schule und an ein Unternehmen entsprechen.

> *„Die grösste Veränderung ist also mit Sicherheit, dass eine Partnerschaft mit der Wirtschaft gefordert ist. Diese Partnerschaft verlangt enorm viel. Der Fluchtgedanke von der Wirtschaft zu einem beschaulichen Leben in der Schule ist aufgehoben. Der Schulgedanke muss klar definiert werden.*
> *Die Schule geht hinaus in die Wirtschaft. Unsere Dozenten müssen einerseits die Wirtschaft als Kunden besuchen und andererseits die andere Art von Kunden, nämlich unsere Studenten animieren" (c, S. 1).*

Die vorliegenden Ausführungen reflektieren diese Thematik und leisten einen Beitrag zur Klärung der folgenden Fragen:

- Welches sind Qualitätsmerkmale einer Schule?
- Welches sind Qualitätsmerkmale eines Unternehmens im Bereich Wirtschaft?
- Inwiefern unterscheiden sich Bildungsinstitutionen von Organisationen der Wirtschaft?
- Welche Schlussfolgerungen ergeben sich für die didaktischen Weiterbildungen?

Gegenstand der Reflexion sind die Bilder über Fachhochschulen, wie sie sich in den Interviews zeigen. Sie werden mit Aussagen aus der Literatur zur Thematik *gute Schule* ergänzt.

Diese beziehen sich vorwiegend auf die Bildungsinstitutionen der Grundschule und der Gymnasien. Die Forschungsergebnisse stammen meist aus dem amerikanischen, angelsächsischen und deutschen Raum.

Wenn im folgenden die Gedanken über eine gute Schule auf die Fachhochschulen bezogen werden, ist dabei immer zu bedenken, dass Fachhochschulen sich von den Schulen der Primar- und Sekundarstufe durch zentrale Merkmale unterscheiden.

- Fachhochschulen bieten Berufsausbildungen und Nachdiplomstudien auf hohem Niveau an. Die Studierenden bringen Praxiserfahrung mit und erwarten einen hohen Praxisbezug. In den Nachdiplomstudien und in den Abendschulen ist der Praxisbezug unmittelbar gegeben und gefordert:

  „Das Studium an Ingenieurschulen und damit auch an anderen Fachhochschulen sind Berufsausbildungen. (...) Die Ausbildung ist praxisorientiert, sie beruht auf praktischen Erfahrungen. Sie ist ausgerichtet auf Anwendung" (b, S. 2).

  „Zunehmende Praxisorientierung ist eine Herausforderung für Dozierende, die sich nur als Wissensvermittler verstehen. Die Verbindung, ja Verquickung, ja Abhängigkeit mit dem Bereich Dienstleistungen wird eine grosse Herausforderung darstellen" (n, S. 1).

  „Die Ausbildungen orientieren sich an praktischen Tätigkeitsfeldern, von welchen die Qualifikationen abgeleitet werden. Dies ist der Unterschied zur Universität. Wir machen Berufsausbildung auf hohem Niveau" (f, S. 3).

- Bei den Studierenden handelt es sich um junge und ältere Erwachsene. Sie haben diese Ausbildung für sich gewählt. Ihre Lernvergangenheit beeinflusst die neuen Lernprozesse:

  "Die Studierenden haben ihr Leben selbst in die Hand genommen, oder sollten es in die Hand genommen haben. Es ist ihre Ausbildung. Im Gymnasium ist es in erster Linie der Lehrer, welcher die Ausbildung macht, diese strukturiert. Auf Niveau Fachhochschule ist es die Aufgabe, die Herausforderung und zunehmend auch der Wille der Studierenden. Dem muss Rechnung getragen werden, man soll die Studierenden nicht zurückstossen in ihre Schülerposition. Der Fachabstand, der besteht, birgt die Gefahr, dass man die Studierenden in eine Schülerposition zurückdrängt. Da muss man aufpassen. Dies ist

ein zentraler Punkt, ob es in diesen Fachhochschulen gelingt, dieses Verständnis zu produzieren. Es braucht das Bewusstsein, dass man es mit Erwachsenen zu tun hat" (l, S. 2).

11.2 Zum Hintergrund der Qualitätsdiskussion der Schule

Die Diskussionen über die *gute Schule* ist so alt wie die Institution Schule selbst, gewinnt aber angesichts der verlangten Qualitätssicherung an Brisanz. Qualitätssicherung verlangt eine deklarierte Vorstellung über die Qualität einer guten Bildungsinstitution. Die Qualitätsdiskussionen vollziehen sich auf einem Hintergrund, der für die Fachhochschulen von gleicher Bedeutung ist wie für die übrigen Bildungsbereiche:

1. Bildungsinstitutionen sind der Öffentlichkeit ausgesetzt. Verschiedene Interessengruppen wollen Einfluss ausüben und dadurch verschiedene Ziele erreichen, wie beispielsweise Chancengleichheit, Förderung des Wirtschaftswachstums, Schutz der Umwelt, Ausgleich des staatlichen Finanzhaushaltes.
2. Die Bedeutung des Humankapitals für die wirtschaftliche Entwicklung erfährt zunehmende Anerkennung. Damit wächst die Bedeutung des Wertes Bildung und das Interesse an den Bildungsinstitutionen.
3. Die ständigen Schulreformen sollen die äusseren Faktoren (Strukturen) und die inneren Prozesse, nämlich die Lehr- und Lernprozesse betreffen, wobei davon ausgegangen werden muss, dass die Veränderung der pädagogischen Praktiken schwer zu erreichen ist.
4. Der Schule wird nicht nur eine wirtschaftliche, sondern auch eine kulturelle und soziale Bedeutung zugeschrieben (vgl. OECD-Bericht 1994, S. 199).

11.2.1 Einflussfaktoren der Qualitätsdiskussion

Die Sicht auf die Qualitätsdiskussion unterliegt Veränderungen. Sie stehen vermutlich im Zusammenhang mit aktuellen gesellschaftlichen Fragestellungen, welche die Forschungstätigkeit auf diesem Gebiet entsprechend beeinflussen.

1. Materielle Einflussfaktoren
   Forschungen in den 70er-Jahren beschäftigten sich vor allem mit dem Einfluss von bestimmten Grössen, meist materiell-struktureller Art, auf den Lernerfolg. Die Ergebnisse zeigen, dass diese Variablen wenig Einfluss auf die Optimierung des Lernens haben (STEWART & MARSHALL 1983).
2. Sozialpsychologische Einflussfaktoren
   Spätere Forschungen befassten sich mit Faktoren innerer Prozesse in einer Schule, z.B. der Rolle des Lehrers, den Prozessen der Entscheidungsfindungen, des Wandels und der Frage nach Veränderungsmöglichkeiten. Die Frage nach der Qualität ist gleichbedeutend mit der Frage nach der Effizienz (AURIN 1991; DARLIN-HAMMOND, WISE & PASE 1983).
3. Ökonomische Einflussfaktoren
   Neuere Diskussionen über gute Schulen sind geprägt von ökonomischen Themen. Die Gründe sind in den knappen finanziellen Ressourcen und in der Unzufriedenheit mit den Ergebnissen der Schule zu finden. Sie haben vor allem in Amerika zu breiten Diskussionen und zum Anspruch der freien Wählbarkeit der Schule geführt (OELKERS 1993). Die Diskussion über den Bildungsgutschein stellt ein Indiz für die Aktualität des Themas auch in der Schweiz dar.[1]

Eine mehr und mehr sich abzeichnende Marktorientierung bestimmt jene Schule als effektiv, welche eine Nachfrage des Angebots und ein günstiges Verhältnis zwischen Input und Output (Anzahl Zertifikate) nachweisen kann. Da soziale Märkte aber nicht zu vergleichen sind mit kommerziellen Märkten, stellt sich die Frage, was die Schulen maximieren sollen, wie mit allfälligem Gewinn umzugehen ist und ob der Wettbewerb tatsächlich die qualitativen Standards erhöht. Die Freiheit der Schulwahl verstelle den Blick, argumentiert OELKERS 1993, S. 142: "...sie ist ein Vehikel der Finanzverteilung, damit der Konkurrenz, aber sie löst nicht die zentrale

---

[1] Im Rahmen der Erziehungsgesetzrevision des Kantons Luzern wurde die Möglichkeit des Bildungsgutscheins in der Gruppe «Berufs- und Erwachsenenbildung» intensiv bearbeitet.

Frage, welche Inhalte, welches Wissen und Können, an die nachwachsende Generation vermittelt werden soll und muss."

Die gesetzlich verordnete Qualitätsdiskussion an Fachhochschulen wird in der heutigen Situation massgeblich auf dem Hintergrund einer ökonomischen Perspektive geführt. Die Verteilung der finanziellen Ressourcen in Zeiten von staatlicher Finanzknappheit soll die Qualität optimieren. Nachgewiesene Qualität dient als Garant für einen optimalen Einsatz der Ressourcen. Das Ziel liegt darin, auf effiziente Art hochqualifizierte Abgänger und Abgängerinnen auszubilden, die sich auf dem internationalen Markt behaupten werden.

> *„Lernen an Fachhochschulen muss schnell und effizient sein, wobei Effizienz ein schwieriger Begriff ist. Es muss ausgerichtet sein am Lernen am Erfolg. Es sollen keine für das Lernen unproduktive Situationen hergestellt werden (...), Lernformen sind didaktisch und ökonomisch begründet" (m, S. 2).*

> *„Neu ist, dass man für jeden Dozenten den Leistungsauftrag neu definieren muss. (...) Das Controlling muss vergrössert werden. Wir werden mit anderen vergleichbaren Leistungsträgern verglichen. Der Druck, die Ressourcen optimal einzusetzen, wird grösser werden" (h, S. 1).*

11.3 Aspekte einer guten Bildungsinstitution

11.3.1 Begriffsklärungen

Der Begriff *gute Schule* bezeichnet eine bestimmte Qualität einer Schule. Qualität wird hier in ihrer deskriptiven Bedeutung verwendet, also weder als Gegensatz zum Begriff der Quantität noch als relativer, normativer Begriff.

Die Benutzung des Qualitätsbegriffes ist abhängig von der Perspektive derjenigen, die ihn verwenden. Jede Gruppe setzt und beurteilt andere Zielsetzungen.

- Erziehungswissenschafter bedenken die Qualität von Lern- und Bildungsprozessen im pädagogischen Sinne.

- Eltern und erwachsene Studierende beziehen ihre Qualitätsvorstellungen auf das Bildungsniveau im Vergleich mit anderen Schulen und auf den Zugang zu weiterführenden Aus- und Weiterbildungen.
- Erwachsene Studierende sind interessiert am Stellenwert des Diploms im Arbeitsbereich und an den Kosten.
- Lehrpersonen gehen von der Sicht ihrer Arbeitsbedingungen aus.
- Verwaltungen und Schulaufsichten stellen die ökonomische Perspektive häufig in den Vordergrund (DUBS 1996, S. 36ff.).

Im Bereich der Fachhochschulen bezieht sich Qualität zusätzlich auf die Bedürfnisse der externen Kunden als Auftraggebende oder Anwendende der hergestellten Produkte (z.B. Arbeitgeber, Trägerschaft, potentiell Studierende sind interessiert an der Qualität) und auf weitere Anspruchsgruppen (z.B. Mitarbeitende, Politiker und Politikerinnen) (SEGHEZZI 1998, S. 9ff.).

Für den tertiären Bildungsbereich ist keine eindeutige Begriffsbestimmung vorhanden. Die Vorstellungen über Qualität müssen nach Interessen, Absichten und Kontexten der Beurteilenden sowie der Institution definiert werden (WEBLER 1995; STAMM 1998, S. 20). Man kann lediglich von verschiedenen Aspekten der Qualität sprechen, die inhaltlicher, personeller, beziehungsorientierter oder struktureller Natur sind.

SEGHEZZI (1998, S. 7) verwendet die folgende Definition: „Qualität ist eine Beschaffenheit einer betrachteten Einheit, gemessen an den Bedürfnissen der Anspruchsgruppen." Qualität bezieht sich auf Anspruchsgruppen und auf Produkte der Fachhochschulen sowie auf alle Prozesse (Management-, Wertschöpfungs- und Unterstützungsprozesse) zum Erreichen der Zielsetzungen.

Für eine weiterführende Diskussion unter den beteiligten Bezugsgruppen sind Kompromisse über die Bedeutsamkeit und die Priorität von Zielen unabdingbar. Die outputorientierte Sichtweise orientiert sich in erster Linie an den Ergebnissen (z.B. Anzahl Diplome), die inputorientierte Sichtweise bezieht in die Qualitätsdiskussion die Prozesse, die grundlegende Organisation und Ausstattung mit ein. Klärungsbedürftig, da nicht eindeutig erfassbar, sind insbesondere die Aspekte pädagogisch-andragogischer Leistungen, die als Aspekte der Qualität anerkannt werden.

Wichtige Dimensionen, mit der sich die Qualität einer Schule auf verschiedenen Ebenen erfassen lässt, sind:

- Erwartungen der Abnehmer und der Gesellschaft
- Politische Ziele, Ziele der staatlichen Schulträger
- Nationale und kulturelle Differenzen der Standards
- Bildungsziele, pädagogische Ansätze
- Leistungsniveaus
- Eigenprofile und Unterschiede
- Selbstbeschreibung durch die Beteiligten
(OELKERS 1993; MITTLER & SCHÄFER 1991).

Die folgenden Dimensionen stellen wesentliche Hilfskonstruktionen zur Beschreibung des Innenraums einer Schule dar:

„- Angebote, Standards und Transparenz der Curricula
- Fachliche und didaktische Qualität des Unterrichts
- Soziales Klima (...)
- Effektbestimmung und Leistungsbeurteilung auf verschiedenen Ebenen
- Schulmanagement (...)
- Selektionsfähigkeit (...)
- Ausfallbetreuung, Rotationen, Unterbrechungen" (OELKERS 1993, S. 129).

11.3.2 Das Portrait einer guten Bildungsinstitution

11.3.2.1 Allgemeine Dimensionen einer guten Schule

Bezugnehmend auf Forschungsergebnisse aus den U.S.A., Holland, England und Deutschland beschreibt AURIN (1991, 1993) verschiedene Variablen einer guten Schule. PURKEY & SMITH in AURIN (1991) verstehen die Institution Schule als Handlungs- und Interaktionssystem mit einer spezifischen Struktur und einem Prozessgeschehen. Sie unterscheiden zwischen Struktur- und Prozessvariablen. Die folgende Beschreibung orientiert sich an PURKEY & SMITH 1983, S. 427ff.; AURIN 1993, S. 105ff.; FEND 1989; LÖNZ 1996, OECD-Bericht 1994, S. 187ff.; WINKEL 1989.

- Struktur- und Organisationsvariablen

  Die Führung der Schule

  Die Direktion verfügt über einen angemessenen Grad an Autonomie, führt eine für die Bildungsinstitution spezifische Schulkultur herbei, nimmt sich Zeit für pädagogische Führungsaufgaben, übt keinen Überbürokratismus aus.

  Unterrichtsbezogene Führung

  Die Direktion unterstützt die Lehrpersonen bei Problemen und beim Durchführen einer guten Lehre, sie führt Konferenzen zu pädagogischen Themen durch.

  Stabilität des Charakters einer Schule

  Wenig Wechsel fördert die Entwicklung eines beständigen Kollegiums.

  Gute Artikulation und Organisation des Curriculums

  Das Curriculum zeichnet sich aus durch klare Zielsetzungen, Verpflichtung des Lehrkörpers, Klarheit über Fächerschwerpunkte, Absicherung der Allgemeinbildung und klare Strukturen.

  Weiterbildung des Kollegiums

  Sie basiert auf den Bedürfnissen der Lehrenden, erfolgt auch schulintern und kontinuierlich, hinsichtlich fachlicher, pädagogischer, andragogischer und organisatorischer Probleme.

  Unterstützung und Mitarbeit der Eltern

  Dieses Kriterium ist bezogen auf die Fachhochschulen wenig bedeutsam.

  Schulweite Anerkennung fachunterrichtlicher Leistungserfolge

  Diese soll mit öffentlichen Zeremonien und Ehrungen erfolgen.

  Wirksam genutzte Unterrichtszeit

  Das Arbeiten erfolgt konzentriert und ohne Störungen.
  Die Dozierenden haben Zeit für die Schule.

  Gute Unterstützung durch die Schulbehörde

  Die Schulbehörde nimmt eine beratende und unterstützende Rolle ein.

- Prozessvariablen
  Gemeinsame Planung und kollegiale Beziehung
  Kooperation begünstigt Konsens und Zusammengehörigkeit,
  Veränderungsbemühungen sind erfolgreicher,
  Barrieren zwischen Lehrern, Fachbereichen und Administration werden abgebaut.
  Es bestehen keine unüberbrückbaren Fraktionen,
  Es dominiert keine weltanschauliche Gewissheit.

  Zusammengehörigkeitsgefühl
  Die Herausbildung eines Wir-Gefühls vermindert Isolation und erhöht Leistungen,
  Lehrende und Lernende fühlen sich angenommen und anerkannt.

  Klare Zielsetzungen und hohe Erwartungen
  Klare Ziele fordern die Studierenden heraus,
  Leistungen werden anerkannt,
  Lehrpersonen verhalten sich kritisch beobachtend.

  Ordnung und Disziplin
  Die Ernsthaftigkeit, mit welcher die Bildungsinstitution ihre Ziele verfolgt, zeigt sich an der erkennbaren Ordnung und Disziplin.

11.3.2.2 Das Schulklima

Das Klima gilt als zentrale Dimension einer guten Schule (FEND 1989; TILLMANN 1989; HAENISCH 1989). Es lässt sich mittels drei bedeutsamer Kriterien erfassen:

- Art der Aktivitäten und Diskussionen
  Diskussionen über pädagogische Konzepte und Schulphilosophien werden lebendig und kontrovers geführt und von vielen mitgetragen. Dozierende und Studierende gestalten gemeinsam ein umfassendes und vielfältiges Schulleben.
  Didaktik und didaktische Weiterbildung sollte an Fachhochschulen ein ständiges Diskussionsthema sein, wie dies auch ein Gesprächspartner ausführte:

„Wichtig scheint mir, dass es an den Fachhochschulen gelingt, ein Klima zu erzeugen, sodass Didaktik ein Thema ist. Dann ist es gar nicht so bedeutsam, dass jeder die didaktische Ausbildung gemacht hat. Es ist eine Führungsaufgabe, die didaktische Weiterbildung zum Thema zu machen, im Gespräch, dass es einen Qualifikationsbereich gibt, wo man permanent dran ist. (..) Es wird ein allmählicher Prozess sein" (l, S. 3).

Diese Gedanken finden sich auch im zweiten Kriterium der Dimension Schulklima.

- Art und Weise, diese Aktivitäten auszuführen
  Ein zentraler Aspekt einer guten Schule besteht in der Zusammenarbeit zwischen den Lehrenden, in der kontinuierlichen Diskussion über didaktische, unterrichtliche und curriculare Fragen und in der Pflege informeller Kontakte. Von besonderer Bedeutung sind fächerübergreifende Kommunikationsprozesse. Letzteres gilt in besonderem Masse auch für Fachhochschulen.

  „Es ist nicht das Thema, sondern es ist die Schule. Ein Thema kann unter ganz bestimmten Bedingungen, in einer bestimmten Schulkultur aufkommen. Das können ganz verschiedene Themen sein" (b, S. 3).

- Art des Umgangs miteinander
  Die Beziehung unter den Dozierenden und zwischen den Dozierenden und Studierenden erfährt eine bewusste Gestaltung.

Gegenüber der Illusion, die Frage nach einer *guten Bildungsinstitution* sei beantwortet, die Schulleitenden und Dozierenden wüssten, was sie zu tun hätten, gibt HAENISCH (1989) zu bedenken, dass es für das soziale System Schule keine eindeutigen Lösungen geben wird im Sinne von: Wenn ich das tue, erfolgt jene Wirkung. Generell werde noch die Bedeutung der Mittel überschätzt und die Bedeutung des Schulethos, also der Wertorientierungen, Einstellungen und Verhaltensmuster sowie des Handlungsspielraums der Dozierenden unterschätzt. Verbesserungen finden dann statt, wenn sie auf die Schule als Ganzes bezogen sind, und wenn die Einstellungen der Beteiligten sowie ihre Interaktionen

miteinander in ihrem Umfeld besonders berücksichtigt sind (RUTTER 1981).
Schulen werden sich immer unterscheiden voneinander. Zu einem wesentlichen Merkmal gehört die Schaffung eines unverwechselbaren Profils (WINKEL 1989).

11.3.3 Besondere Aspekte einer guten Fachhochschule

Die folgenden Aspekte einer guten Schule sind besonders bedeutsam für die Institution Fachhochschule in Bezug auf den Bereich der Lehre und werden in diesem Sinne etwas ausführlicher dargestellt.

11.3.3.1 Die Rolle der Schulleitung

Einen wesentlichen Faktor einer guten Schule stellt die Schulleitung dar. Sie streckt überall die Fühler aus und ist im ständigen Kontakt mit Studierenden und Dozierenden. Sie ist an den folgenden Merkmalen erkennbar:
- Optimismus
- Zielklarheit und Zielerreichung
- Impulsgeberin für die Diskussion pädagogischer Themen und den Erfahrungsaustausch
- Verantwortung für Information und Unterstützung der Dozierenden
- Würdigung von deren Arbeit (HAENISCH 1989)

Schulen können (sollten) nicht als bürokratische Organisationen betrachtet werden, sondern eher als «loosely coupled systems» (vgl. auch 11.3.4). Die Arbeit der Dozierenden vollzieht sich unabhängig von der Aufsicht der Schulleitung. Auf diesem Hintergrund muss die Schulleitung in der Lage sein, kooperative Planungsprozesse und kollegiale Zusammenarbeit zu initiieren und an einer Schulatmosphäre zu arbeiten, in welcher Spielraum für Experimente, Erprobungen und Evaluation vorhanden ist (STEWART & MARSHALL 1983).
Schulleitungen haben eine wichtige Bedeutung bei Innovationen. Sie übernehmen eine strategisch wichtige Rolle bei Veränderungsprozessen und eine entscheidende Rolle bei der Entwicklung der Bereitschaft der Dozierenden für Neuerungen (OECD-Bericht 1994, S. 125).

Das Bewusstsein, dass beispielsweise schulinterne Weiterbildungen oder die Diskussion didaktischer Themen durch die Schulleitung getragen sein muss, scheint in Bezug auf die Fachhochschulen vorhanden zu sein (vgl. 11.3.2.2):

> *„Wenn ich etwas mit den Dozierenden mache, muss es sich an Gegebenheiten orientieren und rundum autorisiert sein" (c, S. 4).*
>
> *„Schulinterne Weiterbildung soll am liebsten zusammen mit dem Rektor erfolgen, dann kann man viel mehr bewirken" (i, S. 3).*

Neben der Impulsgebung für die Gestaltung der inneren Prozesse muss sie aber auch die Rahmenbedingungen sicherstellen und einen entwicklungsfördernden Kontakt mit Behörden und Schulaufsicht pflegen, damit diese weniger als Kontroll- und Beschränkungsorgane auftreten, sondern durch klare Rahmenvorgaben und ein hohes Engagement und Interesse die Schulen unterstützen.

11.3.3.2 Die Situation der Lehrkräfte

Die Situation der Lehrkräfte an Fachhochschulen zeichnet sich durch eine besonders hohe Komplexität aus.

- Rollen- und Aufgabenvielfalt
  Die Kompetenzen und die Einsatzbereitschaft der Lehrkräfte gelten als zentrale Qualitätsbedingungen für eine gute Schule.
  Sich wandelnde Herausforderungen und die damit verbundenen Unsicherheiten und Überlastungen der Dozierenden erfordern es, die Vorstellungen über das Bild des guten Lehrers zu klären. Dies gilt insbesondere auch für die aktuelle Situation der Dozierenden an den Fachhochschulen, die sich in einer besonderen Belastungssituation befinden. Das komplexe Anforderungsprofil (vgl. Kap. 5.3 und Kap. 10) aufgrund des Leistungsauftrages ist an den Fachhochschulen zu diskutieren und zu gewichten. Die Vorstellungen über den Auftrag und die Rolle der Dozierenden erscheinen unterschiedlich. Sind Fachhochschuldozierende in erster Linie Fachpersonen, Forschende, Unternehmende, Lehrende?
  Die folgenden Zitate zeigen, wie unterschiedlich diesbezüglich die Akzente gesetzt werden:

Dozierende als Forschende

„Dozierende müssen einen Bezug zur Forschung haben oder zu einem praxisorientierten Projekt. Dies ist heute nicht der Fall. Dozierende sind vielleicht gut in ihrem Betrieb, können aber ihre Kompetenz nicht auf irgendein Projekt anwenden“ (o, S. 1).

„Das Neue besteht in der Forschung, wir erbringen bereits eine Reihe von Dienstleistungen“ (h, S. 1).

„Der Mann muss die Bereitschaft haben, den Schreibtisch zu verlassen und angewandte Forschung und Technologietransfer zu machen“ (c, S. 2).

Dozierende als Unternehmende

„Wirklich neu ist, dass die Dozierenden kleine Unternehmer sein müssen. Sie müssen unternehmerisch denken und handeln, gesprächsbereit sein, die gleiche Sprache sprechen wie die Unternehmen. Team ist verlangt, keine anwendungsorientierte Forschung ohne Team und Gesprächsbereitschaft. (...) Schulen müssen Unternehmen werden, sie können nicht erwarten, dass Unternehmen Schulen werden“ (c, S. 2).

„Dozierende müssen einen Zusammenhang herstellen zwischen den Projekten für die Wirtschaft und der Lehre“ (y, S. 1).

Dozierende als Lehrende

„In angewandter Forschung und im Bereich Dienstleistungen müssen Dozierende Teilaufträge übernehmen. Hauptamtlich Dozierende haben eine Primärzugehörigkeit (Lehre) und eine Ergänzungszugehörigkeit. (...)

Dozierende müssen zur Übernahme der Ergänzungsaufgaben ausgebildet werden“ (g, S. 1).

Angesichts dieser Aufgabenvielfalt stellen sich Fragen. Es gibt auch bereits Antworten.
Welchen Stellenwert hat die Lehrtätigkeit, das eigentliche Kerngeschäft der Fachhochschule?

> *„Man muss unterscheiden zwischen den Dozenten, die Kernfächer unterrichten, und den Dozenten, die unterstützende Fächer oder Zusatzfächer (Sprache, Mathematik) unterrichten. Für letztere ändert sich wenig.*
> *Die anwendungsorientierte Forschung und der Technologietransfer wird im Bereich der Kernfächer geschehen, deshalb wird sich für diese Dozierenden einiges ändern.*
> *Diese Dozenten werden einen grundsätzlich anderen Auftrag haben. Diese müssen neben der Lehre einen Teil Forschung und Transfer machen. Sie müssen Methodenkompetenzen im Bereich Forschung mitbringen, aber auch Praxiskenntnisse haben, damit sie die Probleme der Praxis verstehen. Viele aus der Privatwirtschaft sagen, ich gehe nicht an die Uni etwas tun, weil diese die Probleme der Praxis nicht verstehen. Dies erwartet man gerade von der Fachhochschule, dass diese dies kann. Es braucht diese beiden Kompetenzen. Dann gibt es eine gewisse Chance, von der Erfahrung der Studenten beim Transfer zu profitieren.*
> *Was die Lehre anbelangt, ist es schwer zu sagen, was wirklich ändert. Vielleicht ändert gar nichts" (f, S. 1).*

> *„Der grösste Teil der Dozierenden gehört zur Abteilung Ausbildung. Es besteht die Gefahr, dass die Weiterbildungs- und die Entwicklungsabteilung zum «Stöckli» wird" (g, S. 1).*

Wie ist die Lehrtätigkeit überhaupt zu verstehen?

> *„Wenn ich die Situation aus einer gewissen Distanz heraus betrachte, richtig einschätze, so ist die Lehre an diesen Schulen heute noch wenig mit den Anforderungen des Berufes verknüpft, sowohl organisatorisch wie auch inhaltlich.*
> *Die Schulen sind nach meiner Wahrnehmung noch stark Schulen, d.h. sie pauken den Stoff nach ihrem (einem) Trainingsmodell durch.*
> *Dies steht im Widerspruch zur gemeinsamen, selbständigen teamartigen Erarbeitung, wie dies im Zentrum des Berufslebens steht. Hier sollte sich relativ viel verändern" (l, S. 1).*

Welche neuen Ansprüche werden an die Lehrtätigkeit gestellt? Welches sind Merkmale einer guten Lehre (vgl. Kap.10)?

„Wenn dies ein allgemeiner Auftrag ist (der Leistungsauftrag für Forschung, Technologieentwickung und Lehre), muss sich auch der Dozent der Grundlagenfächer danach richten und mehr anwendungsorientiert lehren" (b, S. 1).

„Wichtig ist das Entwickeln einer Handlungskompetenz. Sie müssen praxisnah lernen, um den Praxistransfer herzustellen" (m, S. 2).

„Wichtig ist, dass Forschungsergebnisse in die Lehre einfliessen" (g, S. 1).

„Wie kann der Forschungsteil für die Lehre nutzbar gemacht werden? Forschung und Dienstleistungen müssen zu einem schönen Stück im Dienste der Lehre stehen. Hier besteht grosser Bedarf an Weiterbildung" (h, S. 1).

„Die Studierenden müssen lernen, Informationen zu bewerten und die Informationsquellen zu gewichten. Der Zugang zu den Informationen ist relativ offen" (l, S. 2).

- Unklares Berufsverständnis
  Allein schon innerhalb des Auftrages im Bereich der Lehre sind Dozierende mit verschiedenen Auffassungen konfrontiert. DARLIN-HAMMOND; WISE & PASE (1983) zeigen generell, dass Lehrende unterschiedliche Botschaften erhalten, wie sie ihre Tätigkeit verstehen und angehen sollen.

  Lehren als Arbeit
  Bei dieser Auffassung stellt die Lehre eine verwaltungsfachmännisch geplante Arbeit dar. Lehrpersonen sind lediglich mit der Durchführung betraut.

  Lehren als Handwerk
  Die Lehre besteht in der Verfügbarkeit und Anwendung eines bestimmten Repertoires an handwerklichen Techniken, die gemäss bestimmten, erworbenen Regeln zum Einsatz kommen.

  Lehren als Beruf
  Lehrpersonen verfügen über theoretisches Wissen und können Techniken begründet anwenden, sie sind diesbezüglich urteilsfähig.

Lehren als Kunst
Die Lehrtätigkeit basiert nicht nur auf der Grundlage der Anwendung bestimmter Techniken, sondern auch auf dem Bestand persönlicher Ressourcen, die als aussergewöhnlich definiert werden. Die gewählten Techniken können neu sein, sie sind nicht vorhersagbar.

Vermutlich hat das Verständnis der Lehre als Beruf im Fachhochschulmilieu noch am wenigsten Fuss gefasst. Lehren kann man einfach. Die Ergebnisse der Befragung, die neuen gesetzlichen Bestimmungen, die Diskussionen über Anforderungen an die Lehrkräfte (vgl. das Anforderungsprofil, Kap. 5.4), Ausbildungsstandards und berufliche Pflichten[2], die neuen Weiterbildungsangebote und Normierungsbewegungen deuten darauf hin, dass sich an Fachhochschulen die Auffassung über die Lehrtätigkeit in Richtung einer Profession wandelt (vgl. dazu Kap. 10.4).

Die Unsicherheiten, mit denen die Lehrtätigkeit immer konfrontiert sein wird, haben verschiedene Gründe:

- Schlechte Vorhersagbarkeit der Folgen des didaktischen Handelns.
  Lehrende verfügen über keine Regeln und Techniken, die in allen Fällen erfolgreich sind.

- Besonderes und komplexes Beziehungsgefüge
  Die Tätigkeit des Dozierenden ist mit vielen Gefühlen verbunden, die sehr persönlich sind. Mit diesen persönlichen Aspekten ist die gesamte Persönlichkeit der Öffentlichkeit ausgesetzt. Dozierende können von den Studierenden und den Kollegen abgelehnt werden, was auf die Dauer nicht ohne Verhärtungen zu ertragen ist.
  Dozierende sind auf die Mitarbeit und Akzeptanz der Studierenden angewiesen und in diesem Sinne abhängig von ihnen (FEND 1989).

- Unterschiedliche Werthaltungen von Studierenden und Lehrenden
  Diese Unterschiede sind begründet in der unterschiedlichen Sozialisation und führen zu unterschiedlichen Erwartungen: Die heutigen jungen Erwachsenen haben teilweise bereits im Rahmen ihrer Schullaufbahn

---

[2] Die Pflichten werden an Fachhochschulen zukünftig in individuellen Leistungsaufträgen festgehalten werden.

(oft auch in ihrem Herkunftsmilieu) die Erfahrung partnerschaftlichen Umgangs und des Rückgangs des Formalisierungsgrades zwischen Lehrenden und Studierenden gemacht. Sie haben erfahren, dass Probleme diskutierbar sind, und haben entsprechende Erwartungen an die Dozierenden, welche diesbezüglich oft anders sozialisiert wurden (BOHNSACK 1989).

- Auswahl des Wissens
  Die Auswahl des Wissens bringt einen weiteren wichtigen Aspekt der Unsicherheit mit sich. Heute gewinnt die Nützlichkeit von Informationen aus der Praxis gegenüber dem wissenschaftlich abgestützten Wissen an Bedeutung. Die Unterschiedlichkeiten dieser beiden Wissensarten relativieren sich. Dies bedeutet für die Dozierenden, dass sie sich zwar an wissenschaftlichem Wissen orientieren müssen, sich aber auch mit ausserschulischen Organisationen (Betrieben aus Wirtschaft, Verwaltung, Sozialwesen) vernetzen müssen, um die relevanten Informationen zu erhalten. Studierende und Lehrende sehen sich veranlasst, vermehrt von der Gegenwart aus zu denken:

  „Dozierende müssen wissenschaftsorientiert arbeiten, aber auch einen hohen Praxisbezug sicherstellen“ (z, S. 1).

  „Ich sehe (...), wie Dozenten sich der Arbeitswelt und den Fragen aus der Praxis stellen müssen, es macht mir Eindruck, wie die Dozenten daran arbeiten“(n, S. 1;2).

  Die Unsicherheit für die Dozierenden angesichts der Informationsflut besteht darin, überhaupt die aktuellen Informationsquellen zu kennen, aber auch darin, die Informationen bezüglich der Ausbildung richtig zu gewichten. Dies geht nicht ohne Kriterien der Wertung, die bei aller Transparenz immer einen bestimmten Grad an Subjektivität aufweisen. Darin haben sie Modellcharakter für die Studierenden:

  „Der Zugang zu den Informationen ist relativ offen. Die Studierenden müssen lernen, Informationen zu bewerten und die Informationsquellen zu gewichten“ (l, S. 2).

  Da die technischen Entwicklungen nicht langsamer, die Theorien aber immer komplexer werden, haben die Dozierenden die anspruchsvolle

Aufgabe zu erfüllen, diese Komplexität ohne Erkenntnisverlust zu vereinfachen. Auch dieser Vorgang beruht auf Entscheidungen, die naturgemäss immer eine gewisse Unsicherheit mit sich bringen (GÖTSCHL 1995).[3] (Vgl. auch Kap. 10.4)

- Gewährleistung des Erfolgsfaktors Lehrperson
  Die folgenden Massnahmen unterstützen die Sicherung der Qualität der Lehrenden:

  Gewinnung guter Bewerber und Bewerberinnen für die Lehrtätigkeit
  Dies ist eine Führungsaufgabe. Die Voraussetzungen sind für den Fachhochschulbereich gesetzlich festgelegt.

  „Der Schulleiter muss wissen, wo es gute Leute hat" (c, S. 1).

  Effektive Vorbereitung von Dozierenden
  Z.B. durch Mentoring oder Coaching

  Erhalten der Kompetenzen von aktiven Lehrkräften
  Z.B. durch gezielte Weiterbildungen

  Generelle Bestrebungen, die Motivation und Arbeitsmoral der Lehrenden zu heben.
  Dazu gehören insbesondere attraktive Gehälter, die vergleichbar sind mit Gehältern im Sektor Wirtschaft, gute Arbeitsbedingungen und ein anerkannter gesellschaftlicher Status.

11.3.3.3 Die Rolle der Weiterbildung

Die Weiterbildung der Lehrkräfte unterstützt die Qualitätsentwicklung und -erhaltung einer Schule wesentlich. Sie muss permanent sowie bedarfs- und bedürfnisorientiert erfolgen. Vor allem die schulinterne Lehrerfortbildung, die sich nicht trennscharf vom übrigen Arbeitsprozess abgrenzen lässt, hat viele Vorteile bezüglich der Schulentwicklung.

- Die Teilnehmenden bestimmen die Inhalte.

---

[3] Zur Psychologie der Lehrtätigkeit, Lehrerbelastung und Lehrergesundheit vgl. RUDOW (1994).

- Das Transferproblem verringert sich, da eine grosse Problem-, Personen- und Schulnähe gegeben ist.
- Handlungs- und Problemlösungskonzepte, die das gesamte Schulsystem betreffen, haben eine grössere Realisierungschance (BOTHO 1989).

Zu bedenken ist aber, dass bestehende Problemstrukturen und Konflikte authentisch präsent sind und Betriebsblindheit bekanntlich vieles nicht sehen lässt.
Für eine erfolgreiche schulinterne Fortbildung sind die folgenden Faktoren zu beachten:

- Alle Mitglieder nehmen teil und sind in die Planung einbezogen.
- Das Kollegium definiert das Problem und die Ziele selbst.
- Die Schulleitung unterstützt das Vorhaben.
- Die Schulaufsicht ist informiert.
- Die Dauer erstreckt sich über einen längeren zeitlichen Rahmen, damit Suchbewegungen, Erprobungen und Diskussionen möglich sind.
- Es braucht auswärtige Moderatoren, welche die Gruppen auf allfälliges resignatives Verhalten aufmerksam machen.

Die Weiterbildung der Dozierenden an Fachhochschulen ist in mindestens zweierlei Hinsichten bedeutsam:

„- Fachlich gesehen ist es wichtig, dass Dozentinnen und Dozenten neben der Unterrichtstätigkeit die Möglichkeit zur Bearbeitung von Projekten gegeben ist und dass wir diese auch wahrnehmen. Die Schulleitung unterstützt dieses Anliegen. Im Rahmen des Technologie-Transfers sind gute Voraussetzungen dazu gegeben.
- Aus didaktischer Sicht ist wichtig, dass wir Dozentinnen und Dozenten offen sind, unsere eigene Lehrtätigkeit permanent zu reflektieren und uns ständig weiterzubilden“ (BOLLIGER 1966, S. 2).

11.3.3.4 Der Gesichtspunkt der Autonomie[4]

Autonomie ist für Schulen deshalb so wichtig, weil Haltungen und Einstellungen in der Frage, wie pädagogische Freiräume zu gestalten sind, Faktoren, die für eine gute Schule eine Schlüsselstellung einnehmen, sich

---

[4] Vertiefendere Ausführungen und Hintergründe können im Kap. 9: „Selbstorganisation und Autonomie an Fachhochschulen“ nachgelesen werden.

nicht von oben verordnen lassen (STEINER-LÖFFLER 1996). Autonomie, innere Schulreform und organisierte Selbstevaluation sind untrennbar miteinander verbunden (SCHLICHER 1996). Seine Autonomiethesen sind bezüglich der Diskussionen um die Autonomie der Fachhochschulen aktuell:

- Schulbehörden sollen globale Vorgaben organisatorischer, finanzieller, pädagogischer und personeller Art machen. So entsteht ein Mischsystem interner Zielsetzungen, Selbstevaluierung und externer Vorgaben.
- Interne Evaluierungen reichen nicht aus, sie müssen mit externen Orientierungsstandards ergänzt werden. Externe Evaluierungsprozesse sind als Ergänzung und nicht als Beschneidung der Autonomie zu verstehen.
- Ökonomischer Umgang mit Finanzen und kameralistische Finanzverwaltung sind unverträglich.
- Bildungsinstitutionen müssen lernen, das pädagogisch Wünschbare mit dem finanziell Möglichen zu verbinden.
- Sie müssen Einfluss erhalten auf die Kostengrössen und die Einstellungen ihrer Dozierenden.
- Zur Autonomie gehören wirtschaftliche Betriebsführung, professionelle Qualitätsprozesse sowie autonome Leistungsbeurteilungsarbeit.
  (Vgl. Thesen der Tagung von Montreux, 25.-27. März 1996, Evaluation und Qualitätssicherung im Fachhochschulbereich, organisiert durch das damalige Bundesamt für Industrie, Gewerbe und Arbeit BIGA, die schweizerische Erziehungsdirektorenkonferenz EDK und den Schweizerischen Wissenschaftsrat SWR.)

Ausbildungshandeln ist nur begrenzt machbar, weshalb sich ein gewisses Mass an Autonomie aufdrängt. Autonomie braucht einen Vertrauensvorschuss seitens der Behörde und der Direktion, aber auch den Mut der Bildungsinstitution und ihrer Dozierenden zu Standortbestimmungen. Autonomie an Institutionen spitzt den gesellschaftlichen Konflikt zwischen Bewahrung und Veränderung zu. Eine autonome Schule muss das Spannungsfeld zwischen Reproduktion/Bewahrung und Veränderung/Transformation immer wieder reflektieren (STEINER-LÖFFLER 1996). Nicht nur die Schule als Organisation braucht einen hohen Grad an Autonomie, auch die Lehrkräfte brauchen sie, denn die eigentliche Arbeit findet

in den Klassen- und Gruppenzimmern statt und ist weder vollständig reglementierbar noch standardisierbar.
Der Preis der Autonomie besteht in der permanenten Erfolgsunsicherheit und in der Unsicherheit über das richtige Handeln. Sie ist sozusagen die Kehrseite der hohen Unsicherheit, die zur Lehrtätigkeit gehört (vgl. Kap. 11.3.3.2).

11.3.4 (Fachhoch)Schulen als besondere soziale Organisationen

Schulen sind hochkomplexe Organisationen. Ihre Entwicklung vollzieht sich in den Dimensionen Umfeld, Ziele und Werte, Beziehungen, Strukturen und Strategien (DALIN & ROLFF 1990, S. 24ff.).
Als Pflichteinrichtungen müssen sie bestimmte Ziele erreichen, eine spezifische Kultur herausbilden, bestimmte Aufgaben effektiv und kontinuierlich erfüllen, ihre Organisationsstrukturen (Ablauf- und Aufbauorganisation) effektiv gestalten, Problemlösungsformen finden und den externen und internen Druck zur Veränderung bewältigen. Eine Schule kann wahrgenommen werden wie jede andere Institution: "Sie ist eine Unterrichtsanstalt mit hierarchischem Stellenkegel, Arbeitsteilung, Leistungsorientierung und zweckrationaler Ausrichtung des Verwaltungshandelns. Sie produziert Zensuren sowie Zertifikate, und sie verteilt sie in bürokratischer Manier auf Schüler wie auf Lehrkräfte" (ROLFF 1993, S. 124). Wie jeder anderen Organisation stehen der Schule Ressourcen, organisationale Regeln und Restriktionen für Machtspiele zur Verfügung. Die Führung einer Schule muss sich aber ausser mit den administrativ-personellen Aspekten insbesondere auch mit pädagogischen Führungsfragen befassen (DUBS 1994, S. 138ff.).
Fachhochschulen haben gegenüber anderen Bildungsinstitutionen einen differenzierteren Output zu erbringen und stehen einem breiteren direkten Umfeld gegenüber: Sie produzieren zusätzlich zu Ausbildungen (Zertifikaten) auch Dienstleistungen für andere Organisationen und Forschungsergebnisse. Entsprechend setzt sich das Umfeld neben der Behörde auch aus wirtschaftlichen und sozialen Institutionen und der weiteren Verwaltung als Auftraggeberinnen zusammen.

Eine Bildungseinrichtung stellt mehr als eine rein technisch-ökonomische Produktionseinheit dar. Im Gegensatz zu WATTENHOFER (1995), der die Unterschiede zwischen einer pädagogischen und betrieblichen Institution vor allem an betriebswirtschaftlichen Kategorien wie Input, Output, Führbarkeit der Mitarbeitenden festmacht, führt ROLFF (1993) pädagogische Gesichtspunkte insbesondere auch zur Erfassung des Prozesses zwischen Input und Output ein.
Die folgenden Überlegungen orientieren sich an seinen Ausführungen, sie sind auf die Situation an Fachhochschulen adaptiert worden (vgl. auch STAMM 1998, S. 17; DALIN & ROLFF 1990, S. 168ff.).

1. Der Bildungsauftrag ist umfassend, ganzheitlich.

   Der Bildungsauftrag einer Schule stellt mehr dar als die mechanische Durchführung von Ausbildungen, Nachdiplomstudien und -kursen.

   Der Auftrag einer Bildungseinrichtung besteht zwar vordergründig in der Vermittlung von Inhalten und/oder in der Gestaltung von Lernprozessen. Dabei geht es neben der Aneignung bestimmten Wissens und Könnens in Schulen immer auch um einen erweiterten Bildungsauftrag. Dass die vertiefte Auseinandersetzung mit Wissen erst die Erschaffung des geistigen Menschen ermöglicht, ist ein Gedankengut der geisteswissenschaftlichen Pädagogik (FLITNER 1972). Der formale Aspekt der Bildung, die Förderung der inneren Kräfte des Menschen und seiner Persönlichkeit stellt einen wesentlichen Bestandteil der Bildungstheorie von KLAFKI (1975) dar.

   Die heute von Fachhochschulen verlangte Bildung der Persönlichkeit stellt einen Hinweis darauf dar, dass es auch an diesen Schulen nicht um eine reine, mechanistische Aneignung von Inhalten gehen darf, sondern dass immer auch die Entwicklung umfassender Persönlichkeitsaspekte der Studierenden angestrebt werden sollte (vgl. dazu Kap. 12).

2. Der Bildungsprozess und die Beziehung zwischen Lehrenden und Lernenden, der «pädagogische Bezug» (NOHL 1970, S. 51ff.) sind nur begrenzt technologisierbar (ROLFF 1991).

   Das Beziehungsverhältnis zwischen den Lehrenden und Lernenden kann als ein besonderes Verhältnis bezeichnet werden. Die Lehrenden möchten die Studierenden zu neuem Wissen, neuen Einsichten, neuen Hand-

lungs- und Wertungsmöglichkeiten führen, sie auf diesem Weg begleiten und auf die berufliche Tätigkeit vorbereiten. Bei dieser Tätigkeit ist eine starke Orientierung am Menschen, dessen Befindlichkeit und Möglichkeiten von zentraler Bedeutung.
Die Dozierenden sind abhängig von der aktiven Beteiligung der Lernenden. Lehr- und Lernprozesse beruhen auf Dialog und Begegnung. Bildungsprozesse sind innerliche, selbstorganisierte Vorgänge und in diesem Sinne nur beschränkt technologisch, von aussen, durch ein methodisches Vorgehen steuerbar. Widersprüchlichkeiten und Unbestimmbarkeiten sind Qualitätsmerkmale pädagogischen Handelns.

3. Die Studierenden stehen im Mittelpunkt.
   Im Zentrum der (Fachhoch)schule steht der lernende Mensch. Dozierende sind aber ebenfalls in den meisten institutionalisierten Lehrformen wichtige Akteure, sei es als Mittler zwischen Inhalt und Person, sei es als Vorbild oder negativ besetzte Symbolfigur. Ihre Aufgabe besteht in der Förderung der Studierenden oder in der stellvertretenden Deutung der Situation bei Schwierigkeiten (BOHNSACK 1989).

4. Die Dozierenden sind unvollendete Professionelle.
   Die wesentliche Tätigkeit von Lehrenden vollzieht sich im Rahmen eines Prozesses und ist von vielen Faktoren mitgeprägt (z.B. psychologische und didaktische Faktoren, aktuelle Befindlichkeiten). Ihre Tätigkeiten lassen sich kaum standardisieren und nur begrenzt administrativ und extern kontrollieren. Wie bereits erwähnt verfügt die Lehrkraft dadurch über einen hohen Grad an Autonomie in ihrer Arbeit, muss aber immer mit einem gewissen Grad an Unsicherheit zurechtkommen. Ein Merkmal ihrer Tätigkeit besteht in der immanenten Erfolgsunsicherheit.

5. Die Arbeitsteilung stellt eine gefügeartige Kooperation dar (ROLFF 1991, S. 871).
   Die Organisation einer Schule zeichnet sich aus durch die Ebene der festgefügten vertikalen Organisation. Hier bestehen klare Regelungen bezüglich Arbeitsteilung, Arbeitsplätzen, Unterteilung der Arbeit, zeitlicher Ordnung. Hilfeleistung durch die unmittelbare Beteiligung durch andere ist nicht oder nicht immer, und aus Kostengründen in der heutigen Situation immer seltener, möglich.

Neben diesem festen Organisationsgefüge steht die teamartige Kooperation, die sich beispielsweise in der räumlichen Anordnung der Arbeitsvollzüge und in der Möglichkeit der wechselseitigen Unterstützung zeigt. Kooperation ist auf dieser Ebene wichtig, damit die einzelnen Lerneinheiten nicht als isolierte Veranstaltungen, sondern in einem Sinnzusammenhang erscheinen. Diesen Sinnzusammenhang muss das Lehrerkollegium zuerst selber erarbeiten, um ihn anschliessend den Studierenden aufzeigen zu können. Dies ist auch ein Weg, den Anspruch an Interdisziplinarität in der Lehre einzulösen.
Die einzelnen Fachgebiete sind nicht das Ziel in sich selbst, sondern ein Mittel zur Aus- und Weiterbildung der Studierenden (DURKHEIM 1972, S. 99).

6. Die Ziele sind reflexiv und unbegrenzt.
   Die Ziele in Schulen sind im Vergleich zu den klaren Zielen der Marktwirtschaft, wo es um Gewinnorientierung und Marktmacht geht, offener. Sie sind unbegrenzt und reflexiv. Ein Bereich, wo sich die Widersprüchlichkeit der Zielsetzung der Schule zeigt, liegt im Anspruch an Auslese und Förderung. Die Schule muss beiden Ansprüchen gerecht werden.

Schulen sind vom Staat und von ihren Trägern abhängig. Dies sowie auch der öffentliche Charakter der Schule (Parteien, Wirtschaft, Medien nehmen Einfluss) tangieren das Prinzip der Selbstregulation (vgl. Kap. 9). Für eine Bildungsinstitution ist es aber wesentlich, eigenständig Diagnosen zu stellen, den Bedarf zu ermitteln, entsprechende Ziele zu formulieren und schnell zu handeln. In diesem Sinne ist ein möglichst hohes Mass an Selbstorganisation erstrebenswert.

11.3.5 (Fachhoch)Schulen als wirtschaftliche Organisationen

Fachhochschulen sind mit der Herausforderung konfrontiert, sich als Institution nach betriebswirtschaftlichen Gesichtspunkten zu führen. Effizienz- und Effektivitätssteigerungen sollen erreicht werden durch die Führung mittels Zielen (Leistungsauftrag), durch ein Qualitätsmanagement mit der Anwendung von Controllingsystemen. Wegleitend sind die Überlegungen des New Public Management.

Pädagogische und betriebliche Institutionen unterscheiden sich in bestimmten Punkten voneinander, was bei der Adaption von betriebswissenschaftlichem Managementwissen berücksichtigt werden müsste (WATTENHOFER 1995).

1. Einheitliche Visionen fehlen in den meisten Schulen.
   In den meisten heutigen Schulen bestehen kaum einheitliche Vorstellungen über die *gute Schule*. Diese sind aufgrund der dabei involvierten Werthaltungen nicht einfach zu erreichen. In der Privatindustrie ist es eher möglich, die Mitarbeitenden auf eine einheitliche Vision zu verpflichten. Visionen bezüglich materieller Güter berühren vermutlich weniger Persönlichkeitsanteile als Visionen über eine gute Schule. Wer Visionen in einem Betrieb nicht mitträgt, kann entlassen werden, was in einer staatlichen Schule nicht möglich ist.
   Visionen sind auch für den Erfolg einer Schule wichtig, müssen aber gemeinsam erarbeitet werden. Dieser Aspekt ist sicher auch für den Erfolg eines wirtschaftlichen Unternehmens wichtig.

2. Dcr «Output» ist schwer fassbar.
   In industriellen Unternehmen ist der Output klar erfassbar (z.B. ein Maschinenteil), bei Schulen ist unklar, was der Output ist (Anzahl Diplome, Anzahl Diplome mit einer bestimmten Note, Anzahl erfolgreiche Bewerber, Erfolg im Beruf, lebenstüchtige Persönlichkeit). Die Frage nach den Leistungszielen ist mit den prioritären Zielsetzungen und damit wieder mit Werthaltungen verbunden. Viele mögliche Merkmale sind zudem schwer erfass- und messbar, oder erst nach einer gewissen Zeitdauer überhaupt erkennbar.

3. Der «Input» ist nicht bzw. nur beschränkt standardisiert.
   Volksschulen müssen alle Schüler aufnehmen. Fachhochschulen können ihren «Input» durch Aufnahmeprüfungen, was bestimmte Anforderungen betrifft, einigermassen standardisieren. Trotzdem werden sich die aufgenommenen Studierenden bezüglicher vieler Faktoren wie beispielsweise Motivation, Leistungsfähigkeit und -bereitschaft, Erfahrung, Sozialkompetenz stark voneinander unterscheiden. Das «Arbeitsmaterial» unterscheidet sich, weshalb gewählte Vorgehensweisen nicht bei allen Studierenden den gleichen Erfolg zeigen. Flexibilität und situati-

ves Vorgehen sind daher für den Erfolg von Schulen bedeutungsvoller als für viele industrielle Unternehmen.

4. Lehrpersonen sind schlecht führbar.
   Lehrkräfte werden oft als Einzelgänger, als wenig team- und kritikfähig beschrieben. WATTENHOFER (1995, S. 229) gibt bezüglich Führung des Lehrkörpers zu bedenken: "In Managementseminarien postulierte Führungsgrundsätze und Motivationsempfehlungen sind differenziert auf den Spezialfall *Schule* anzuwenden."

Zum Anspruch der betriebswirtschaftlichen Führung kommt hinzu, dass Fachhochschulen Dienstleistungs- und Forschungsaufträge für Abnehmer ausserhalb der Bildungsinstitution im engeren Sinne erbringen und auch diesbezüglich unternehmerisch handeln müssen. Fachhochschulen sind Bildungsinstitutionen und Unternehmen unter einem Dach und müssen den Anspruch einlösen, diese beiden Bereiche zu verbinden. Die folgenden Aussagen unterstreichen diese Situation:

„Wichtig ist, dass Forschungsergebnisse in die Lehre einfliessen" (g, S. 1).

„Die Elemente anwendungsorientierte Forschung und Dienstleistungen sollen einen intensiveren Praxisbezug in der Lehre ermöglichen" (z, S. 1).

„(...) Dozierende müssen einen Zusammenhang herstellen zwischen den Projekten mit der Wirtschaft und der Lehre" (y, S. 1).

11.4. Merkmale eines guten Unternehmens

Fachhochschulen erbringen als Unternehmen Dienstleistungsaufträge für Dritte und agieren in diesem Bereich nach unternehmerischen Richtlinien. Sie sehen sich der Frage gegenübergestellt, welches Merkmale guter Unternehmen sind. PETERS & WATERMAN (1983) kommen aufgrund einer breiten Befragung von Führungspersönlichkeiten in erfolgreichen amerikanischen Unternehmen auf acht Merkmale eines exzellenten Unternehmens, welche bei allen befragten Unternehmen eindeutig identifizierbar waren.

1. Primat des Handelns
   Erfolgreiche Unternehmen sind experimentierfreudig und operieren nach dem Prinzip: „Probieren geht über Studieren". Im Rahmen unkonventioneller Zusammenarbeitsformen finden die Mitarbeitenden Lösungsvorschläge und lassen diese rasch und unkompliziert ausprobieren.

2. Nähe zum Kunden
   Gute Unternehmen hören ihren Kunden zu und lernen von ihnen. „Sie bieten unvergleichliche Qualität, Serviceleistungen und Zuverlässigkeit - haltbare, gut funktionierende Produkte" (PETERS & WATERMAN 1983, S. 36).

3. Freiraum für Unternehmertum
   Ein innovatives Unternehmen fördert in allen Bereichen viele Führungstalente und unterstützt kreatives Handeln und Risikobereitschaft. Dazu gehört eine gewisse Fehlerkultur.

4. Produktivität durch Menschen
   Exzellente Unternehmen betrachten die Mitarbeitenden als die „eigentliche Quelle der Qualitäts- und Produktivitätssteigerung" (PETERS & WATERMAN 1983, S. 37). Jeder Mitarbeiter und jede Mitarbeiterin ist geschätzt und wird „als Quelle für Ideen und nicht nur als zwei arbeitende Hände angesehen" (PETERS & WATERMAN 1983, S. 37).

5. Sichtbar gelebtes Wertsystem
   Ein gutes Unternehmen legt Wert darauf, dass seine Grundphilosophie auch eine tatsächliche Umsetzung erfährt. Die Führung beachtet und überprüft die Umsetzung dieser Werte im konkreten Alltag der Produktegestaltung.

6. Bindung an das angestammte Geschäft
   Überragende Leistungen gelingen in Unternehmen, die sich mit ihren Produkten im Rahmen des vertrauten Tätigkeitsgebietes bewegen.

7. Einfacher, flexibler Aufbau
   Exzellente Unternehmen zeichnen sich durch einfache Strukturen und Systeme und durch eine knappe Besetzung der obersten Führungsebene aus.

8. Straff-lockere Führung
„«Soviel Führung wie nötig, so wenig Kontrolle wie möglich». Die überragenden Unternehmen sind zentralistisch und dezentralisiert zugleich. Zumeist haben sie, wie schon gezeigt, bis in die Werkshallen oder die Produkteentwicklung hinein Freiräume für Unternehmergeist geschaffen. Andererseits sind sie bei den wenigen Grundwerten, die ihnen wirklich am Herzen liegen, fanatische Zentralisten“ (PETERS & WATERMAN 1983, S. 38).

Bei dieser Haltung der Mitarbeiterorientierung und Aktionsbezogenheit, beim Betonen der Serviceleistungen und beim Abverlangen von Eigeninitiative handle es sich um Binsenwahrheiten, die eigentlich wenig sensationell seien, kommentieren die Autoren. Danach gehandelt würde aber noch selten.
Die Ergebnisse einer Feldstudie der Universität Zürich über Erfolgsfaktoren finanziell erfolgreicher gegenüber finanziell weniger erfolgreiche schweizerische Unternehmen bestätigen im wesentlichen diese Merkmale und zeigen in Bezug auf die Kriterien Führung, Mitarbeitende, Organisation sowie Marketing und Unternehmensentwicklung weitere Aspekte auf (WOHLGEMUTH 1989, S. 27ff.). Für den Erfolg eines Unternehmens ist eine ganze Kette von Faktoren und ein geeignetes Zusammenspiel von Bedeutung. Die Untersuchungsergebnisse stimmen mit den intuitiv begründeten Vorstellungen der Führungskräfte überein, was ein ausgezeichnetes Gütekriterium für die Ergebnisse darstellt.

- Die Führung in finanziell erfolgreicheren Unternehmen
  Die vorhandene Managementkapazität ist insgesamt grösser, das Management konzentriert sich mehr auf Führungs- als auf Fachaufgaben, ist homogener und zeigt eine grössere Arbeitszufriedenheit. Die Leistungskomponente erfährt eine grössere Betonung, Fähige werden schneller befördert, die persönlichen Entwicklungsmöglichkeiten sind grösser. Die Führung nutzt das fachliche Potential der Mitarbeitenden.

- Die Mitarbeitenden in finanziell erfolgreicheren Unternehmen
  Die Mitarbeitenden sind tendenziell jünger, die Fluktuation ist grösser, die Altersverteilung ist gleichmässiger. Das Betriebsklima wird besonders günstig bezüglich der Informationspolitik, der Offenheit und Tran-

sparenz beurteilt. Die Entlöhnung ist leistungsgerechter, also differenzierter, entsprechend sind die Mitarbeitenden zufriedener mit der Bezahlung. Die Betroffenen beurteilen die nichtmateriellen Anreize wie beispielsweise Arbeitsplatzsicherheit und Entwicklungsmöglichkeiten günstig.

- Die Organisationsstruktur in finanziell erfolgreicheren Unternehmen
  Die Aufbaustruktur entspricht der Unternehmensstrategie und ist vielfältiger, die Organsationsstruktur ist steiler, die Macht ist ausgeprägter auf die Betroffenen verteilt. Grundsatzentscheide fallen in der Geschäftsführung, übrige Entscheidungen werden an die fachlich kompetenten Stellen delegiert. Geringere bürokratische Tendenzen bewirken eine grössere Innovationsfähigkeit bezüglich Organisation, Technik und Führung.
- Marketing und Unternehmensentwicklung in finanziell erfolgreicheren Unternehmen
  Die Unternehmen konzentrieren sich auf ihre Schwerpunkte, pflegen die Nähe zum Kunden, fördern Innovationen, zeigen eine grössere Systemoffenheit. Die Unternehmenspolitik kommt klarer zum Ausdruck.[5]

11.5 Schulen und Unternehmen unter einem Dach - eine Gegenüberstellung

In der Literatur scheint man sich einig zu sein, dass eine Schule eine besondere Ausgestaltung einer sozialen Organisation darstellt und dass sich diese in wesentlichen Aspekten von sozialen Organisationen der Wirtschaft unterscheiden.

Fachhochschulen stehen in der Situation, dass sie einerseits einen Pflichtauftrag als Bildungsinstitution zu erfüllen haben und somit den Ansprüchen an eine Bildungsinstitution gerecht werden müssen. Andererseits müssen sie mit dem neuen Leistungsauftrag auch Dienstleistungen und anwendungsorientierte Forschung erbringen und in diesem Bereich gemäss

[5] Der diesen Aussagen zugrunde liegende Forschungsbericht ist direkt erhältlich beim Verlag Peter Lang AG, Jupiterstr. 15, CH-3000 Bern 15.
Weitere Ausführungen sind nachzulesen bei SATTES (1995).

den Prinzipien einer marktwirtschaftlich orientierten Organisation handeln. Den unterschiedlichen Outputs entsprechen unterschiedliche Organisationszwecke und Organisationstypen. Als Bildungs- und Forschungsinstitution entspricht die Fachhochschule dem Typus einer «professionellen Organisation». Sie produziert Ideen und schult die Fähigkeiten der Studierenden. Als wichtigstes Gestaltungsprinzip gilt die professionelle Autonomie.

Als Dienstleistungsinstitution produziert sie Prozesse zur Befriedigung psychischer Bedürfnisse (Beratungen, Planungen). Hier sind Merkmale wie Genauigkeit, Zuverlässigkeit und gute Kundenbeziehungen zentral. Planung und Ressourcenverwaltung gehören zu den ständigen Aufgaben und Problemen. In diesem Bereich entspricht die Fachhochschule dem Organisationstypus einer «Dienstleistungsorganisation». Wenn es sich bei der Dienstleistung um das Herstellen von materiellen Gütern handelt (Technika), nähert sie sich für diesen Bereich dem Typus einer «Produkteorganisation», bei welcher Aspkte des Raums und der Materie zentral sind (GLASL 1997, S. 132ff.).

Die folgende tabellarische Darstellung zeigt das Spannungsfeld einer Institution auf, die die besonderen Anforderungen an eine pädagogisch-andragogische und an eine betriebswirtschaftliche Institution erfüllen muss.

Abbildung 7: Vergleich zwischen Schulen und Unternehmen

Kriterium	**Bildungsinstitution**	**Marktwirtschaftliche Organisation**
Auftrag	Langfristiger gesellschaftlicher Auftrag	Oft kurzfristig von einem Unternehmen oder Gemeinwesen
	Bildungsauftrag: Ausbildung und Förderung der Studierenden	Der Auftrag dient der Förderung des wirtschaftlichen und/oder sozialen Fortschrittes
	Ist gegeben	Muss aquiriert werden

Kriterium	Bildungsinstitution	Marktwirtschaftliche Organisation
Aufgabe	Gestalten von Bildungsprozessen Vermitteln von Inhalten Aktivieren der Lernprozesse der Studierenden	Problemlösungen im technischen, wirtschaftlichen, sozialen und gestalterischen Sektor Weitergabe von Informationen und Know-how
Ziele	Umfangreich Unbegrenzt Offen Grosser Handlungsspielraum Entscheidungen auf verschiedenen Planungsebenen sind verlangt	Klar Begrenzt Eher eindeutig Festgelegt durch Auftraggebende
Ergebnisse/ Output	Diplome Gebildete Persönlichkeiten Prozess und Produkt sind bedeutsam	Sofort anwendbare Lösungen Analysen usw. Produkt ist bedeutsam
• Brauchbarkeit	Nützlichkeit im Berufsalltag muss sich erweisen	Nützlichkeit im Berufsalltag mit hoher Wahrscheinlichkeit gegeben, ist sofort verlangt
• Klarheit	Unklar/differenziert	Eher klar aufgrund klarer Zielvorgaben
Input	Beschränkt standardisiert Viele Unsicherheitsfaktoren	Eindeutiger feststellbar
Organisation	Flach Loses Gefüge Offenes Klima ist wichtig Sehr individuelle, zentrale Grundwerte	Flach Loses Gefüge Offenes Klima ist wichtig Zentrale Grundwerte können von den Mitarbeitenden eher unterstützt werden
• Gestaltungsprinzip	Professionelle Autonomie	Synergie, Genauigkeit
Prozess • Ausgangslage	Studierende werden abgeholt, wo sie sind: Orientierung an Möglichkeiten der Person und am Curriculum	Orientierung am Bedarf und an Kundenwünschen

Kriterium	**Bildungsinstitution**	**Marktwirtschaftliche Organisation**
• Verlauf	Lernprozess ist wichtig Fehler sind Lernchancen Technologisierbarkeit und Steuerbarkeit sind begrenzt	Rasche Lösungen sind gefragt Fehler sind erlaubt Technologisierung und Steuerung sind erwünscht
	Lernen ist eigenverantwortlicher Prozess	Kunden übergeben Teilverantwortung an Auftragnehmende
	Lernprozesse können nicht konsumiert werden	Kunde ist teilweise Konsument
	Zwischenmenschliche Beziehungen sind ein wesentlicher Erfolgsfaktor für effektive Lernprozesse	Zwischenmenschliche Beziehungen sind sachlicher Art
		Pflege der Kundenbeziehungen ist zentral
Ressourcen • Führung	Übernimmt Führungs- und Fachaufgaben Unterstützende, impulsgebende Rolle	Konzentration auf Führungsaufgaben Straff-lockere Führung
• Mitarbeitende	Lehrpersonen arbeiten in einem Bereich mit vielen Unsicherheiten und gelten als professionell Unvollendete	Der Grad der Unsicherheiten beim Erbringen von Dienstleistungen ist unterschiedlich, in Abhängigkeit vom Bereich
	Zentraler Erfolgsfaktor	Zentraler Erfolgsfaktor
	Quelle der Qualität	Quelle der Qualität
	Gewünschte Fähigkeiten sind stark verbunden mit Werten	Gefragte Fähigkeiten sind neutraler
• Finanzen	Subventionen und Schulgelder	Kostendeckende Honorierung durch Auftraggebende
		Ressourcenverwaltung ist ständiges Thema
• Inhalte/Wissen	Stammt von Wissenschaft und Praxis	Stammt von Wissenschaft und Praxis
	Wissenschaftliches und funktionsfähiges Wissen wird vermittelt	Wissen muss in erster Linie funktionsfähig sein

Kriterium	**Bildungsinstitution**	**Marktwirtschaftliche Organisation**
Kontrolle	Begrenzt und nicht eindeutig möglich, v.a. nicht bei anspruchsvollen Bildungszielen Hohe Erfolgsunsicherheit des Dozierenden	Eindeutiger möglich Hohe Erfolgssicherheit bei Aufträgen
Wertschätzung gegenüber Tätigkeit	Eher gering	Eher hoch
Arbeitssicherheit	Hoch Abhängig von Schülerzahlen	Gering Abhängig von Aufträgen
Organisatonstypus	Professionelle Organisation	Dienstleistungs- und allenfalls Produkteorganisation

In vielen Organisationen dominiert ein Organisationstypus, bei den Fachhochschulen dürfte es sich um den Typus der professionellen Organisation handeln. Die Wahrnehmung dieser unterschiedlichen Organisationstypen unter einem Dach müsste zu einer Differenzierung in der Gestaltung der Subsysteme führen. Bleiben diese Unterschiedlichkeiten unbeachtet, sind Konflikte und Schwierigkeiten vorprogrmmiert.

„Bei jedem Organisationstypus besteht die Gefahr, dass die ganze Organisation nach den Prinzipien des dominanten Subsystems gestaltet wird: Eine Produkteorganisation führt auch Ausbildung, Entwicklung usw. nur nach dem synergetischen Prinzip durch und gewährt dem Individuum und den professionellen Ausbildern keine Freiheit. Eine professionelle Organisation wendet auf das ganze Geschehen *nur* den Freiheitsgrundsatz an und vernachlässigt den synergetischen Aspekt im Funktionieren der Organisation“ (GLASL 1997, S. 140).

11.6 Schlussfolgerungen für die (didaktische) Weiterbildung

- Adressaten

  Die Dozierenden als Adressaten der didaktischen Weiterbildung stehen im Spannungsfeld zwischen den an sie gestellten Anforderungen als

Lehrende und als Unternehmer. Sie haben diese damit verbundenen Anforderungen vermutlich noch selten für sich geklärt. Dies ist erklärbar durch die Aufbausituation. Viele Fachhochschulen befinden sich mitten im Prozess des Aufbaues und der Gestaltung und Integration des dreifachen Leistungsauftrages.

- Ziele, Inhalte
  Weiterbildungen können einen Beitrag leisten, die Unterschiedlichkeiten zwischen dem Bereich der Lehre und den Bereichen anwendungsorientierte Forschung und Entwicklung und Dienstleistungen aufzuzeigen sowie die damit verbundenen unterschiedlichen Handlungsweisen der Mitarbeitenden an Fachhochschulen abzuleiten. In den Weiterbildungen können Impulse zur Qualifikation für professionelles Handeln in allen Bereichen des Leistungsauftrages gegeben werden.
  Es können Möglichkeiten zur Integration der Tätigkeiten dieser unterschiedlichen Bereiche ausgetauscht und entwickelt werden.
- Schulinterne Weiterbildungen
  Schulinterne Weiterbildungen sind geeignete Möglichkeiten, über das gewünschte Profil der eigenen Bildungsinstitution zu diskutieren, die Unterschiede zwischen Lehre und Dienstleistungen ins Bewusstsein zu rufen und Schlussfolgerungen für die Handlungsebene zu ziehen (Strukturen und Strategien).

In einer Bildungsinstitution, einer vorwiegend professionellen Organisation, ist die Gestaltung der Lernprozesse von eminenter Bedeutung für die Dynamik, Erneuerung und letztendlich für die Qualität: „Die Gestaltung der Lern- und Entwickungsprozesse ist in diesem Typus von vitaler Bedeutung. Wenn die Lehrer (und Lehrerinnen, Anm. der Verfasserin) einer Schule aufhören, sich fachlich und didaktisch weiterzubilden und ihre Erfahrungen untereinander zu besprechen, dann treten in kurzer Zeit Identitäts- und Motivationsprobleme auf («burn out»). (...) Neben der ausführenden Arbeit müssen professionelle Arbeiter deshalb fortwährend Studiengruppen, Entwicklungsgruppen, Erfahrungsaustausch-Gespräche und dergleichen betreiben. Innerhalb solcher Gruppen ist der funktionelle Status, den ein Professioneller in der Organisation einnimmt, irrelevant“ (GLASL 1997, S. 134).

12 Soziale Kompetenzen

12.1 Einleitung

In dreizehn von fünfzehn Interviews wurde explizit über soziale Kompetenzen gesprochen:

- Als Anforderung an Dozierende
  Für mehrere Interviewpartner und -partnerinnen stellen die sozialen Kompetenzen eine bedeutende Anforderung an die Dozierenden dar:

  „Die zweite (Anforderung), das möchte ich mehr unterstreichen, weil es weniger selbstverständlich ist, ist die soziale Kompetenz" (a, S. 1).

  „Alle Faktoren der Lernbegleitung, Feedback geben und erhalten sind die wesentlichen Anforderungen" (l, S. 2).

  „Dozierende müssen fachliche, didaktische und menschliche Fähigkeiten haben. Sie müssen gesprächsbereit sein" (c, S: 2).

  „Dozierende müssen (...) Fragekompetenz und Gesprächsführung beherrschen" (o, S. 1).

  „Es reicht nicht, im isolierten Fachbereich tätig zu sein (...), ich muss teamfähig sein, kommunikationskompetent sein, kompetent sein im Umgang mit Störungen" (i, S. 1).

- Als Inhalte der didaktischen Weiterbildung
  Im Zusammenhang mit der Förderung der sozialen Kompetenz sollen innerhalb der didaktischen Weiterbildung gewisse Inhalte bearbeitet werden:

  „Kommunikation (...) sind Themen für die Weiterbildung" (z, S. 2).

  „Wichtige Inhalte sind: Kommunikation, Entwicklung des Einfühlungsvermögens, Umgehen mit Konflikten, Unterrichtsklima gestalten" (e, S. 2).

  Begründungen
  Die Aufgaben der Dozierenden verlangen ein hohes Mass an Sozialkompetenz:

„Soziale Kompetenzen sind wichtig, da man mit sehr unterschiedlichen Studenten arbeiten muss (...)“ (y, S. 1).

„Es geht um eine spezifische Beratungskompetenz und eine spezifische Methodologie, um eine solche Arbeit im Bereich der Verbindung von Forschung und Dienstleistungen gut begleiten zu können (h, S. 1).

„Die Begleitung von Aufgaben (Lernprozessen) ist auch wichtig. Studierende brauchen eine generelle Unterstützung mit Themen wie Lerntechnik, Arbeitstechnik, Projektmanagement, (...) verschiedene Techniken persönlicher und sozialer Art“ (f, S. 3).

Die Förderung der Sozialkompetenz sollte ein qualitatives Merkmal der Fachhochschulen darstellen:

„Die Erweiterung der Kompetenzen muss in Richtung personale und soziale Kompetenz gehen.(...) Ich führe aus, es geht um Gesprächsfähigkeit, Beratungskompetenz, Konfliktlösungskompetenz, Management und Steuern von Projekten.(...) Dies bedeutet einen enormen Weg, damit die Fachhochschulen sich auch qualitativ verändern, dass es nicht bloss einen Etikettenschwindel gibt (...). Die Merkmale der Veränderung von einer Höheren Fachschule zu einer Fachhochschule sollten sein: stärkere Flexibilität, stärkere Zusammenarbeit, in welchen Komponenten wie Teamfähigkeit und soziale Kompetenzen eine Rolle spielen“ (n, S. 1).

- Als Anforderung an die Studierenden

  „(...) aber auch die Studierenden müssen Teamfähigkeit erlernen, weil man heute die Probleme nicht mehr alleine lösen kann“ (y, S. 1).

Soziale Kompetenzen sind wichtig, dies scheint unbestritten. Die Frage, wie diese erworben werden, ist weitgehend offen:

„Die Erweiterung der Kompetenzen muss in Richtung personale und soziale Kompetenz gehen. Dies braucht persönliche Weiterbildung. Das kann man nicht einfach in Büchern nachlesen. (...) Es ist hoch gegriffen, es sollte aber in diese Richtung gehen, wie man dies erreicht, ist eine zweite Frage. Es ist auch eine tolle Chance“ (n, S. 1).

„Auch Dozierende an Ingenieurschulen finden sicherlich die Kommunikationsfähigkeit wichtig. Kommunikationsfähigkeit soll im sogenannten harten Bereich mitgeübt werden, nicht an separaten Kursen. Tendenziell arbeiten an Ingenieurschulen eher introvertierte Menschen, sie sind theoretisch gut. Es braucht Sorgfalt, um die soziale Kompetenz zu fördern" (y, S. 1;2).

„Dozierende an den Höheren Fachschulen für Sozialarbeit bringen im Bereich Soziale Kompetenz Know-how mit" (g, S. 1).

Eine Anbieterin von Weiterbildungen beurteilt die Förderung sozialer Kompetenzen nicht als von hoher Bedeutung:

„Die Vermittlung einer allgemeindidaktischen Kompetenz ist wichtig, um die Leute schnell und effizient an das Ausbildungsziel zu führen. Leute wollen nicht ihre Sozialkompetenz fördern. Lernen muss ausgerichtet sein am Lernen am Erfolg" (m, S. 1).

Soziale Kompetenzen stellen ein Thema für die Fachhochschulen und ihre Dozierenden dar. Mit dem folgenden Beitrag sollen Begriffsklärungen zur Verfügung gestellt und Überlegungen zum Erwerb von sozialen Kompetenzen im Rahmen von formellen Lernprozessen erläutert werden.

12.2 Zum Begriff der Kompetenz - verschiedene Sichtweisen

Der Erwerb und die Entwicklung von Kompetenzen sind häufig Gegenstand entwicklungspsychologischer Forschung. Üblich ist die Unterscheidung in kognitive und soziale Kompetenzen.
Kognitive Kompetenzen bezeichnen die den Denkprozessen zugrundeliegenden Fähigkeiten zur Auseinandersetzung mit gegenständlicher Wirklichkeit.
Soziale oder interaktive Kompetenz bezeichnet die

a) den sozialen Verhaltensweisen zugrundeliegenden Fähigkeiten zur Empathie und zum Perspektivenwechsel und
b) die Fähigkeit zur Übernahme von Normen, ihrer kritischen Reflexion und Veränderung als grundlegende Prozesse zur Lösung sozialer Konflikte (FISCHER et. al. 1995, S. 47).

12.2.1 Psychologisch - pädagogische Perspektive

Aus der psychologisch-pädagogischen Perspektive hat ein Individuum drei grundlegende Kompetenzen zu erwerben und zu entwickeln, die operativen, moralischen und kommunikativen Kompetenzen. Für die operative und moralische Dimension dieser Lernprozesse sind Entwicklungsphasenmodelle entwickelt worden.

Operative Kompetenzen bezeichnen Fähigkeiten, die sich aufgrund der Entwicklung des Denkens als Interaktionsprozess des Lerners mit seiner Umwelt entwickeln (PIAGET 1972). Moralische Kompetenzen sind das Ergebnis der Entwicklung des moralischen Bewusstseins (KOHLBERG 1974). Die Dimension der kommunikativen Kompetenz (HABERMAS 1971b, S. 101ff.) liegt insofern quer zur operativen und moralischen Dimension, als diese beiden Kompetenzentwicklungsprozesse auch kommunikative Prozesse erfordern. Habermas stellt die kommunikative Kompetenz als Grundbedingung der Existenz eines vernünftigen Gattungssubjektes dar. Kommunikative Kompetenz beinhaltet die Fähigkeit, sich verständigen zu können. Eine Verständigung ist möglich, wenn zwei Subjekte in der Lage sind, gleichzeitig zwei Ebenen zu betreten:

„a) die Ebene der Intersubjektivität, auf der die Sprecher/Hörer miteinander sprechen, und

b) die Ebene der Gegenstände, über die sie sich verständigen (wobei ich unter «Gegenständen» Dinge, Ereignisse, Zustände, Personen, Äusserungen und Zustände von Personen verstehen möchte“ (HABERMAS 1971b, S. 105).

CHOMSKY (1969) argumentiert bezüglich der Entwicklung der sprachlichen Fähigkeiten ähnlich: Die Fähigkeit, Sätze zu bilden und umzuformen (linguistische Kompetenz) sei an eigene Bedingungen geknüpft, weshalb diese als eigenständige Dimension zu betrachten sei. Er unterscheidet zwischen Kompetenz (Vermögen) und Performanz (Verwendung).[1]

---

[1] Ein Überblick über die Theorien des Kompetenzerwerbs aus psychologisch-pädagogischer Sicht ist zu finden in LENZEN & MOLLENHAUER 1995, S. 472ff.

12.2.2 Berufspädagogische Perspektive

Die Verwendung der Begriffe Kompetenz und Qualifikation geht mit der Ablösung des Bildungsbegriffes einher. Im Bereich der Berufsbildung entspricht die Verwendung der neuen Begrifflichkeiten dem Bedürfnis nach praxisbezogeneren Bildungszielen (KNOPF 1990). CALCHERA & WEBER (1990, S. 5) definieren Kompetenz wie folgt: „Aus dem lat. «cum» und «petere», = «mit» und «streben nach». Bedeutet «schritthalten können». Das entspricht bei Lernprozessen üblichen Formulierungen wie: «er kommt mit» und «er kann folgen». Eine Kompetenz ist somit die Fähigkeit «mitzukommen» und «zu folgen» in dem jeweiligen Gebiet und setzt daher eine direkte situative Vergleichsmöglichkeit voraus. Eine Kompetenz kann, wenn sie richtig erkannt und richtig eingestuft wurde, als Qualifikation bestätigt werden. Die andere Bedeutung des Wortes Kompetenz = «Zuständigkeit» stammt aus der Zeit, als beide Eigenschaften in der Regel zusammenhingen: Derjenige, der in einem bestimmten Gebiet Schritt halten konnte, war auch dafür zuständig."

Eine Qualifikation bedeutet:

„«Befähigung, Eignung», geht auf «Qualität» zurück = «Beschaffenheit, Eigenschaft».

Die Qualifikation ist mehr als eine Addition von Fertigkeiten und Kenntnissen. Sie enthält als Ausbildungsziel auch personale Fähigkeiten und Kompetenzen wie selbständiges Handeln, Verantwortungsbereitschaft, Kooperationsfähigkeit. Eine Qualifikation ist immer mit Fremdbeurteilung verbunden, da sie verliehen wird. Sie ist vom Beobachter, seinen Fähigkeiten und Beobachtungsinstrumenten abhängig" (CALCHERA & WEBER 1990, S. 5).

KATH (1996, S. 42 zit. in WENGEMUTH 1995, S. 79) definiert den Begriff wie folgt:

„Kompetenz sei die umfassende Befähigung des Menschen, an einem Gegenstand oder in einem Gegenstandsbereich zu urteilen, zu werten, zu handeln, ihn zu legitimieren (d.h. ihn zu begründen und zu rechtfertigen) und seine Aktivitäten zu beurteilen."

WENGEMUTH (1998, S. 79) kritisiert an dieser Definition die ausschliessliche Akzentuierung auf die Fähigkeit. Er will unter Kompetenz zusätzlich die Bereitschaft verstehen, diese Fähigkeit zu zeigen. Mit dieser Bereitschaft ist gewissermassen die Motivation zum Handeln gemeint. Komplexe Kompetenzen (z.B. die soziale Kompetenz der Kooperationsfähigkeit) werden in der Literatur auch als «Basiskompetenz» oder «Schlüsselqualifikation» bezeichnet, wobei diese beiden Begriffe synonym verwendet werden. In anderen Konzepten werden die gleichen Kompetenzen (z.B. soziale, personale und fachliche Kompetenz) hingegen als Teilkompetenz von komplexeren Berufsqualifikationen dargestellt (ASEA Brown Boveri, 1988).

12.2.3 Vorschläge zur Systematisierung verschiedener Kompetenzbereiche

Versuche zur Kategorisierung von Teilkompetenzen zeigen, dass es schwierig ist, Kriterien zu finden, die eine eindeutige Zuordnung von Teilkompetenzen in übergeordnete Bereiche ermöglichen. LAUR (1990a S. 39, 40) schlägt drei Kategorien von berufsübergreifenden Qualifikationen vor: Wissen, methodisches Können und persönlichkeitsbezogene Fähigkeiten und Bereitschaften. Sie grenzt diese mittels drei Aspekten gegeneinander ab:

a) Qualität der Lernziele
b) Lernmodus, die mit ihnen verknüpfbaren Lernkonzepte
c) Breite der Verwertbarkeit für die Lernenden

Abbildung 8: Charakterisierung berufsübergreifender Qualifikationen nach U. LAUR-ERNST (in Anlehnung an DÖRIG 1994, S. 95)

	Kategorie 1 **Interdisziplinäres Wissen** (z.B. zentrale Begriffe, Regeln, Handlungsorientierungen)	Kategorie 2 **Methodisches Können Verfahrenstechniken** (z.B. Bedienung von PC, Arbeitsweisen, Planungstechniken, Gesprächsmoderation)	Kategorie 3 **Persönlichkeitsbezogene Fähigkeiten und Bereitschaften** (z.B. Kreativität, soziale Sensibilität, Urteilsfähigkeit, Kooperationsfähigkeit)
Qualität der Lerninhalte	**Wissensbestände**: - elementare Begriffe - Gesetzmässigkeiten - Prinzipien - Verfahrensweisen **eindeutig festlegbar und objektiv beschreibbar** (Fachwissenschaft als Bezugssystem)	**Methodenbestände** **eindeutig festlegbar und objektiv beschreibbar** (unabhängig von der Fachwissenschaft)	**Orientierungen und Leitideen** Lernziele besonderer Art nicht eindeutig bestimmbar keine allgemeinverbindliche Definition
Lernmodus	**herkömmliche Lehrmethoden**	Vermittlungsformen des **Anwendens** und **Übens** mit gewisser **Individualisierung**	nicht direkt vermittelbar **Schaffen geeigneter Lernsituationen** **konstruktiver Prozess beim Lernenden**
Breite der Verwertung	Bessere eigene Orientierung im angestammten Berufsfeld Erleichtert Kooperation mit Kollegen	Über Arbeitsplatz und Arbeitswelt hinaus	**Individuelle Persönlichkeitsentwicklung** **Lebensgestaltung und -bewältigung**

„(1) Interdisziplinäres, zwischenberufliches, überlappendes Sachwissen über Berufsbereiche, die an die eigene Berufsarbeit angrenzen (...) sowie grundlegende Kenntnisse zur Arbeitsorganisation (z.B. kaufmännisches Wissen für den Metalltechniker) (...), zur Arbeitssicherheit und zum Umweltschutz“ (LAUR 1990a, S. 40).

a) Es handelt sich hier um eindeutige Wissensbestände. Das Formulieren eindeutiger, summativ überprüfbarer Lernziele ist möglich.
b) Als Lehrformen kommen die klassischen Vermittlungsmethoden in Frage, aber auch Formen des eigenverantwortlichen Lernens.
c) Der Nutzen dieses Wissens liegt in der Orientierung in der Arbeitswelt, im besseren Verstehen der Vorgänge. Es erleichtert die Kooperation.

„(2) Generell verwertbares methodisches, verfahrens- und 'verhaltens'-technisches Können (z.B. Arbeit am PC, Gesprächsleitung)“ (LAUR 1990a, S. 40).

a) Hier können präzise Lernziele formuliert werden. „ (...) es handelt sich um altbekannte, aber auch moderne Arbeits- und Kulturtechniken, deren Gebrauch jedoch bisher für den Facharbeiter/Fachangestellten als unwichtig angesehen wurde“ (LAUR 1990a, S. 40).
b) Übungsformen und Individualisierung sind hier zwei wichtige Stichworte. Summative und formative Überprüfung sind möglich.
c) Die erworbenen Fähigkeiten sind in der Berufswelt und in ausserberuflichen Situationen verwendbar.

„(3) Persönlichkeitsbezogene Fähigkeiten und Bereitschaften (z.B. Kreativität, Kommunikationsfähigkeit) (...)“ (LAUR 1990a, S. 40).

a) Lernziele in diesem Bereich lassen sich nicht eindeutig formulieren. Das benötigte Wissen ist wenig objektivierbar, die verwendeten Begrifflichkeiten (z.B. verstehen, Eigenständigkeit) sind interpretationsbedürftig.
Die Fähigkeiten entstehen individuell (...) „über die Auseinandersetzung mit der gegenständlichen, natürlichen, geistigen und sozialen Umwelt“ (LAUR 1990a, S. 41).
b) Hier steht das konstruktive Lernverständnis im Vordergrund und erfordert entsprechende Lern- und Lehrformen.

c) Die erworbenen Fähigkeiten sind in der Berufswelt und in ausserberuflichen Situationen verwendbar.

CALCHERA & WEBER (1990 S. 7ff.) stellen einen konzentrischen Ansatz vor, davon ausgehend, dass jede Berufskompetenz auf affektiven und kognitiven Fähigkeiten aufbaut: „Die affektiven Kompetenzen betreffen das Gefühlsleben und sind die ursprünglichsten. (...) Die kognitiven Kompetenzen ermöglichen es, Erkenntnisse aufzubauen, und besitzen die gleiche Qualität wie ihre Vorläufer. Sie beziehen sich auf Gegenstände, Phänomene und Vorstellungen, aber auch auf zwischenmenschliche Interaktionen. Affektive Vorgänge beeinflussen unweigerlich die kognitiven Funktionen, sowohl während ihrer Entstehung als auch in ihrer aktuellen Leistungsfähigkeit.[2]
Die Entwicklung der kognitiven und affektiven Strukturen ist vergleichbar mit der jeder biologischen Entwicklung zugrundeliegenden Autopoiese (vgl. Kap. 9), sie drängen dazu, sich selbstschöpferisch zu erweitern.[3]

Die beruflichen Kompetenzen, die später erworben werden, bestehen aus der spezifischen Auslegung der beiden genannten Kompetenzbereiche."

---

[2] CALCHERA und WEBER (1990, S. 12ff.) legen eine Differenzierung der affektiven und kognitiven Strukturen vor.

[3] PIAGET (1976) bezeichnet den Prozess des Aufstrebens nach einem dynamischen Gleichgewicht der kognitiven und affektiven Strukturen auf einem höheren Niveau als majorierende Äquilibration.

Abbildung 9: Kompetenzbereiche nach F. CALCHERA & J. CH. WEBER 1990, S. 7

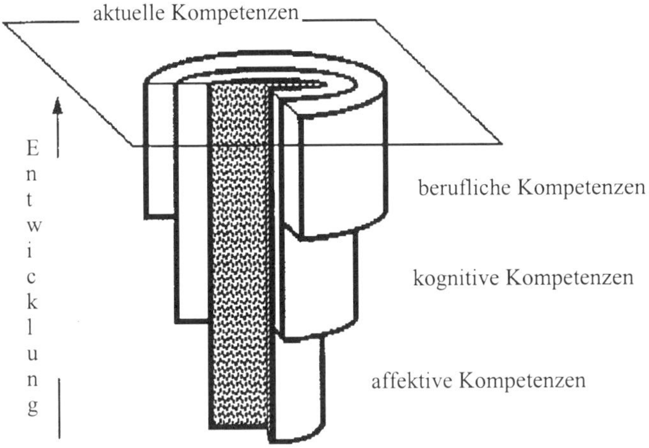

BADER (1994 S. 4) schliesst unter der beruflichen Handlungskompetenz die Fach-, Human-, Sozial- und Methodenkompetenz ein. Er unterscheidet sich dabei insofern von LAUR, als diese die Human-, oft auch Selbstkompetenz genannt, der Sozialkompetenz zuordnet. Bei BADER kommt zum Ausdruck, dass der Mensch auch als Subjekt im Rahmen seines Umfeldes wahrgenommen wird und als Individuum gewisse Fähigkeiten entwickeln kann.
Das Badersche Kompetenzmodell ist als allgemeines berufliches Handlungskompetenzmodell zu verstehen. Es umfasst

- Berufliche Handlungskompetenz„
  Die Fähigkeit und Bereitschaft des Menschen, in beruflichen Situationen sach- und fachgerecht, persönlich durchdacht und in gesellschaftlicher Verantwortung zu handeln, d.h. anstehende Probleme zielorientiert auf der Basis von Wissen und Erfahrungen sowie durch eigene Ideen selbständig zu lösen, die gefundenen Lösungen zu bewerten und seine Handlungsfähigkeit weiterzuentwickeln" (BADER 1994, S. 4).

- Fachkompetenz
  „Die Fähigkeit und Bereitschaft, Aufgabenstellungen selbständig, fachlich richtig und methodengeleitet zu bearbeiten und das Ergebnis zu beurteilen. Hierzu gehören auch die «extrafunktionalen Qualifikationen» wie logisches, analytisches, abstrahierendes, integrierendes Denken sowie das Erkennen von System- und Prozesszusammenhängen“ (BADER 1994, S. 4).
- Humankompetenz
  „Die Fähigkeit und Bereitschaft des Menschen, als Individuum die Entwicklungschancen, Anforderungen und Einschränkungen in Beruf, Familie und öffentlichem Leben zu klären, zu durchdenken, und zu beurteilen, eigene Begabungen zu entfalten sowie Lebenspläne zu fassen und fortzuentwickeln. Hierzu gehören insbesondere auch die Entwicklung durchdachter Wertvorstellungen und die selbstbestimmte Bindung an Werte“ (BADER 1994, S. 4).
- Sozialkompetenz
  „Die Fähigkeit und Bereitschaft, soziale Beziehungen und Interessenlagen, Zuwendungen und Spannungen zu erfassen und zu verstehen, sowie sich mit anderen rational und verantwortungsbewusst auseinanderzusetzen und zu verständigen. Hierzu gehört insbesondere auch die Entwicklung sozialer Verantwortung und Solidarität“ (BADER 1994, S. 4).
- Methodenkompetenz
  „Die Fähigkeit und Bereitschaft zu zielgerichtetem, planmässigem Vorgehen bei der Bearbeitung beruflicher Aufgaben und Probleme (z.B. bei der Planung der Arbeitsschritte). Hierbei werden gelernte Denkmethoden und Arbeitsverfahren bzw. Lösungsstrategien zur Bewältigung von Aufgaben und Problemen selbständig ausgewählt, angewandt und gg. weiterentwickelt. Methodisches Arbeiten umfasst selbständiges Gestalten und Bewerten, es erfordert Eigeninitiative und Kreativität“ (BADER 1994, S. 4).

Abbildung 10: Dimensionen beruflicher Handlungskompetenz nach BADER & RUHLAND 1993, zit. in WENGEMUTH 1998, S. 34

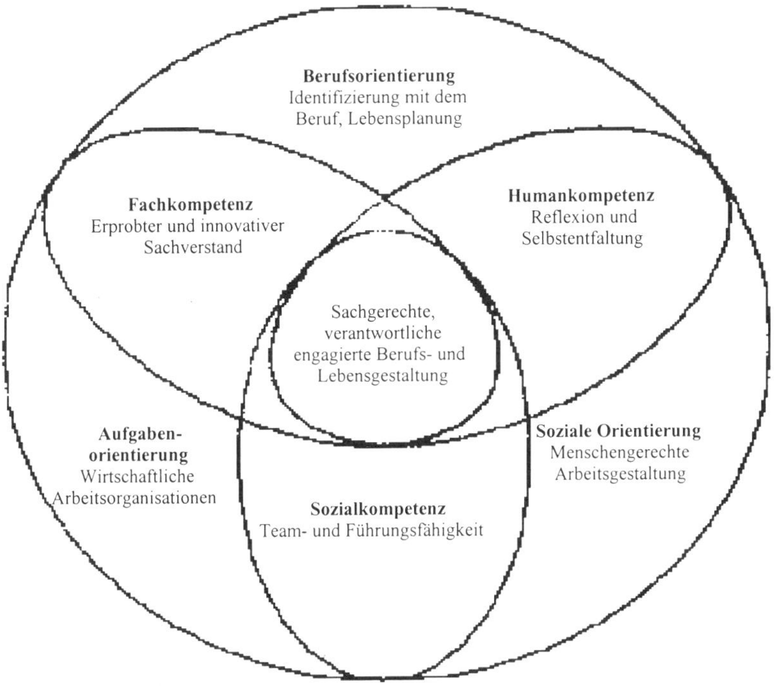

Die Methodenkompetenz existiert nur als Bestandteil der drei Dimensionen der komplexen beruflichen Handlungskompetenz. Sie wird bei BADER als integrale Kompetenz dargestellt.
Die Gemeinsamkeit der Systematisierungsvorschläge von LAUR und BADER besteht im Vorhandensein der Kategorie der sozialen Kompetenz und in einer gewissen Ähnlichkeit der verwendeten Kategorien.
BADER und CALCHERA gehen von der Annahme zweier Kompetenzebenen aus: Komplexere Kompetenzen bauen auf verschiedenen weniger komplexen Kompetenzbereichen auf.

12.3 Exkurs: Schlüsselqualifikation

12.3.1 Hintergrund und Bezüge

Der technische Wandel und die damit verbundenen technischen und strategischen Anforderungen in der Berufswelt können als Ausgangspunkt für die Entwicklung des Konzeptes der Schlüsselqualifikationen gesehen werden.

Der Begriff Schlüsselqualifikation wurde im Rahmen der beruflichen Weiterbildung aktuell. Heute kann kein arbeitender Mensch mehr davon ausgehen, während der gesamten Lebensberufszeit im einmal erlernten Beruf zu bleiben. Es wird verlangt, sich rasch auf die Übernahme neuer Tätigkeiten und Aufgaben umzustellen. Auch im privaten Bereich ist Veränderungsfähigkeit gefragt, damit der Mensch die Neuerungen im gesellschaftlichen und politischen Umfeld als Herausforderungen des Lebens annehmen und gestalten lernt. Bildungsprozesse müssen den heutigen Menschen auf ein Leben der steten Veränderung im beruflichen, privaten und gesellschaftspolitischen Umfeld vorbereiten und ihn zur Mitgestaltung befähigen.

Mitte der 70er Jahre hat Mertens, Leiter des Forschungsinstitutes der Bundesanstalt für Arbeit, Deutschland, den Begriff eingeführt. Er gab damit eine Antwort auf die Fragen: Wie sind die zukünftigen Anforderungen im Berufsleben? Wie kann der Mensch darauf vorbereitet werden? Ein Kernsatz von MERTENS war: „Die mentale Kapazität soll nicht mehr als Speicher von Faktenwissen, sondern als Schaltstelle für intelligente Reaktionen genutzt werden. Bildung bedeutet hier vor allem Befähigung zur Problembewältigung“ (MERTENS 1974b, S. 217).[4]

---

[4] MERTENS (1974a) gliedert die Schlüsselqualifikationen auf in Basisqualifikationen (Beherrschen grundlegender Denkverfahren), Horizontalqualifikationen (Umgang mit Informationen, Lern- und Arbeitstechniken), Breitenelemente (Qualifikationen, die in verschiedenen Situationen einsetzbar sind) und Vintage-Funktionen (Erwerb von Qualifikationen, die im Erwachsenenalter nachgeholt werden aufgrund neuer Situationen). In all diesen Qualifikationen ist der kognitive Anteil stark betont. (S. 41ff.)
Eine kritische Würdigung des Ansatzes der Schlüsselqualifikationen nach D. Mertens findet sich bei DÖRIG 1994, S. 28ff.

Der Begriff wurde im Rahmen betrieblicher Weiterbildung zunehmend diskutiert und zum Schlagwort. Im Kontext der Berufsbildung war damit die Vermittlung fachlicher Qualifikationen und sozialer Tugenden gleichermassen gemeint. Die sozialen Kompetenzen erhielten eine zentrale Stellung. Ihnen wurde eine hohe Bedeutung für die Optimierung der Zusammenarbeit im Team zugesprochen. Sie sollten das Erreichen wirtschaftlicher Ziele und auch das Durchsetzen persönlicher Interessen unterstützen. Der funktionalistische Charakter ist offensichtlich.
Parallel dazu stellte SIEBERT (1997, S. 225ff.) die Bedeutung der Schlüsselqualifikationen auch für die Ziele der nichtberuflichen Erwachsenenbildung heraus, da Schlüsselqualifikationen für die Lebensbewältigung generell notwendig seien (zit. in TIETGENS 1990, S. 149,150).
NEGT (1989, S. 27ff.) spricht von gesellschaftlichen Schlüsselqualifikationen. Lernen müsse beispielsweise darauf ausgerichtet sein, Zusammenhänge zwischen Informationen herzustellen, zum Zusammenleben verschiedener Kulturen zu befähigen, mit gebrochener Identität umgehen zu können, Recht und Unrecht zu erkennen, mit der Zeit umgehen zu können.

12.3.2 Definition

Schlüsselqualifikationen meinen allgemeine Fähigkeiten, die keinen Bezug haben zu konkreten Handlungen, die in neuen Situationen zur Problemlösung und -bewältigung aktualisiert und adäquat eingesetzt werden sollen. Sie stellen sozusagen einen Passepartout für den intelligenten Zugang zu verschiedensten Situationen dar, die Befähigung, konkrete Handlungen zu erzeugen. Es sind Qualifikationen, die

- nicht rasch veralten,
- relativ lang verwertbar,
- allgemein und
- komplex, sowie
- funktions- und berufsübergreifend sind.

TIETGENS (1990, S. 149) kritisiert den inflationären Gebrauch des Begriffs, der „... auf die folgende Kurzformel gebracht werden kann:

- jeder redet davon,
- jeder denkt sich etwas anderes dabei,
- keiner handelt danach."

Für ihn bezeichnet der Begriff Schlüsselqualifikation eine komplexe Befähigung, welche beinhaltet, dass

- eine Situation richtig eingeschätzt wird (die Faktoren welche eine Situation prägen, müssen zueinandergesetzt werden können),
- das eigene Wissen und die verfügbaren Fähigkeiten in bezug zu einer Situation gesetzt werden können,
- entschieden werden kann, die Fähigkeiten zu aktualisieren und wenn nötig zu adaptieren, und dass
- „(...) die momentanen und die dauerhaften Abhängigkeiten und die Wechselseitigkeit der Sichtweisen" erkannt werden können (TIETGENS 1990, S. 149).

Dies verlangt die Fähigkeit zur Selbstwahrnehmung und zur Aussenwahrnehmung, sowie die Fähigkeit, diese Wahrnehmungen einzuschätzen. Es geht also um die Befähigung, eine neue Situation zu erschliessen, weshalb Tietgens vorschlägt, statt von einer Schlüsselqualifikation von einer Erschliessungskompetenz zu sprechen.

Für ARNOLD (1995, S. 70ff.) sind die von TIETGENS monierten Begriffsunklarheiten auf die Vermischung der Begründungs- und Umsetzungsfragen zurückzuführen: „Arbeitsmarktpolitische Begründungen werden relativ unvermittelt mit berufs- und erwachsenenpädagogischen Überlegungen in Bezug gebracht" (S. 70).
Er kritisiert die prioritäre Begründung des Konzepts der Schlüsselqualifizierung mit der Arbeitsmarktverwertung. Die arbeitsmarktpolitische müsse durch eine berufspädagogische Begründung ergänzt werden. Schlüsselqualifizierung müsste demnach auf einem Persönlichkeitskonzept basieren und subjektorientiert sein: „Berufspädagogik hat nicht nur die «berufliche Tüchtigkeit» ihrer Klientel in sich wandelnden Arbeitsverhältnissen zu gewährleisten; hinzutreten muss vielmehr auch die berufliche Mündigkeit als eine sozial- und gesellschaftsbezogene «Kompetenzdimension»"

(ARNOLD 1995, S. 74). Die Entwicklung beruflicher Tüchtigkeit muss auch die Förderung von Ich-Kräften (Selbstkompetenz) und Kommunikations- und Teamfähigkeit (Sozialkompetenz) beinhalten.

12.4 Soziale Kompetenzen

Der Begriff der sozialen Kompetenz ist in psychologischen und (berufs)pädagogischen Bereichen als theoretisches Konzept zu finden.[5]

12.4.1 Psychologische Perspektive

PFINGSTEN & HINTSCH (1991, S. 4) definieren soziale Kompetenzen als „die Verfügbarkeit und Anwendung von kognitiven, emotionalen und motorischen Verhaltensweisen, die in bestimmten sozialen Situationen zu einem langfristig günstigen Verhältnis von positiven und negativen Konsequenzen führen."

Diese Definition ist auf dem Hintergrund der psychotherapeutischen Annahme einzuordnen, dass Kompetenzen lern- und trainierbar sind und dass der Erwerb bestimmter sozialer Kompetenzen im Zentrum therapeutischer Bemühungen stehe. Kompetenzen sind in diesem Verständnis nicht als situationsunabhängige Persönlichkeitsmerkmale, sondern als situationsabhängige Verhaltensweisen zu verstehen. Die Therapie unterstützt den Erwerb sozialer Kompetenzen bei jenen Individuen, welche diese im Laufe der primären und sekundären Sozialisation nicht ausreichend erwerben konnten.

SOMMER (1977, S. 75) betont in ihrer Definition den Aspekt der Bewältigung der Lebenssituation und definiert soziale Kompetenz als „die Verfügbarkeit und angemessene Anwendung von Verhaltensweisen (motori-

---

5 Kompetenztheoretische Ansätze sind beispielsweise zu finden in der Literatur über Persönlichkeitspsychologie (Menschen werden durch ihre Fähigkeiten statt durch Eigenschaften charakterisiert), Psychosomatik und Verhaltensmedizin (das Vorhandensein sozialer Fertigkeiten wird als eine Voraussetzung für die physische und psychische Gesundheit aufgefasst), Gemeindepsychologie (Kompetenzvermittlung stellt eine präventive Massnahme dar), sowie in der Sozialpsychologie und klinischen Psychologie. Weitere Ausführungen und entsprechende Literaturverweise sind zu finden bei PFINGSTEN & HINSCH, 1991, S. 3.

schen, kognitiven und emotionalen) zur effektiven Auseinandersetzung mit konkreten Lebenssituationen, die für das Individuum und/oder seine Umwelt relevant sind.“ In dieser mehr pädagogisch orientierten Definition ist neben dem individuellen und sozialen auch ein gesellschaftlicher Aspekt vorhanden. Soziale Kompetenzen sollen den Menschen ermöglichen, in allen Lebenssituationen „erfolgreich mit sich selbst und anderen Individuen umgehen zu können“ (SOMMER 1977, S. 92,93). Die beiden Autoren formulieren auf ihrem gemeindepsychologischen (pädagogischen und sozialpsychologischen) Hintergrund die folgenden individuellen und sozialen Kompetenzen:

„1. Eigene Gefühle, Bedürfnisse und Interessen wahrnehmen, angstfrei bejahen, anderen mitteilen und angemessen (...) durchsetzen können (...).
2. Das eigene Verhalten verstehen und problematisieren können (...).
3. 'Selbstverständliches' Verhalten (eigenes und das anderer) kritisch befragen können (...).
4. Ein hohes Mass an Selbständigkeit, Eigensteuerung, Selbstwertgefühl und Angstfreiheit (...).
5. Kreativ und produktiv sein können (...).
6. Soziale Wahrnehmungen sensibilisieren (...).
7. Kommunizieren und kooperieren können (...).“

12.4.2 Berufspädagogische Perspektive

Soziale Kompetenzen werden als Teilkompetenzen von berufsübergreifenden Qualifikationen aufgefasst (LAUR 1990b; BADER 1994) oder als eigenständige sozialgerichtete, kommunikative Fähigkeiten dargestellt (REETZ 1990).

Die Zuteilung von einzelnen Fähigkeiten zu einer bestimmten Kategorie ist uneinheitlich: „So wird beispielsweise Selbständigkeit einmal zur Methodenkompetenz und ein anderes Mal zur Sozialkompetenz gerechnet; Kommunikationsfähigkeit wird teilweise als methodische, teilweise als soziale Fähigkeit ausgedeutet“ (ARNOLD 1995, S. 71).

MÜNCH (1984, S. 121) begreift soziale Kompetenz als Inbegriff mündigen Handelns und bezeichnet damit ein Potential vor allem folgender Fähigkeiten: „Fähigkeit (und Bereitschaft) zu kritischem Denken und Handeln, zu reflektiertem Handeln, zu verantwortlichem Handeln, zu selbständigem Handeln, zu Kooperation, zur Kommunikation, zur Mobilität und Flexibilität sowie zu dauerndem Lernen."

DÖRIG (1994, S. 300) stellt einen Mangel an minimalem Konsens über den Kern des Begriffs der sozialen Kompetenz fest, was er als Hauptproblem für das Erlernen sozialer Kompetenzen sieht. Er weist auf die starke normative Prägung hin: „Leider werden unter dem Deckmantel «sozialer Kompetenz» immer auch wieder rein verwertungsorientierte Arbeitstugenden erfordert; selbstverständlich sind sie auch Bestandteil der sozialen Kompetenz, begründen diese aber nicht umfassend."

In der Literatur sind dann auch eher pragmatische als begründete Definitionen zu finden (z.B. SENN 1995, S. 40,41).

BRATER u.a. (1988, S. 105) ordnet dem Begriff Sozialkompetenz im Rahmen seiner Reflexionen zur Berufsausbildung pragmatisch bestimmte Fähigkeiten zu:

„Als Sozialkompetenz bezeichnen wir, ohne damit den Anspruch auf eine umfassende Definition zu erheben, Fähigkeiten wie die folgenden:

- die Meinungen, Interessen, Wünsche und Gefühle der Mitarbeiter wahrzunehmen und in Bezug auf die eigenen Meinungen, Interessen und Gefühle vernünftig zu handeln;
- in der Zusammenarbeit mit anderen sich auf die Handlungsweisen der anderen einzustellen, mit Verständigungsschwierigkeiten, Spannungen und Konflikten umzugehen und kritikfähig sowohl gegenüber sich selbst als auch den anderen zu sein;
- die Fähigkeit, sich anderen gegenüber durch Sprache und Zeichen bemerkbar und verständlich zu machen;
- die eigene Verantwortungsfähigkeit und -bereitschaft im Rahmen der ganzen Arbeitsgruppe abzustimmen und entsprechend einzusetzen."

STABENAU (1993, S. 139) führt unter dem Begriff der Schlüsselqualifikation «Sozialkompetenz» die folgenden Fähigkeiten an: „Kommunikations-Fähigkeit, Kooperations-Fähigkeit, Team-Fähigkeit, Konflikt-Fähigkeit."

Der Autor hat für ein Verhaltenstraining zur Förderung von Sozialkompetenzen Ziele auf der Fertigkeits- (Skill-) Ebene formuliert. Sie geben Hinweise auf Teilkompetenzen, sind aber nicht als umfassend zu beurteilen (STABENAU 1993, S. 142):

„Die Teilnehmenden sollten ausgewählte Fertigkeiten von Kommunikation erleben, wie z.B.

- Ich-Botschaften situationsgerecht geben,
- Aufmerksamkeitserhaltung,
- klärende bzw. zielgerichtete Fragetechnik,
- wiederholen/zusammenfassen/spiegeln von Gesprächsbeiträgen in der Moderation,
- Widersprüche bzw. doppelte Botschaften ansprechen,
- Fertigkeiten der Kooperation erleben, wie z.B. Moderationsverfahren kennen und anwenden,
- Prinzipien effektiver und zugleich effizienter Gruppenarbeit kennen und anwenden,
- argumentativ zu diskutieren und zu entscheiden.
- Als Schwerpunkt erleben die Teilnehmer, situationsbezogenes Feedback zu geben und zu nehmen.
- Sie lernen, Präsentationen von Gruppenergebnissen entscheidungsfördernd durchzuführen."

Als Ziele auf der Fähigkeitsebene nennt der Autor:

„Die Teilnehmer sollen die Beziehungsebene der Kommunikation als gleichwertig der Sachebene erkennen und sich entsprechend verhalten können. Sie sollen Ziele/Werte in der Kommunikation und Kooperation wie Kontakt und Vertrauen herstellen und halten, Interesse und Wertschätzung durch aktives Zuhören zeigen. Sie sollen Eindeutigkeit wie Komplexität als wichtige Ziele von Kommunikation und Kooperation (an-) erkennen (...). Sie sollen erkennen und einüben, dass Feedback ein geeignetes Mittel zur Kommunikation und Kooperation ist - vor dem Einsatz von (konstruktiver) Kritik" (STABENAU 1993, S. 142).

Nach BADER (1994, S. 4) sind im Begriff Sozialkompetenz alle Kompetenzen zum sozialen Handeln enthalten. Die Kooperations- und Kommunikationskompetenz sind als zwei wesentliche Teilkompetenzen zu sehen. WENGEMUTH (1998) stellt die Kooperationskompetenz als wesentliche Teilkompetenz beruflicher Handlungskompetenz dar. In seiner Arbeit zur

Entwicklung von Kooperationskompetenz an technischen Berufsschulen unterscheidet er zwischen der Kooperationsfähigkeit (die Grundbefähigung eines Menschen) und der Kooperationskompetenz (die Grundbefähigung und die motivationale Bereitschaft eines Menschen).
Er stellt Kooperationskompetenz auf dem Hintergrund von gruppendynamischen Modellen und von Handlungskonzepten dar als „die umfassende Grundbefähigung und motivationale Bereitschaft eines Menschen, durch den gegenseitigen Austausch von Wahrnehmungen zu einer Aufgabe, die Koordination von Analysen an dieser Aufgabe, die Harmonisierung der Handlungsplanung zu ihr, die gegenseitige Ergänzung der Synthesen und die gemeinsame Überprüfung der Ergebnisse des Handelns an der Aufgabe zu erreichen, dass die Gruppe in ihrer gemeinsamen Arbeit gestützt, gefördert und arbeitsfähig gehalten wird. Kooperationskompetent ist weiterhin der Mensch, der über diesen Prozess zu urteilen und zu werten sowie ihn zu legitimieren und seine eigenen Aktivitäten in diesem Prozess zu beurteilen in der Lage ist“ (WENGEMUTH 1998, S. 80).
Er nennt für die Grundbefähigung «Kooperationsfähigkeit» die folgenden dispositionalen Elemente (Elemente oder Aktivitäten einer Schlüsseldisposition, die enger umgrenzt, aber als Ganzheiten zu verstehen sind):[6]
„zuhören können, fähig sein, Kritik zu ertragen, fähig sein, Kritik zu üben, dominant sein, lenken müssen, geduldig sein, fähig sein, Kompromisse zu suchen, fähig sein, Kompromisse einzugehen, fähig sein, andere zu überzeugen, fähig sein, sich zu begeistern, flexibel sein, echt sein, anderen Menschen helfen, aufmerksam sein, andere Menschen respektieren, bereit sein, Kontakt mit anderen aufzunehmen, bereit sein, sich anderen zu öffnen, die Scheu überwinden, sich zu artikulieren, offen sein für Gedanken, auch wenn sie dem eigenen Geschmack nicht entsprechen, Entscheidungen

---

[6] Dieser Auflistung von dispositionalen Elementen liegt KATH's Modell menschlicher Basisaktivitäten zugrunde. Das Modell geht von menschlichen Basisphänomenen aus (Technik, Wissenschaft, Kunst, Glauben). Davon können Basisbefähigungen abgeleitet werden (z.B. das Miteinandern). Diese Basisbefähigungen lassen sich in basale Befähigungen differenzieren (z.B. Kooperationsfähigkeit), die basalen Befähigungen lassen sich in die dispositionalen Elemente differenzieren. Von diesen lassen sich soziale Techniken ableiten (KATH 1996, S. 35ff, zit. in WENGEMUTH 1998, S. 81ff.).

treffen können, Entscheidungen begründen können, Entscheidungen begründet verwerfen können, sich präzise ausdrücken, Gemeinschaftssinn haben, bereit sein, zu verzichten, sich zurücknehmen, Regeln einhalten, sich anpassen, mit andern gleiche Ziele verfolgen, sich mit dem Ergebnis der Gruppe identifizieren und ermutigen, aufmuntern können" (WENGEMUTH 1998, S. 84, 85).
Aus diesen dispositionalen Elementen können soziale Techniken abgeleitet werden (KATH 1996).

12.5 Erwerb von sozialen Kompetenzen

12.5.1 Problemkreise

Das Nachdenken über die Vermittlung sozialer Kompetenzen ist mit drei Problemkreisen verbunden:

1. Mit der mangelnden Begriffsklarheit fehlt eine wesentliche Grundlage.
2. Über den Erwerb von Schlüsselqualifikationen ist bis anhin wenig gesichertes Wissen vorhanden. Grundlagenforschung fehlt weitgehend (TIETGENS (1990, S. 152).[7]
3. Eine fachdidaktische Präzisierung fehlt. Dies gilt generell für Schlüsselqualifikationen.

ARNOLD (1995, S. 77) fordert in diesem Zusammenhang: „In den Bereichen der Selbst- und Sozialkompetenz ist ebenfalls fachdidaktische Präzi-

---

[7] DÖRIG (1994, S. 303,304) berichtet über den Vergleich der Ergebnisse von 600 Untersuchungen zum kooperativen Lernen durch JOHNSOHN & JOHNSOHN (1983). Sie formulieren ihre Erkenntnisse bezüglich der Überlegenheit des kooperativen gegenüber dem individuellen Lernen: „The more conceptual the task, the more problem solving required, the more desirable higher-level reasoning and critical thinking, the more creative the answers needed, the more long-term retention desired, and the greater the application required of what is learned, the greater the superiority of cooperative over competitive and individualistic learning" (zit. in DÖRIG 1994, S. 304).
SLAVIN (1990, S. 4ff.) berichtet über die Analyse von 67 Studien, welche die Schulleistungsunterschiede zwischen traditionellem und kooperativem Lernen erfassten. In 43 Studien wurden Vorteile des kooperativen Lernens nachgewiesen, 25 Studien zeigten keine Überlegenheit, eine Studie belegte die Vorteile des traditionellen Unterrichtes (nach DÖRIG 1994, S. 304).

sierung sowie eine Integration der Lernaufgaben in die Besonderheiten der jeweiligen beruflichen Handlungssituation erforderlich."

Der Erwerb sozialer Kompetenzen ist in diesem Sinne nicht als inhaltsneutral anzusehen, er soll integrativ, also gleichzeitig mit fachlichen Kompetenzen erfolgen.

12.5.2 Gedankliche Bausteine für den Erwerb sozialer Kompetenzen

12.5.2.1 Konstruktivismus als theoretische Grundposition

Die konstruktivistische Position thematisiert den philosophischen Gedanken der Nichterkennbarkeit der Welt. Nach ARNOLD (1995, S. 15) lassen sich grob die zwei folgenden Hauptpositionen hervorheben: „die These von der prinzipiellen Nicht-Erkennbarkeit einer objektiven Realität und der Notwendigkeit einer epistemologischen Bescheidenheit und die pragmatische Gelassenheit."

Die These von der prinzipiellen Nichterkennbarkeit einer objektiven Realität beinhaltet die Auffassung, dass wir nie die Wirklichkeit an sich erkennen können, sondern es immer mit Deutungen zu tun haben. Die Grundannahmen der Systemtheorie werden damit auf den menschlichen Erkenntnisprozess bezogen. Das Gehirn als Ort des Lernens stellt in dieser Denkweise ein selbstreferentiell und operational geschlossenes System dar. Menschliches Erkennen wird demnach nicht durch die Umwelt, sondern durch die Interaktion seiner Komponenten bestimmt (SCHMIDT 1992, S. 3).

Wenn die Wahrnehmung der Welt als Ergebnis von Selbstdifferenzierungsprozessen des Gehirns aufgefasst wird, hat dies weitreichende Folgen für das Verständnis von Lernen und die Gestaltung von Lernprozessen. Anstelle des Gedankens der Planbarkeit von Lernprozessen, der Erzeugung von Lernprozessen tritt die Frage nach der Ermöglichung von Lernprozessen.

Die pragmatische Gelassenheit ist eine mögliche Folge des Standpunktes der prinzipiellen Nichterkennbarkeit der Welt. Sie führt dazu, dass die Bildungspraxis und -wissenschaft ihren Anspruch an Objektivierung ihrer Forschungs- bzw. Vermittlungsgegenstände aufgibt, „weil solche Objekti-

vierungen gerade das verhindern, worauf es ankommt, nämlich die Einstellung auf die individuelle Selbstorganisation und die jeweils konkreten Deutungen des Lernenden“ (ARNOLD 1995, S. 21). Bildungsfachleute nehmen ihre Vorstellung über die Möglichkeiten, Lernende zu belehren und deren Wirklichkeitskonzepte nachhaltig zu beeinflussen, zurück.
Dieser Prozess des Umdenkens stützt einen alten Anspruch der Pädagogik: „In diesem Zusammenhang wird mit der Konzeption der Selbstorganisation psychischer Systeme das «Autonomiepostulat» der Pädagogik bekräftigt“ (ARNOLD 1995, S. 23).

12.5.2.2 Grundannahmen einer konstruktivistisch orientierten Didaktik

Die konsequente Weiterführung des konstruktivistischen Gedankengebäudes bezogen auf das Verständnis von Lernsituationen führt zur Annahme, dass die Wahrnehmung der Lernenden massgeblich deren Lernprozesse bestimmen. Lernen, verstanden als innengesteuerter, autonomer, aktiver, kumulativer und konstruktiver Prozess im Sinne der Selbstorganisation (SHUELL 1988) heisst, Wissen aus der eigenen Erfahrung heraus und in konkreten Lernsituationen aufzubauen
In diesem Sinne sind effektive Lernprozesse und die entsprechenden Lernformen oft wenig planbar und entstehen im Idealfall aus der Situation heraus. Sie haben einen Bezug zu vorhandenem Wissen und zum eigenen Lernbestreben.
Vermittlungsformen richten sich auf die Ermöglichung von Deutungs- im Gegensatz zu Erzeugungsprozessen, welche beabsichtigen, vorhandenem Wissen neues hinzuzufügen. Lernen ist aber auch in diesem Konzept nicht ohne Lehren möglich. Deutungsprozesse wollen unterstützt sein. Dabei zeichnet sich eine Art «Steinbruch»-Modell des Lehrens ab: „Der Lehrende präsentiert bzw. moderiert ein offizielles Thema, welches von den Lernenden als «Steinbruch» genutzt wird, d.h. sie entnehmen ihm gewissermassen die «Bausteine» bzw. Sinn(bestand)teile, die sie zur Bearbeitung ihrer eigenen Lernthemen, d.h. - um im Bild zu bleiben - zum Bau bzw. Wiederaufbau ihres eigenen Sinnhauses, benötigen“ (ARNOLD & SIEBERT 1995, S. 151).

12.5.2.3 Die Ermöglichungsdidaktik

Der Ansatz der Ermöglichungsdidaktik stellt eine wesentliche Konsequenz des Konzeptes vom Lernen als Selbstorganisationsprozess dar. Die Ermöglichungsdidaktik und die Erzeugungsdidaktik stellen aber zwei sich ergänzende Sichtweisen dar und haben in Abhängigkeit der Zielsetzungen und Inhalte ihre je eigenständige Berechtigung.

Abbildung 11: Von der Erzeugungs- zur Ermöglichungsdidaktik (nach ARNOLD 1995, S. 53)

	Erzeugungsdidaktik	**Ermöglichungsdidaktik**
Charakterisierung	Planungstheorie (zur Auswahl, Aufbereitung und Vermittlung von Inhalten)	Situations- und Subjekttheorie (zur Förderung von Selbstorganisation und Identitätsentwicklung)
Kategorien	Strukturwissen («Knotenpunktwissen») didaktische Reduktion	Selbstbildung Entreglementierung des Lernens
Methodenaspekt	Vermittlungsmethoden	Suchmethoden
Professionalität	Stellvertretende Erschliessung von Bildungsgehalten	Subjektsensible «Begleitung» von selbstorganisierten Lernprozessen

Die Ausarbeitung einer Ermöglichungsdidaktik muss noch erfolgen. „Diese Professionalisierungsfrage wird bislang kaum diskutiert. Doch spricht m.E. viel dafür, dass die Fähigkeit zum Umgang mit der Selbstorganisation anderer nur über die Fähigkeit zum Umgang mit sich selbst erworben werden kann“ (ARNOLD 1995, S. 54).

12.5.2.4 Handlungsorientierung als Lehr- und Lernkonzept

12.5.2.4.1 Grundsätzliches

Lernen durch Handeln stellt ein Rahmenkonzept dar, welches sich in Abhängigkeit von der konkreten Lernsituation unterschiedlich gestalten lässt.

Der Begriff Handeln beinhaltet die Annahme, dass der Mensch in der Lage ist, seine Umgebung aktiv zu beeinflussen.[8]
Handeln verändert nicht nur, sondern liegt als Fähigkeit selbst der Veränderung zugrunde. Handeln als Qualifikation stellt also nie einen abgeschlossenen Zustand dar, sondern meint einen fliessenden.
Handeln kann grob in ein gegenständlich-materielles und sozial-kommunikatives Feld eingeteilt werden, welche in der Realität ineinander übergreifen, aber speziellen Lernbedingungen unterliegen. Handlungsprozesse sind immer mit emotionalen und kognitiven Prozessen verknüpft (LAUR-ERNST 1990b, S. 145,146):
„Empirisch begründeter Erkenntnisgewinn findet in beiden Handlungsfeldern statt. Die Abstraktion der im konkreten Handeln gewonnenen Erfahrungen und Einsichten, ihre Reflexion, Differenzierung und Verallgemeinerung sind wesentliche Bestandteile der Auseinandersetzung mit der Realität und Voraussetzung einer sukzessiven Weiterentwicklung individueller Kompetenzen, sowohl im berufsspezifischen Fachgebiet als auch in Hinblick auf übergreifende, personenbezogene Fähigkeiten und Bereitschaften."

---

8 Der Handlungsbegriff steht im Gegensatz zum Verhaltensbegriff, dem ein Menschenbild zugrundeliegt, welches den Menschen als wesentlich reaktiv und umweltdeterminiert versteht.

Abbildung 12: Konkrete Handlungsfelder und kognitive Wechselbeziehung (nach LAUR-ERNST 1990b, S. 146)

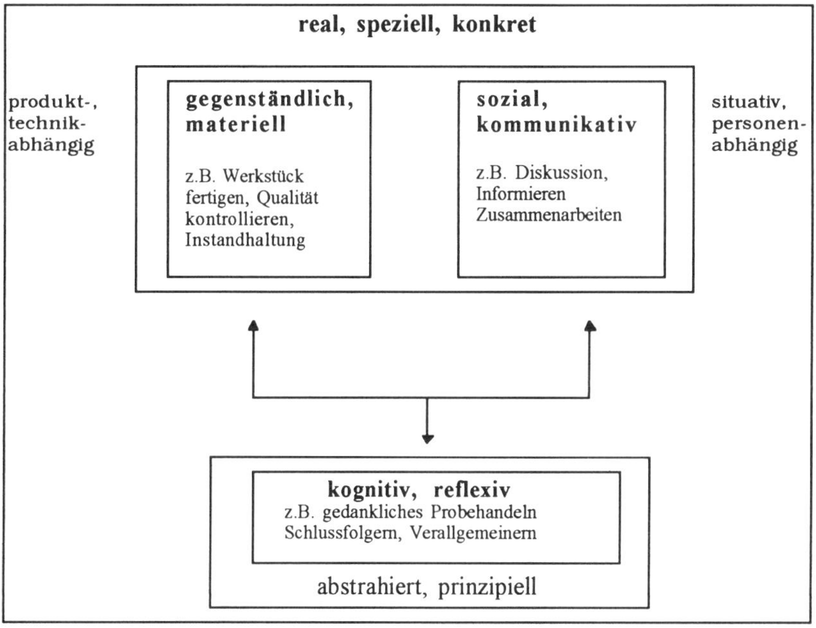

12.5.2.4.2 Zentrale Leitlinien für eine handlungsorientierte Didaktik

Handlungsorientierte Lernprozesse sind an der Konkretisierung einiger zentraler Leitlinien erkennbar. LAUR-ERNST (1990a, S. 48,49 und 1990b, S. 150ff.) hat sie für die Berufsbildung im Betrieb formuliert. Sie enthalten aber auch wichtige Hinweise für die Aus- und Weiterbildung im Lernort Schule, und insbesondere für den Erwerb sozialer und personaler Kompetenzen.

1. Ausgangspunkt für Lernprozesse sind mehrdimensionale, ganzheitliche, komplexe und sinnvolle Problemsituationen, für deren Lösung immer ein Bündel von Kompetenzen aktiviert und umgesetzt werden muss.
2. Das Curriculum folgt der Handlungssystematik im Gegensatz zur reinen Fachsystematik. „Ein Curriculum, das der Handlungssystematik folgt, stellt sich als eine Reihe aufeinander aufbauender, sich ergän-

zender und wechselseitig stützender sinnvoller Arbeitsaufgaben/-situationen dar, mit denen sich der Lernende sukzessiv auseinandersetzt und so seine Kompetenz in ganzheitlicher Weise entwickelt" (LAUR-ERNST 1990a, S. 48).

3. Die Entwicklung von komplexen, personalen Kompetenzen stellt selbstgesteuertes Lernen voraus. Dies bedingt Entscheidungs- und Handlungsspielräume.
4. „Lernen wird also als aktiv-konstruktiver Gestaltungsprozess, der die Persönlichkeit insgesamt erfasst, verstanden und nicht als die mehr oder weniger passive Übernahme eines «vorgefertigten», abgesicherten, nicht mehr hinterfragbaren theoretischen und praktischen Wissens und Könnens" (LAUR-ERNST 1990a, S. 48,49).
5. Lernen ist ein soziales Geschehen. Der Erwerb sozialer Kompetenzen ist undenkbar ohne den Ansatz des kooperativen Lernens. Wesentlicher Bestandteil des handlungsorientierten Ansatzes sind die Reflexions- und Diskussionsprozesse der Beteiligten, also der Wechsel von der konkreten Handlungsebene auf die Metaebene.
6. Lehrende übernehmen Beratungsfunktionen.[9]
7. Die Lernumwelt muss bewusst gestaltet werden. (Stuhlung für eine Vorlesung eignet sich nicht für das Üben sozialer Kompetenzen.)

Nach LAUR-ERNST (1990b, S. 150ff.) erfordert handlungsorientiertes Lernen sieben Strukturmerkmale. Sie sind im folgenden hinsichtlich des Erwerbs von sozialen Kompetenzen umformuliert und beziehen sich auf das sozialkommunikative und auf das gegenständlich-materielle Handeln.

1. Intentionalität
   Handeln als Lernmöglichkeit erfolgt intentional in dem Sinne, als es auf das Gestalten bestimmter kommunikativer Situationen ausgerichtet ist (z.B. Sitzungen gestalten, spezifische Gespräche führen).
2. Bewusstheit
   „Handeln geschieht bewusst, ist diskutierbar und änderbar" (LAUR-ERNST 1990b,

---

9 RIESEN (1995, S. 20ff.) beschreibt die drei Formen: Kognitives Modellieren, dialogische Beratung, Anleitung zur Selbstreflexion.

S. 150). Die Reflexion der in bestimmten Lernsettings gemachten Erfahrungen ist ein unverzichtbarer Bestandteil von Lernarrangements zum Erwerb sozialer Kompetenzen.

3. Subjektivität
   Bei Handlungsprozessen ist die gesamte Persönlichkeit mit ihren lebensgeschichtlich erworbenen Handlungsmustern, Handlungsdispositionen, Werten und Normen einbezogen. Sie bestimmen die Möglichkeiten des Erwerbs sozialer Kompetenzen massgeblich mit. Von standardisierten Vorgehensweisen und Lösungen muss abgesehen werden. Entsprechende Lernsettings beinhalten Gestaltungs-, Übungs- und Diskussionsfreiräume.
4. Prozesshaftigkeit
   „Handeln ist ein dynamischer, sich zeitlich erstreckender Prozess, der keineswegs in allen seinen Elementen und Schritten vorher festgelegt ist (oder sein muss). Er entwickelt sich in Abhängigkeit von den Gegebenheiten bzw. ihrer Veränderung“ (LAUR-ERNST 1990b, S. 151). Gerade wegen dem Strukturmerkmal der Subjektivität, welches beim Erwerb sozialer Kompetenzen in besonderem Masse mitzubedenken ist, muss bei diesem Prozess mit Unvorhergesehenem, welches sich oft in der Form von Widerständen zeigt, gerechnet werden.
5. Komplexität
   Handeln erfordert den Einbezug verschiedener Kompetenzen, mehrere Dimensionen werden aktiviert und müssen verknüpft werden.
   Der Erwerb von sozialen Kompetenzen findet immer im Rahmen einer Kommunikationssituation statt, in welcher auch eine Sachebene beteiligt ist. Demnach müssen immer mindestens personale, soziale und fachlich-sachliche Kompetenzen aktiviert werden.
6. Gestaltbarkeit
   Handeln beinhaltet die Möglichkeit, die Umwelt zu gestalten. Eine Lernsituation zum Erwerb sozialer Kompetenzen kommt immer einer Gestaltung von Umwelt im hier und jetzt gleich. Die Verfügbarkeit von sozialen Kompetenzen stellt ganz generell eine entscheidende Gestaltungsmöglichkeit von Umwelt dar.

7. Resultat
   Handeln hat Folgen, es ist per se auf ein beobachtbares Ergebnis ausgerichtet.
   Bezogen auf den Erwerb sozialer Kompetenzen kann das Ergebnis unterschiedlichster, nicht immer unbedingt beobachtbarer Art sein (z.B. aufmerksam zuhören, das Gehörte differenziert wahrnehmen, sich verständlich ausdrücken können, konstruktive Feedbacks geben, verschiedene Gesprächsarten unterscheiden und entsprechend gestalten, sich sicherer fühlen usw.).

Als Ergänzung und zur Bekräftigung dieser Leitlinien werden im folgenden die Dimensionen des prozess- und handlungsorientierten Lernens nach SIMONS (1992, S. 260ff.) in Bezug auf den Erwerb von sozialen Kompetenzen reflektiert.

1. Das Prozessprinzip
   „Betonung von Lernaktivitäten und Lernprozessen anstatt Betonung von Lernergebnissen."
   Der Erwerb von sozialen Kompetenzen kann nur im Rahmen eines längerfristigen Prozesses gesehen werden. Es wäre deshalb lernhinderlich und entmutigend, die Betonung zu schnell und zu stark auf die Lernprodukte zu legen.
2. Das Rückbesinnungsprinzip
   Der Lernprozess ist Diskussionsthema, „damit sich die Lernenden ihrer Lernstrategien und Selbstregulierungsfähigkeiten bewusst werden."
   Die systematische Arbeit an sozialen Kompetenzen stellt heute noch für viele Lernende Neuland dar und ist deshalb mit Unsicherheit verbunden. Vorstellungen bezüglich Zielen, Inhalten und Vorgehensweisen müssen ausdrücklich thematisiert und im Laufe des Lernprozesses wieder aufgenommen werden. Die Lernenden sollen dabei unterstützt werden, Verbindungen zu erkennen zwischen ihrem Lernvorgehen und ihren Lernzielen.
3. Das Affektivitätsprinzip
   „Der Einfluss affektiv-emotionaler Prozesse auf das Lernen und deren Interaktionen mit kognitiven und metakognitiven Prozessen wird berücksichtigt."

Bei der Arbeit an sozialen Kompetenzen sind affektive Prozesse bedeutsam. Gefühle, Normen und Werthaltungen sind neben gedanklichen Konzepten und Phantasien wesentliche Bestandteile sozialer Kompetenzen und müssen für erfolgreiche Lernprozesse bewusst gemacht werden.

4. Das Nützlichkeitsprinzip

   „Den Lernenden werden Relevanz und Nützlichkeit der Kenntnisse und Fähigkeiten, die sie lernen sollen, bewusst gemacht.“

5. Transferprinzip

   „Transfer und Generalisierbarkeit des Gelernten werden explizit im Unterricht berücksichtigt, und es wird nicht erwartet, dass sie von selbst auftreten.“

   Soziale Kompetenzen werden anhand konkreter Situationen geübt und reflektiert (Problemorientierung). Eine zwar eingeschränkte Echtheit der Situation ist somit vorhanden.

   Verschiedene Fähigkeiten bedingen einen erfolgreichen Transfer:

   Die Artikulation und Reflexion von Faktoren inneren und äusseren Widerstands unterstützt den Transfer von Erkenntnissen in den Alltag ausserhalb der Lernsituation.

   Die Fähigkeit zur Abstraktion, also die Erfahrungen und Einsichten von der konkreten Lernsituation loszulösen, ist in dem Sinne bedeutsam für das Gelingen des Transfers, weil jede zukünftige Situation neu und anders ist. Deshalb ist es notwendig,

„ - dem Denken im Entweder/Oder entgegenzuwirken und den Stellenwert des Graduellen und der Annäherung anzuerkennen, und
  - sich von der Vorstellung einer Festigkeit der Raum- und Zeitkategorie zu lösen“ (TIETGENS 1990, S. 150).

   Grosses Gewicht ist zudem auf die Entwicklung der Fähigkeit zur Selbstwahrnehmung und zur Fremdwahrnehmung (Bestimmungsfaktoren der Situation) zu legen. Um den Transfer zu unterstützen, müssen Lernende ihr Relationsbewusstsein und ihre Relevierungsfähigkeit und ihre Situations- und Perspektivsensibilität entwickeln und sich befähigen,

„ - das Verhalten von Faktoren zueinander,
  - die Beziehung dieser zur eigenen Lage,
  - die momentanen und die dauerhaften Abhängigkeiten und

- die Wechselseitigkeit der Sichtweisen zu erkennen“ (TIETGENS 1990, S. 15).

Die Entwicklung all dieser Fähigkeiten bedarf der Begleitung durch eine Lehrperson.

6. Kontextprinzip

„Lernstrategien und Selbstregulierungsfähigkeiten werden längerfristig und im Kontext von Unterrichtsfächern geübt.“

Es ist sinnvoll und wünschbar, die Förderung der sozialen Kompetenzen in bestehende kooperative Lernformen zu intgrieren, z.B. in Projekt- und Gruppenarbeiten. Sie sind als langfristige Prozesse zu planen und zu begleiten.

7. Selbstdiagnoseprinzip

„Die Lernenden werden explizit darin unterwiesen, wie sie ihr eigenes Lernen überwachen, diagnostizieren und korrigieren können.“

Bezüglich des Erwerbs von sozialen Kompetenzen heisst dies für die Studierenden, anfänglich unter Begleitung, die sich in zunehmenden Masse verringen sollte:

- individuelle Lernziele zu formulieren,
- die Selbstwahrnehmung zu üben,
- Feedbacks anzunehmen und mit der Selbstwahrnehmung zu vergleichen,
- die Bereitschaft und die Fähigkeit zu zeigen, die Wahrnehmung der eigenen Gefühle und des Handelns mit den persönlichen Lernzielen zu vergleichen und
- die Ziele und Vorgehensweisen zu adaptieren.

8. Aktivitätsprinzip

„Der Unterricht wird so gestaltet, dass Lernende aktiv lernen und dass sie konstruktive Lernaktivitäten wählen können.“

Die Handlungskomponenten der sozialen Kompetenzen lassen sich nur durch Übungen entwickeln. Bei diesen Übungen ist darauf zu achten, dass sie beim vorhandenen Wissens- und Fähigkeitsniveau anschliessen. Auswahlmöglichkeiten sichern den Anschluss des Lernens an die vorhandenen Möglichkeiten.

9. Prinzip des allmählichen Abbaus von Hilfen
   „Die Verantwortung für das Lernen verlagert sich allmählich vom Lehrer zu den Lernenden."
10. Betreuungsprinzip
   „Massnahmen zur Realisierung selbstregulierten Lernens werden mit anderen Betreuern/Bezugspersonen abgesprochen."
11. Kooperationsprinzip
   „Kooperation und Diskussion zwischen den Lernenden werden im Unterricht aufgegriffen."
   Dieses Prinzip ist für die Entwicklung der sozialen Kompetenzen in dem Sinne besonders bedeutungsvoll, als die in einer Gruppe anwesenden Lernenden einander Feedbacks geben und bei der Reflexion von Erfahrungen auf der Metaebene wichtige Impulsgeber sind.
12. Lernzielprinzip
   „Höhere kognitive Lernziele, die aktives und konstruktives Lernen erfordern, werden betont."
   Im Bereich des Lernfeldes Sozialkompetenz ist die Lernzielorientierung genauso bedeutsam wie in anderen Lernbereichen. Gewisse Besonderheiten sind dabei zu beachten: Da es sich immer um komplexe Ziele handelt, ist die Umsetzung in beobachtbare Elemente sorgfältig vorzunehmen. Die Lernenden sollten dabei unterstützt werden, möglichst konkrete Ziele zu formulieren. Die Prozesshaftigkeit des Lernprozesses ist bei der Lernzielformulierung und noch mehr bei der -kontrolle besonders zu beachten.

12.5.2.5 Situiertes und prozessorientiertes Lernen

Das situierte und prozessorientierte Lernen basiert auf dem Ansatz des „Cognitive Apprenticeship" von COLLINS, BROWN & NEWMAN (1989). Dieses Lernverständnis basiert auf der Grundannahme, dass Lernende in einem interaktiven Lernprozess mentale Modelle aufbauen. Äussere Einflussfaktoren wie beispielsweise der Einsatz bestimmter Methoden und Materialien und die Gestaltung der Lernumgebung bestimmen im wesentlichen die Lernprozesse.[10]

Drei Kerngebiete des situierten und prozessorientierten Lernens sind für den Erwerb sozialer Kompetenzen besonders bedeutsam:
1. Die Prinzipien einer starken Lernumgebung
2. Die Förderung des selbständigen Lernens
3. Die Rolle des kooperativen Lernens

1. Die Prinzipien einer starken Lernumgebung
   Die Merkmale einer starken Lernumgebung werden hier wiederum speziell in Bezug auf den Erwerb sozialer Kompetenzen dargestellt. (In Anlehnung an MANDL, GRUBER & RENKL 1993, S. 64ff. und MANDL 1992, S. 11):

- Authentische Lernsituation
  Das bewusste Lernen an realistischen Problemen gewährleistet in hohem Masse die intrinsische Motivation, fordert zum aktiven Agieren auf, sichert den Praxisbezug und unterstützt somit den Transfer. Lernsituationen sind zunehmend komplexer anzulegen und differenzierter auszuwerten.

- Multiple Kontexte
  Das Üben und Reflektieren von Kompetenzen, das Anwenden von Strategien in verschiedenen Situationen unterstützt die Flexibilisierung und die Dekontextualisierung des Wissens und Könnens (MANDL & PRENZEL 1991, S. 12). Dabei ist besonders zu denken an wechselnde soziale Situationen und Personen.

- Nutzung moderner Unterrichtstechnologien
  Der Einsatz des Videos unterstützt die Entwicklung der sozialen Kompetenzen.

- Förderung des kooperativen Arbeitens und Lernens
  Die Entwicklung sozialer Kompetenzen ist nur in sozialen Situationen üb- und reflektierbar. Die Feedbacks und Anregungen der Lerngruppe

---

[10] Eine ausführliche Darstellung dieses Ansatzes findet sich bei DÖRIG 1994, S. 262ff.

sowie einer Lehrperson mit lehrenden und beratenden Funktionen stellen wesentliche Bestandteile von wirksamen Lernprozessen zur Förderung sozialer Kompetenzen dar.

- Anwendungsorientierte Methoden der Evaluation
  Lernfortschritte sind im formativen Sinne an Situationen mit hohem Realitätsbezug zu überprüfen. Konkret kann dies beinhalten, dass Lernende konkrete Situationen mittels kognitiver Modelle analysieren, anhand transparenter Werte evaluieren oder bezüglich transparenter Kriterien beobachten.

- Förderung der intrinsischen Motivation
  Persönliche Zielsetzungen, realistische Lernsituationen und das Lernen in Gruppen fördern die intrinsische Motivation massgeblich.
  Gute Voraussetzungen für das Übertragen des Gelernten auf neue Situationen sind dann gegeben, wenn die Lernenden erkennen, dass eine Situation nicht mehr mit ja oder nein gelöst werden kann, wenn sie Wissen gespeichert und verfügbar haben, wenn die Kommunikation strukturiert ist und die Kommunizierenden auf sich selbst verweisen können. Grosse Bedeutung kommt der Abstraktionsfähigkeit und der Selbstkontrolle zu.

- Vorgehensweisen
  Die Methoden oder Kerninstrumente des Ansatzes des «Cognitive Apprenticeship» sind auch für den Erwerb sozialer Kompetenzen sinnvoll (COLLINS, BROWN & NEWMAN 1989, S. 481ff.). Sie sind im folgenden hinsichtlich ihrer Möglichkeiten für den Erwerb sozialer Kompetenzen dargestellt.

  Modeling
  Modellieren meint das Aufzeigen von kognitiven Prozessen zur Lösung eines Problemes. Eine Expertenperson externalisiert interne Prozesse. Dieses Vordenken ermöglicht es den Lernenden, ein mentales Modell aufzubauen, auf welches sie in einer konkreten Situation zurückgreifen.
  Beispiel:
  Die Lernenden üben, eine Projektarbeit vorzustellen und eine Diskussion zu leiten.

Die Lehrperson zeigt eine mögliche Vorgehensweise und einen möglichen Aufbau einer Präsentation sowie die Schritte der Moderation vor. Die Lehrperson kann eine Präsentation und eine Moderation beispielhaft durchspielen und anschliessend auf der Metaebene die Struktur herausarbeiten, die dann von den Studierenden gemäss ihren Möglichkeiten als mentales Modell verinnerlicht wird.

Coaching
Damit ist die Begleitung und Beratung der Studierenden in ihrem Lernprozess gemeint. Lehrende als Coaches geben Hilfestellungen und Rückmeldungen, machen Vorschläge und lenken die Aufmerksamkeit auf das Wesentliche. Diese Beratungs- und Begleitungsaktivitäten können sich beziehen auf die Phase der Lernzielformulierung, des Planens und Ausführens des Lernweges sowie auf das Evaluieren des Lernprozesses und -produktes.
Beispiele: Der Coach regt an, individuelle Lernziele zu konkretisieren, bespricht die Vorgehensweisen zur Arbeit an diesen Zielen, hält Standortgespräche, gibt Rückmeldungen. In Übungssituationen zeigt er andere Möglichkeiten auf, unterstützt, muntert zur Wiederholung auf.

Scaffolding
Die Methode des «Scaffolding» kommt bei Schwierigkeiten der Studierenden mit der Aufgabe zum Einsatz, indem Experten ganz konkrete Hilfestellungen anbieten.
Beispiel: Die Lehrperson zeigt, wie er oder sie sich in einer Konfliktsituation verhalten würde.

Articulation
Zur «Articulation» gehören Vorgehensweisen, die es den Studierenden ermöglichen, ihr Wissen, ihre Gedanken und Gefühle zu formulieren. Sie sind vor allem wichtig bei der Antizipation und Evaluation von Lösungen auf der Metaebene.
Beispiel: Die Studierenden, welche die Zusammenarbeit im Rahmen einer Gruppenarbeit reflektieren, formulieren bezüglich bestimmter Kriterien ihre Erfahrungen und Gefühle und leiten persönliche Schlussfolgerungen ab.

Reflection
«Reflection» meint das Vergleichen von eigenen Lernwegen und Lösungen mit denjenigen von Kollegen oder Expertinnen.
Beispiel: Eine Übung zur Förderung des Gesprächsverhaltens wird auf Video aufgenommen. In der anschliessenden Besprechung formulieren und begründen die Anwesenden die Vorgehensweise, die sie gewählt hätten.

Exploration
Wenn Studierende dazu angehalten werden, mit Hilfe von inhaltlichen Grundlagen eigene Problemlösungen zu entwickeln, kann von «Exploration» gesprochen werden.
Beispiel: In der Betriebswirtschaftslehre werden die wesentlichen Faktoren einer guten Unternehmenskultur besprochen. Die Studierenden formulieren anschliessend Regeln für die Kommunikation zur Umsetzung der guten Unternehmenskultur.

2. Die Förderung des «Selbstgesteuerten Lernens»
Von selbstgesteuertem Lernen kann gesprochen werden, wenn die Lernenden in hoher Eigenverantwortung ihre Lernprozesse planen, steuern, regulieren, überwachen und reflektieren. Diese zentralen Lernfunktionen, in der traditionellen Vermittlungsdidaktik von der Lehrperson als Lehrfunktion wahrgenommen, werden durch die Lernenden selbst übernommen (DUBS 1995a, S. 263ff.; BECK, GULDIMANN & ZUTAVERN 1995; DEITERING 1995).
Nach breiter Auffassung aufgrund von vielfältigen praktischen Erfahrungen wird die Fähigkeit des selbstgesteuerten Lernens in einem längerfristigen Prozess erworben. Studierende bedürfen der sorgfältigen Einführung, Begleitung und Beratung durch Lehrpersönlichkeiten, die sich mit dem damit verbundenen Rollenwandel befasst haben. Sie begleiten, fördern, beraten die Lernenden, sie unterstützen, bieten Deutungen von Erfahrungen oder bieten sich als Modell an (ZUTAVERN 1995, S. 215ff.).
Auf dem Hintergrund des konstruktivistischen Denkens kann aber selbst- und fremdgesteuertes Lernen nicht als ein Gegensatzpaar dargestellt werden, da Lernen immer als ein selbstgesteuerter, aktiver und

konstruktiver Prozess verstanden wird. Lernen kann als mehr oder weniger selbstgesteuert verstanden werden (SIMONS 1992). Dies bedeutet, dass das Individuum bezüglich bestimmter geistiger Aktivitäten des Lernprozesses mehr oder weniger Impulse seitens der Lehrpersonen aufnehmen und mit vorhandenen Handlungsstrukturen verknüpfen kann, bzw. dass die Lehrperson mehr oder weniger beabsichtigen wird, zentrale Lernfunktionen des Lernenden zu beeinflussen.

AEBLI (1987, S. 181ff.) nennt die folgenden Fähigkeiten als Voraussetzung für autonome Lernprozesse. Autonome Lerner und Lernerinnen müssen
„... fähig werden,
(1) mit Sachen und Ideen selbständig in Kontakt zu treten,
(2) Erscheinungen und Texte selbständig zu verstehen,
(3) Handlungen selbständig zu planen und Probleme selbständig zu lösen,
(4) Tätigkeiten selbständig zu üben, Informationen gedächtnismässig verfügbar zu machen,
(5) ihre Tätigkeits- und Lernmotivation selbständig aufrechtzuerhalten".

Hinsichtlich des Erwerbs sozialer Kompetenzen ist Selbststeuerung in den fünf Funktionen nach SIMONS 1992, S. 254ff. bezüglich der folgenden Lernfähigkeiten denkbar und sinnvoll:

Abbildung 13: Fünf Funktionen des selbstgesteuerten Lernens in Bezug auf den Erwerb sozialer Kompetenzen (in Anlehnung an SIMONS 1992, S. 254ff.)

Lehrfunktion	**Lernfähigkeiten**
1. Vorbereitung des Lernens durch die Lehrkraft	Die Lernenden bestimmen selbst ihre individuellen Lernziele in Abhängigkeit der persönlichen Einschätzung und unter Einbezug von Fremdeinschätzungen. Sie verbinden die Lernziele mit einer Bedeutung, z.B. bezüglich ihrer beruflichen Praxis. Sie sind dadurch motiviert, entsprechende Lernschritte einzuleiten. Sie besinnen sich auf vorhandene Fähigkeiten und bauen darauf auf.

Lehrfunktion	**Lernfähigkeiten**
2. Steuerung der Lernfähigkeiten	Sie wenden kognitive Konzepte in Übungssituationen an oder formulieren Einsichten (Alltagstheorien) aufgrund von persönlichen Erfahrungen. Sie integrieren Gelerntes in neue Lernsituationen. Sie üben selbständig. Sie erfinden Übungssituationen oder erkennen Situationen als solche. Sie wenden soziale Kompetenzen in neuen Aufgabenstellungen an. Sie suchen und lesen entsprechende Literatur.
3. Regulieren des Lernens (Metakognition)	Sie reflektieren die Lernfortschritte bezüglich der Lernziele, z.B. im Rahmen eines Lerntagebuches oder in Lerngruppen. Sie machen Vorschläge zur Förderung der sozialen Kompetenzen und holen sich gezielt und selbständig Gesprächspartner.
4. Leistungsbeurteilung	Sie praktizieren Selbsteinschätzung oder holen sich gezielt Feedback bezüglich ihrer Lernziele.
5. Motivation und Konzentration	Sie suchen Strategien zur Erhaltung ihrer Motivation und Aufmerksamkeit bezogen auf ihre Ziele und Lernstrategien.

3. Die Rolle des kooperativen Lernens
   Bezüglich des Erwerbs von sozialen Kompetenzen (am Beispiel der Kooperationskompetenz) sieht PALLASCH (1992, S. 127) grundsätzlich drei Wege. Dabei handelt es sich immer um Lernprozesse in Gruppenverbänden.
   "1.Erwerb durch intuitives Verstehen und Einfühlen (Begabung) in das Gruppengeschehen. Es gibt Menschen, die aus ihrer Intuition heraus in der Lage sind, in der Gruppe konstruktiv zu arbeiten bzw. eine Gruppe zu moderieren (leiten).
   2. Erwerb durch professionelle Schulung (gruppendynamisches Training) gruppaler Verhaltensweisen. Über die Fremd- und Selbstwahrnehmung werden die eigenen Verhaltensweisen in ihrer Wirkung auf

sich selbst und auf andere überprüft und gegebenenfalls verändert. Gelernt und trainiert wird das Leiten bzw. Moderieren von Gruppen.

3. Erwerb durch punktuelle und partielle Übungen, die als exemplarische Mosaiksteine für die Gruppenarbeit stehen und als solche auf die reale Gruppenarbeit transformiert werden können."

Im Rahmen von formellen Lernprozessen an Fachhochschulen sind der zweite und dritte Weg relevant. Konkret sind für die Gestaltung von Lernprozessen zur Förderung sozialer Kompetenzen drei didaktische Voraussetzungen besonders zu beachten:

a) Ebene der Zielsetzung bezüglich sozialer Kompetenzen
b) Ebene der Vorgehensweise
c) Ebene der Auswertung (Metakognition)

a) Ebene der Zielsetzung

Lehrende und Lernende formulieren formativ überprüfbare Ziele mit Hilfe der Taxonomie von CALCHERA & WEBER 1990, S. 13ff. oder von KRATHWOHL; BLOOM; MASIA (1975).

b) Ebene der Vorgehensweise

Zur bewußten Einübung stehen gemäss DUBS (1995a, S. 296) die folgenden Arbeitsformen zur Verfügung :

"(1) Eine im normalen Unterrichtsverlauf vorgesehene Kleingruppenarbeit wird von einer Gruppe demonstriert und von der übrigen Klasse beobachtet. Vorgängig erläutert die Lehrkraft einige kooperative und soziale Fertigkeiten, die in der anschliessenden Gruppenarbeit beobachtet und dann in der ganzen Klasse besprochen werden.

(2) Kooperatives Lernen wird an Beispielen auf Video gezeigt. Aufgabe der Klasse ist es, dieses Video im Hinblick auf kooperative und soziale Fertigkeiten und Fähigkeiten zu analysieren, um daraus Lehren für das eigene Verhalten zu ziehen.

(3) Die Lehrkraft nimmt im Unterricht regelmässig Kleingruppendiskussionen auf Video auf und bespricht sie anschliessend in einer Phase des individuellen Unterrichtes mit der betreffenden Gruppe."

Die folgenden Möglichkeiten sind zusätzlich besonders geeignet für die Lernsituationen an Fachhochschulen:

Seminare zur Gesprächsführung
Kommunikation ist der Inhalt bestimmter Seminarien, an welchen Konzepte vermittelt und gewisse Fertigkeiten eingeübt werden (Übungen, Rollenspiele)
Projektarbeiten oder Lerngruppen
Die Studierenden formulieren persönliche Ziele, mit Unterstützung durch eine Lehrperson, reflektieren mit der Hilfe von Anleitungen regelmässig diese Ziele und formulieren Erkenntnisse in einem Lerntagebuch oder Lernbericht.

c) Ebene der Auswertung (Metakognition)
Kooperative Arbeitsformen müssen, wenn sie zu Erkenntnissen über die eigenen sozialen Kompetenzen und zu deren Verbesserung beitragen wollen, reflektiert werden (MANDL, 1993, S. 67). Die Artikulation von Erfahrung aufgrund von Selbstreflexion, das Vergleichen von eigenen Erfahrungen mit Beobachtungen von Partnern und Partnerinnen, das Vergleichen von gewählten Wegen mit allgemeinen Strategien, mit Strategien von «Experten» oder theoretischen Konzepten führt zu verfügbaren Erfahrungen und allgemeinen Erkenntnissen. Metakognitive Prozesse sind während oder am Schluss einer Lerneinheit möglich. Die Reflexion sollte ziel- und kriterienbezogen erfolgen. Die Studierenden sollten Erkenntnisse und allenfalls neue Ziele oder eine neue Gewichtung der bestehenden Ziele formulieren.
DUBS (1995a, S. 300) sieht drei mögliche Vorgehensweisen, Reflexionsprozesse zu üben:
1. Die Lehrperson führt ein Auswertungsgespräch aufgrund der schriftlich festgehaltenen Beobachtungen der beteiligten Gruppenmitglieder durch.[11] Dieser Fremdbeurteilung kann die Selbstbeurteilung des besprochenen Gruppenmitgliedes vorausgehen.
Bei dieser Auswertungsform fliessen Beziehungsaspekte unter den Beteiligten und deren Betroffenheit vermutlich stark in die Rückmeldung ein. Die Leitung hat die Aufgabe, die Bedeutung gruppendynamischer Einflüsse auf die Rückmeldungen aufzuzeigen.

---

[11] DUBS (1995a, S. 301) zeigt ein Beurteilungsblatt für Gruppenmitglieder.

2. Die Auswertung wird durch dafür bestimmte Beobachter oder Beobachterinnen vorgenommen. Die Rückmeldungen durch neutrale Beobachter bieten ein gewisses Mass an Objektivität. Diese Art gewährleistet, dass jedes Gruppenmitglied aufmerksam wahrgenommen wird.
3. Die Gruppe führt ein freies Gespräch über ihre Arbeitsweise. Diese Arbeitsweise erfordert bereits ein hohes Mass an Sozialkompetenz und Erfahrung mit eigenverantwortlichen Lernformen.

12.5.2.6 Voraussetzungen für die Einübung sozialer Kompetenzen

Die Förderung der sozialen Kompetenz bedingt gewisse Voraussetzungen der Beteiligten auf der emotionalen, kognitiven und psychomotorischen Ebene:

- Emotionale Ebene
  Bei den Lernenden und den Lehrenden muss der Wille für die Arbeit an diesen Zielen vorhanden sein.
- Kognitive Ebene
  Studierende und Lehrende brauchen eine minimale Vorstellung über Fertigkeiten und Fähigkeiten, die dem Begriff der sozialen Kompetenz zugeordnet werden können. Handlung setzt Handlungsmöglichkeiten, Lernen setzt Lernmöglichkeiten voraus.
- Psychomotorische Ebene:
  Studierende und Lernende brauchen minimale Fähigkeiten zur Selbst- und Fremdbeobachtung und Selbst- und Fremdeinschätzung.
  DUBS (1995, S. 297) formuliert die folgenden Fähigkeiten und Fertigkeiten als Voraussetzungen für das Lernen in kooperativen Lernsettings:

  "Fertigkeiten und Fähigkeiten der Kooperation:
  Strukturiert zum Thema sprechen und Ideen beitragen.
  Aktives Zuhören.
  Fragen im Zusammenhang mit dem Gedankengut stellen.
  Fragen ohne Abschweifungen beantworten.
  Einzelheiten strukturierend zusammenfassen.
  Aussagen im Hinblick auf die Aussagekraft beurteilen.
  Im Zweifelsfall Hypothesen entwerfen und behandeln.

Im richtigen Zeitpunkt Schlussfolgerungen ziehen.
Genügend auf andere eingehen.
Gefühle und Fakten einbringen.
Verbales und nichtverbales Verhalten in Übereinstimmung bringen.
Den anderen und ihren Ideen mit Respekt begegnen.
Gemeinsam mit Hilfsmitteln umgehen.

Fertigkeiten und Fähigkeiten der Selbstbeobachung
Reaktionen der Gruppenmitglieder auf eigenes Verhalten einschätzen und zweckmässig reagieren.
Überprüfen, ob mich andere verstehen.
Überprüfen, ob ich zum guten Gruppenklima beitrage (Versachlichen des Gespräches, Fortführen der Gedanken der anderen Gruppenmitglieder, Verstehen der Positionen der anderen Gruppenmitglieder).
Überprüfen, ob ich zur Zielstrebigkeit beitrage.
Überprüfen, ob ich zum gegenseitigen Vertrauen beitrage.

Fertigkeiten und Fähigkeiten der Selbstbewertung
Fortschritt der Gedanken und Arbeitsgänge im Hinblick auf das Ziel bewerten.
Endergebnisse bewerten und allenfalls verbessern.
Eigenes Verhalten und Handeln bewerten und Lehren zur Verbesserung ziehen."

12.6 Anforderungsprofil an die Lehrenden

Lehrende, welche die sozialen Kompetenzen ihrer Studierenden fördern wollen, müssen bereit sein, kooperative und eigenverantwortliche Lernprozesse zu planen und zu begleiten. WENGEMUTH (1998, S. 77) hält fest, dass Lehrende grundsätzlich den Willen dazu haben müssen, aber auch die Fähigkeit, in den Hintergrund treten zu können, also sich als Lernbegleiter zu verstehen: "Lehrende müssen kooperatives Lernen wollen können!"
Die Kompetenzen, die herausgebildet werden sollen, müssen bei den Lehrenden in hohem Masse vorhanden sein. Dies ist eine Vermutung, ein Beweis dieser Annahme liegt nicht vor (WENGEMUTH 1998, S. 152).

In Anlehnung an das Modell der beruflichen Handlungskompetenz von BADER (vgl. 12.2.3.) können die allgemeinen Anforderungen an Lehrkräfte präzisiert werden (vgl. dazu WENGEMUTH 1998, S. 42, 43). Hier wird das Modell herangezogen zur Beschreibung der Anforderungen zur Förderung der Sozialkompetenz bei den Studierenden. BADER subsumiert unter den Kompetenzbegriff immer die Fähigkeit und die Bereitschaft, eine bestimmte Handlung auszuführen.

- Humankompetenzen der Lehrenden
  Die Dozierenden nehmen eine reflektiert positive Einstellung ein gegenüber der Aufgabe, soziale Kompetenzen ihrer Lernenden zu fördern.
  Sie zeigen Bereitschaft, die eigenen sozialen Kompetenzen zu entwikkeln.
  Sie sind willens und in der Lage, persönliche Wahrnehmungen in Lernsituationen einzubringen.
  Sie bringen ihre gesamte Persönlichkeit in die Lehre ein, das heisst sie geben inhalts- und personenbezogen ihre Meinungen, Ideen und Gefühle weiter.
  Sie sind in der Lage, ihre Lehrtätigkeit eigenständig zu reflektieren (Selbstevaluation).

- Soziale Kompetenzen der Lehrenden
  Sie können ein Klima des gegenseitigen Respektes und des Vertrauens erzeugen.
  Sie können persönliche Wahrnehmungen differenziert formulieren und auf Äusserungen der Studierenden differenziert und einfühlsam eingehen. Sie können eine klare Position einnehmen und ausdrücken.
  Sie können gruppendynamische Prozesse wahrnehmen und artikulieren sowie mögliche Zusammenhänge zwischen gruppendynamischen Prozessen und den Aussagen einzelner Gruppenmitglieder aufzeigen.
  Sie stellen sicher, dass Lehrende und Lernende sich verstehen und dass die inhaltlichen und wenn nötig die gruppendynamischen Zusammenhänge erfasst werden können, sie tragen bei zur Unterscheidung der Sach- und Beziehungsebene.
  Sie tragen zur Klärung von (inhaltlichen) Mißverständnissen bei.
  Sie können metakognitive Prozesse anleiten.

- Fachliche Kompetenzen der Lehrenden
  Sie verfügen über theoretische Konzepte bezüglich der «Sozialkompetenz» als Lerninhalt und über didaktische Konzepte zur Förderung der sozialen Kompetenzen im Rahmen ihres Lehrauftrages.

- (Fach)didaktische Kompetenzen der Lehrenden
  Sie können Gesamtkonzeptionen, Unterrichtsziele und -inhalte, methodische Vorgehensweisen und Hilfsmittel so auswählen bzw. einsetzen, dass damit, unter Berücksichtigung der persönlichen Kompetenzen, des Entwicklungsstandes der Adressaten, der Schulkultur, des vermittelten Sachinhaltes, die optimalsten Voraussetzungen zur Realisierung der Grobziele im Bereich Sozialkompetenzen geschaffen sind.
  Sie sind insbesondere in der Lage, selbstverantwortliche Lernprozesse zu begleiten (vgl. auch DUBS 1995, S. 298). Die didaktische Kompetenz ist integraler Bestandteil der Fach-, Human- und Sozialkompetenz. „Die fachdidaktische Kompetenz gilt erst dann als vollständig und zufriedenstellend herausgebildet, wenn im Lehrerverhalten alle drei Dimensionen beruflicher Handlungskompetenz involviert sind" (WENGEMUTH 1998, S. 44).

Abbildung 14: Dimensionen beruflicher Handlungskompetenz Lehrender (nach WENGEMUTH 1998, S. 43)

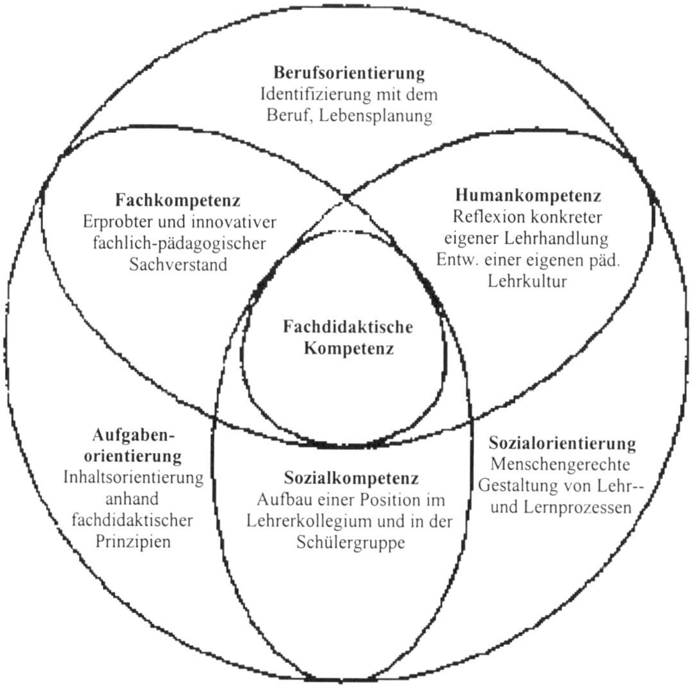

12.7 Schlussfolgerungen für die Konzeption der didaktischen Weiterbildung der Dozierenden an Fachhochschulen

Fachhochschulen deklarieren die Entwicklung der sozialen Kompetenz ihrer Studierenden als Lerninhalt. Aufgrund der vorliegenden Gedankenführung zeigt sich, dass die Übernahme dieser Aufgabe sehr komplex und anspruchsvoll ist.

Sie erfordert konzeptionelle Überlegungen auf der curricularen und andragogisch-didaktischen Ebene und stellt hohe und vielschichtige Anforderungen an die Dozierenden.

Die Förderung der sozialen Kompetenzen an Fachhochschulen erfordert Lernprozesse der Institution (Schulentwicklungsprozesse) und Lernprozesse ihrer Mitarbeitenden.

Es muss davon ausgegangen werden, dass viele Dozierende den bewussten Umgang mit den eigenen sozialen Kompetenzen und die Entwicklung von sozialen Kompetenzen bei den Studierenden erlernen müssen.
Die Herausbildung und die Förderung sozialer Kompetenzen bei den Dozierenden stellt vermutlich einen langsamen und langdauernden Prozess dar.
Weiterbildungen können die Dozierenden dabei unterstützen, die eigenen sozialen Kompetenzen weiter zu entwickeln. Sie können Anregungen zur Förderung der sozialen Kompetenzen der Studierenden vermitteln.
Geeignete Weiterbildungskonzepte für die Dozierenden sind zu entwickeln, bestehende sind hinsichtlich der Weiterentwicklung der sozialen Kompetenzen der Teilnehmenden und der Förderung der sozialen Kompetenzen ihrer Studierenden zu untersuchen und zu adaptieren.
Ein Klima des gegenseitigen Vertrauens und das Angebot von geeigneten Lernsettings ermöglichen den Dozierenden, im Rahmen von Weiterbildungen ihre beruflich-sozialen Handlungskompetenzen zu erweitern. Sie müssen Gelegenheiten erhalten und diese auch ergreifen,

- ihre Lehrkonzepte und Ausbildungskonzepte zu reflektieren,
- Lernarrangements zu planen, welche handlungsorientierte, kooperative und eigenverantwortliche Lernprozesse ermöglichen, in denen Lernende sich denkend (theorieorientiert), fühlend (erlebnisorientiert) und handelnd (tätigkeits- oder handlungsorientiert) mit der Erweiterung von sozialen Kompetenzen beschäftigen,
- Lernprozesse auf der Metaebene anzuregen und so den Bewusstwerdungsprozess zu unterstützen,
- Signale der individuellen und sozialen Selbstorganisation der Lernenden wahrzunehmen und didaktisch und persönlich darauf einzugehen,
- Lernende (einzeln und in Gruppen) zu begleiten,
- ihre Rolle zu reflektieren und eine hohe Rollenflexibilität zu zeigen,
- eigene Wahrnehmungen und Überlegungen professionell einzubringen,
- angepasste Formen zur Überprüfung der Lernfortschritte zu kreieren und anzuwenden,

- Lehrkonzepte entsprechend zu konzipieren und die nötigen organisatorischen Implikationen in die Wege zu leiten (vgl. WENGEMUTH 1998, S. 46).

In den Interviews wurde die Thematisierung der sozialen Kompetenzen als wichtiger Lerninhalt für eine didaktische Weiterbildung genannt, dies unter Bezugnahme auf die Dozierenden und die Studierenden. SENN (1995, S. 42) stellt fest, dass heute „... an den (untersuchten) Höheren Fachschulen eine aufeinander abgestimmte, in die Grundausbildung eingebaute Themenausbildung Richtung Methoden- und Sozialkompetenz mehrheitlich fehlt." Davon muss abgeleitet werden, dass es nicht genügt, die Sozialkompetenz nur im Kontext der didaktischen Weiterbildung zu betrachten. Im Rahmen einer didaktischen Basisqualifikation von 200 Stunden können ausserdem nur erste Schritte zur Thematisierung der Sozialkompetenz als Lernziel für die Studierenden und zur Förderung der persönlichen Sozialkompetenzen geleistet werden.[12] (Schulexterne) Weiterbildungen stellen unerlässliche Gelegenheiten dar, gewonnene Einsichten zu vertiefen.

Parallel zum persönlichen Lernprozess der Dozierenden verlangt diese Thematik Veränderungsprozesse in der Institution in bezug auf Werthaltungen, Lehrpläne und Rahmenbedingungen. Schulinterne Weiterbildungen stellen ein geeignetes Instrument dar, als gesamte Institution Impulse zu erhalten, um entsprechende Prozesse auszulösen und diese zu begleiten.

---

[12] WENGEMUTH (1998, S.100ff.) stellt eine Seminarreihe vor zur Herausbildung der Kooperationskompetenz in der fachdidaktischen Ausbildung im Studiengang «Lehramt an berufsbildenden Schulen» und hat die Wirksamkeit der Seminare in bezug auf die Herausbildung von Kooperationsfähgkeit thematisiert. Er hat ein Modell zur Erfassung von Veränderungen der Kooperationsfähigkeiten entwickelt. Ob diese Verbesserung der Fähigkeiten zu einer Verbesserung der Unterrichtsgestaltung führt, bleibt vorläufig eine offene Frage.

Teil IV

Schluss

13 Schluss

13.1 Rückblick und Standortbestimmung

Mit der Umwandlung der Höheren Fachschulen in Fachhochschulen stellt die Qualifikation der Dozierenden als Element der Qualität für diese Institutionen ein verbindliches Thema dar. Das Gesetz schreibt als Voraussetzung für eine Tätigkeit an einer Fachhochschule neben einem Hochschulabschluss und breiter Praxiserfahrung auch eine didaktische Qualifikation vor. Im Vorfeld der Verabschiedung dieser gesetzlichen Vorschrift hatten bereits verschiedene der damaligen Höheren Fachschulen die Notwendigkeit der didaktischen Weiterbildung erkannt und entsprechende Massnahmen getroffen (vgl. Kap.1.3). In diesem Sinne sind im Fachhochschulgesetz bestehende Trends aufgenommen und als verbindlich erklärt worden. Damit ist eine folgenschwere Veränderung in bezug auf die Motivation zur didaktischen Weiterbildung eingetreten. Sie erfolgte vorher auf Freiwilligkeit und damit auf der Grundlage der Selbstmotivation der Dozierenden. Neu wird sie zur Pflicht. Dies hat Vor- und Nachteile. Das Prinzip der Freiwilligkeit fällt weg, die damit verbundene Selbstmotivation als eine optimale Voraussetzung für einen erfolgreichen Lernprozess ist zumindest beeinträchtigt. Andererseits erhalten die didaktische Qualifikation und das Thema der Didaktik damit das nötige Gewicht. Die gesetzliche Verpflichtung führt somit zu Gewinn und Verlust gleichzeitig.

Die Konkretisierung der didaktischen Qualifikation musste nach Verabschiedung des Gesetzes für breite Teile der Fachhochschulen noch erfolgen. Sie war im wesentlichen Gegenstand dieser Studie. Der Prozess der Erkenntnissuche hat gezeigt, dass es in der heutigen bildungspolitischen Situation möglich ist, konkrete Konzepte zu entwickeln und umzusetzen. Entscheidend war sicher, dass der Bund entsprechende finanzielle Ressourcen für das Projekt Schweizerische Weiterbildungszentrale für Fachhochschulen bereitstellte und die Arbeit auch ideell unterstützte. Für die systematische Auswertungs- und Reflexionsarbeit brauchte es hingegen ein hohes Mass an Eigeninitiative und Freiwilligenarbeit der Verfasserin.

Zur Beantwortung der Fragestellungen machte es Sinn, die bestehenden Überlegungen und Konzepte mitzuberücksichtigen, denn diese waren in

den damaligen Höheren Fachschulen gewachsen und damit in diesen Institutionen verankert, eine wichtige Bedingung für die Akzeptanz dieser Konzepte, die durch diesen Arbeitsprozess eine Erweiterung und Vertiefung erfahren konnten.
Auf der Basis von zahlreichen Gesprächen im Rahmen von Workshops und Interviews ist das Ziel, konkrete Handlungsanweisungen bezüglich der Konzeptualisierung und Durchführung der didaktischen Qualifikation, erreicht worden (vgl. Kap. 1.1).

Für die Phase der Konzeptentwicklung war entscheidend, dass die Schlüsselpersonen aus der Fachhochschullandschaft bereit waren, ihr Wissen und ihre Erfahrungen zur Verfügung zu stellen, und dass die Vertreter und Vertreterinnen der damaligen Höheren Fachschulen ihre Zeit zur Verfügung stellten, um gemeinsam mit ihren Kollegen und Kolleginnen den Weiterbildungsbedarf aus ihrer Sicht zu formulieren. In den zahlreichen Gesprächen war immer ein grosses Engagement für die Umwandlung der Höheren Fachschulen in Fachhochschulen zu verspüren. Die grosse Herausforderung wurde deutlich. Sie besteht heute noch für viele Schulen vor allem in Hinsicht auf die Konkretisierung der Elemente *Dienstleistung* und *anwendungsorientierte Forschung und Entwicklung* (aF&E) des Leistungsauftrages. Es scheint oft, als rücke die Bedeutung der *Lehre* als Kerngeschäft der Fachhochschulen in den Hintergrund. Dies ist angesichts der aktuellen Situation verständlich, denn die Erfüllung des neuen Auftrages verlangt weitreichende Klärungsprozesse in Bezug auf mögliche Inhalte, Strategien, auf die Personalpolitik und auf das Verhältnis zwischen *Lehre*, *aF&E* und *Dienstleistungen.* Die neuen Elemente des Leistungsauftrages sollten immer auch im Dienste einer maximalen Praxisorientierung der Diplom- und Nachdiplomausbildung stehen.
Es muss zur Kenntnis genommen werden, dass viele Dozierende und Mitarbeitende oft bis an die Grenzen ihrer Möglichkeiten und Belastbarkeit gefordert sind. Für die Phase der Konzeptentwicklung bedeutete die Wahrnehmung dieser Belastungen, die signalisierten Grenzen zu akzeptieren und auf eine vertiefende Diskussion der Ergebnisse mit Vertretern der Fachhochschulen zu verzichten (vgl. Kap. 4.3). Dies kann aus wissenschaftlicher Sicht möglicherweise als ein Mangel in Bezug auf die kom-

munikative Validierung wahrgenommen werden (vgl. Kap. 3.2). Dabei gilt es aber zu bedenken, dass die Validierung der Ergebnisse niemals abgeschlossen ist. Der in dieser Studie vorgenommene Abschluss der Erkenntnissuche ist in diesem Sinne künstlich. Die kommunikative Validierung muss laufend fortschreiten in dem Sinne, als die Adäquatheit der Ergebnisse sich in der Praxis immer wieder neu erweisen muss. Die regelmässige Evaluation der Weiterbildungsangebote und die regelmässigen Gespräche mit Vertretern der Schulen geben Hinweise auf ihre Gültigkeit und ihre Bedeutung für die Praxis. In einem systematischen Erkenntnisprozess für und mit der Praxis stellt die kommunikative Validierung ein ständige Begleitaufgabe dar.

Gleichzeitig zur Entwicklung von Konzepten erwartete der Geldgeber so rasch wie möglich Dienstleistungen, vor allem das Angebot von Kursen. Auch die aktuelle Bedarfslage wies in diese Richtung. Für einen systematischen Erkenntnisprozess für und mit der Praxis bedeutet dies, die Idee des Nacheinanders von Erkenntnissuche und entsprechenden Massnahmen zu Gunsten einer Gleichzeitigkeit von Erkenntnisprozess und Handlung aufzugeben.
Die Schweizerische Weiterbildungszentrale für Fachhochschulen hat dann auch, parallel zur Konzeptentwicklung, bereits in einem frühen Stadium Kurse auf den Markt gebracht. Sie führt in ihrem Kursprogramm regelmässig modulare und kompakte Angebote für die didaktische Qualifikation aufbauend auf den Ergebnissen dieser Studie durch (vgl. Kap. 6). Die Kurse werden teilweise sehr gut besucht. Die Dozierenden wählen Angebote, die sofortige Umsetzbarkeit versprechen. Weiterbildungen mit reflexiven Themen werden weniger gebucht.

Noch ungelöst ist die Frage nach der Institutionalisierung und Finanzierung der didaktischen Weiterbildung für Fachhochschuldozierende (vgl. Kap. 6.2.3; 6.2.4; 8.3). Hier hat sich die Vielschichtigkeit der Thematik gezeigt: Die Implementierung der didaktischen Qualifikation im tertiären Bildungsbereich, konkret der Fachhochschulen, tangiert das Spannungsfeld zwischen Schulhoheit und Bundeshoheit, regional- und bildungspolitischen Überlegungen, Machtansprüchen verschiedener Gruppierungen und Interessenvertreter, das Grundverständnis in Bezug auf die Subventionierung von Weiterbildung durch Bund und Kantone und ganz generell die Frage nach der dieser Qualifikation zugeschriebenen Bedeutung.

Im Laufe dieser Arbeit ist sehr deutlich geworden, dass die Bedeutung der Didaktik und der didaktischen Qualifizierung für eine optimale Lehre an den Fachhochschulen in Gesprächen durchaus anerkannt wird. In der Praxis stellt sie noch ein untergeordnetes Thema dar (vgl. Kap. 5.2.4). Dies könnte sich allerdings ändern, wenn erst einmal Massnahmen zur Qualitätssicherung eingeführt sind, womit die Klärung über das Anforderungsprofil notwendigerweise verbunden ist, und die Ergebnisse den zweifellos sehr hohen Weiterbildungsbedarf in dieser Richtung aufzeigen werden (vgl. Kap. 5.1.3).

13.2 Das Ergebnis: Versuch einer Bewertung

13.2.1 Antworten und Fragen

Ein Ergebnis dieser Studie besteht in der Beschreibung von Grundlagen für die Konzeption der didaktischen Qualifizierung. Diese ist eingebettet in das Selbstverständnis der Fachhochschulen als Bildungsinstitution und Unternehmen. Die Konzepte richten sich auf erwachsene Lerner und Lernerinnen als direkte Zielgruppe der didaktischen Qualifikation aus, eine Adressatengruppe, die ihrerseits mit Erwachsenen arbeitet und den Anspruch einlösen muss, eine Berufsausbildung und -weiterbildung auf Hochschulniveau anzubieten. Die Konzepte verfolgen die generellen Ziele der Optimierung der bestehenden Vermittlungskultur und der Entwicklung einer neuen Lernkultur der Selbstorganisation an Fachhochschulen. Postuliert wird die Verknüpfung von Qualitätssicherung und didaktischer Qualifizierung (vgl. Kap. 5).

Nur unter Berücksichtigung dieser wesentlichsten Bezugspunkte sind die konkreten didaktisch-psychologischen Inhalte und ausformulierten Lernziele zu verstehen. Der Lernprozess entlang diesen Inhalten und Zielen soll die Dozierenden dabei unterstützen, sich die verlangten hochdifferenzierten und äusserst anspruchsvollen Kompetenzen anzueignen, die vielseitigen und umfangreichen Aufgaben zu bewältigen, um die Studierenden zum Lernerfolg zu führen, bzw. sie auf dem Weg dahin zu begleiten. Damit ist auch schon angetönt, dass die didaktische Qualifizierung einen Beitrag zur Fähigkeit der Rollendifferenzierung in verschiedenen Lernkontexten leisten muss (vgl. Kap. 5.3; 5.4.). Die Ansichten der befragten Personen in bezug auf wichtige Leitlinien, die Adressaten, Ziele, Inhalte, Strukturen, Methoden und Rahmenbedingungen der didaktischen Basisqualifikation und Weiterbildung zeigen viele Ähnlichkeiten. Das sich ergebende Bild über die Konzeption der Weiterbildung ist sicher sehr differenziert, breit und umfassend und ohne grosse und unüberbrückbare äussere Widersprüche (vgl. Kap. 6). Eine Gewichtung, ausgehend von einer Gewichtung des komplexen Anforderungsprofils, wird für die Praxis unerlässlich sein.

Sehr unterschiedliche bis gegensätzliche Meinungen bestehen hinsichtlich der Grundsätze der Finanzierung, der Verbindlichkeit und des örtlichen Rahmens (vgl. Kap. 6.1.2). Auf der konkreten Ebene der Durchführung ist die Form des Mentorats als Weiterbildungsmassnahme umstritten (vgl. Kap. 6.1.2.5).

Zum Zeitpunkt des Abschlusses der Interviews waren die Fragen nach möglichen Anbietern, nach einer möglichen Zertifizierung, nach der Rolle der involvierten Gremien wie Bund, Kantone, ihrer Kommissionen und Gremien, sowie der Fachhochschulen und Direktorenkonferenzen offen. Die grosse Umbruchsituation in diesem bildungspolitischen Sektor zeigte sich eindrücklich in den Antworten auf Fragen zu diesen Problemkreisen. Rasch eingeführten Regelungen bei den einen Schulkreisen stand eine grosse Offenheit, auch spürbar als Verunsicherung, anderer Schulen gegenüber.

Am meisten tangiert von diesen Unklarheiten waren die Dozierenden und die Anbieter von Weiterbildungen. Viele Dozierende sind aber auf Klärungen in Bezug auf die verlangten Qualifikationen angewiesen, denn für nicht wenige von ihnen ist damit die Legitimation ihrer Arbeit verbunden und eine ihrer Existenzgrundlagen angesprochen. Die Anbieter brauchen Klarheit über die verlangten Anforderungen, um ihre Angebote darauf abstimmen zu können, die Schulleitungen benötigen Richtlinien, um die nötigen Anreize verfügbar zu machen.

Seit Beginn dieser Arbeit wurden aber im Reformprozess der Höheren Fachschulen zu Fachhochschulen wichtige Weichen gestellt. Die sieben Fachhochschulzentren sind festgelegt, die strukturellen Klärungen schreiten voran, der Prozess der Umsetzung der gesetzlichen Grundlagen scheint in vollem Gange zu sein. Die Schaffung einer bedeutenden Voraussetzung für die Implementierung der didaktischen Qualifikation, nämlich die Klärung von deren Organisation und Finanzierung, ist auf Bundesebene im Gange. In der Zwischenzeit haben auch mehrere Teilschulen (Technik, soziale Arbeit, Gestaltung) ihre Anforderungen geklärt und damit eine weitere wichtige Voraussetzung für die Konkretisierung der didaktischen Qualifizierung geschaffen.

Die Koordination der Arbeit der verschiedenen Weiterbildungsinstitutionen, welche im Rahmen der Schweizerischen Koordinationskonferenz «Weiterbildung der Dozierenden an Fachhochschulen» spezifische Angebote für die Dozierenden an Fachhochschulen anbieten, stellt einen wichtigen Schritt in Richtung Zusammenarbeit dar. Somit sind wesentliche Grundlagen für eine koordinierte und konzeptionell fundierte didaktische Qualifizierung geschaffen oder im Entstehen begriffen. Damit und mit der Implementierung der Qualitätssicherung an den Fachhochschulen sind wesentliche Voraussetzungen vorhanden, um an den Fachhochschulen ein Klima entstehen zu lassen, in welchem die didaktische Qualifizierung auf einer konkreten Basis thematisiert werden kann. Diese Klärungsschritte ermöglichen den anbietenden Organisationen die praxisnahe Gestaltung ihrer Angebote.

13.2.2 Zur Bedingtheit der Ergebnisse

13.2.2.1 Anlage der Studie

Das Ergebnis der qualitativen Studie zeigt eine momentane Vorstellung in Bezug auf Konzepte und mögliche Vorgehensweisen zur didaktischen Qualifizierung. Das Bild setzt sich zusammen aus den Antworten der befragten involvierten Personen auf die gestellten Fragen. Jede Person antwortete aus ihrer Perspektive, des Direktors, der Dozierenden bestimmter Fachrichtungen, der Weiterbildungsanbieter, der Sozialwissenschafter, der

Bundesvertreter. Schulvertreter und -vertreterinnen bringen ein Gemisch aus ihren persönlichen Anliegen und ihren Vorstellungen in Bezug auf den Bedarf der Dozierenden ihrer Schulen ein. Es kann davon ausgegangen werden, dass jede involvierte Person antwortet aufgrund einer grundsätzlichen Bejahung des Themas, ihrer Erfahrungen, ihrer Werte und Ziele, ihrer Mission, aufgrund ihrer aktuellen Einschätzung der Situation, aufgrund ihrer Verpflichtung gegenüber den Institutionen, mit der sie sich verbunden oder der sie sich zugehörig fühlt (vgl. Kap. 3.1.1). Wenn trotz dieser subjektiven Statements zu gewissen Fragebereichen die Antworten ein einheitliches Bild ergeben, dürfen die formulierten Ergebnisse als wichtige Hinweise für das Verständnis der aktuellen Situation an den Fachhochschulen verstanden und für die Gestaltung der didaktischen Qualifizierung genutzt werden.

Zum Verständnis der Ergebnisse ist zu berücksichtigen, dass sich der Leitfaden zur Befragung (vgl. Anhang 1) anlehnte an einen Bezugsrahmen, der von einem linearen Zusammenhang zwischen gewissen Bezugspunkten, von einem einfachen System ausgegangen ist, indem sich vom veränderten Leistungsauftrag an den Fachhochschulen der Aufgabenpool der Dozierenden und das Lernverständnis, davon die geforderten Kompetenzen, der Weiterbildungsbedarf und Hinweise zur Konzeption der entsprechenden Angebote ableiten lässt (vgl. Kap. 2.2). Diese Gedankenführung beinhaltet als Grundannahmen die Voraussagbarkeit, die Machbarkeit, Planbarkeit und Steuerung von sozialen Prozessen in einem dynamisch-komplexen Umfeld, im vorliegenden Beispiel von Qualifizierungsprozessen der Dozierenden an Fachhochschulen. Die Gesprächspartner stellten diese gedankliche Konstruktion nicht in Frage, noch griffen sie die dahinterliegenden Grundannahmen auf. Eine Person wies immerhin darauf hin, dass sich die notwendigen Veränderungen im Bereich der Lernkultur ergäben aufgrund der veränderten Anforderungen an die Absolventen und Absolventinnen in der beruflichen Praxis, und eine Person bezweifelte ganz grundsätzlich, dass sich an den besagten Schulen aufgrund der neuen gesetzlichen Situation, konkret des Leistungsauftrages, etwas verändern würde.
Aufgrund der Akzeptanz des Gesprächsleitfadens, den die Befragten zum voraus erhalten haben, lässt sich schliessen, dass die Art der Fragen und

die dahinterliegende Gedankenführung den Befragten zumindest nicht unvertraut war.
Die Zusammenstellung der Aussagen zeigte dann auch, dass mit Hilfe dieses Leitfadens, basierend auf dem einfachen gedanklichen System des Bezugsrahmens, bei den Befragten sehr viele hilfreiche Informationen aktiviert werden konnten, die massgeblich zu einer differenzierten Beantwortung der ursprünglichen Fragestellung (vgl. Kap. 1.1) beigetragen haben.

Tatsächlich wurde das Ergebnis durch sehr viel mehr Faktoren mitbedingt, als dies aufgrund des Bezugsrahmens angenommen werden könnte. Die Abbildung 15 zeigt die hohe Komplexität der Bedingungen des Ergebnisses auf. Die Implementierung der didaktischen Qualifikation steht in einem dynamischen Umfeld und ist berührt und beeinflusst von vielen Einwirkungen, die den Charakter von Vorgaben, Ansprüchen verschiedener Gruppierungen (Systeme) und generellen Erwartungen haben. Anspruchsvolle konkrete Ziele und unterschiedliche Ansichten in Bezug auf zentrale Prinzipien der Prozesssteuerung sind Teil der dargelegten Konzepte, haben diese aber auch mitbedingt.

13.2.2.2 Vorgaben

Die offensichtlichste und verbindlichste Vorgabe besteht im Fachhochschulgesetz (vgl. Kap. 1.2). Staatliche Gremien bestimmen Umfang und Verwendungszweck der zur Vefügung gestellten finanziellen Ressourcen für die Aufbauarbeit. Bildungspolitische Gremien beeinflussen die strategisch-organisatorische Ebene. Damit gewannen gezwungenermassen auch regionalpolitische Überlegungen an Bedeutung. Direktorenkonferenzen und Trägerschaften von Fachhochschulen verabschieden Konzepte für die didaktische Qualifizierung ihrer Dozierenden. Es muss dabei angenommen werden, dass bei diesen Entscheiden nebst fachlichen und qualitativen auch finanzielle Überlegungen eine Rolle spielen.

13.2.2.3 Anspruchsgruppen

Von der Implementierung der didaktischen Qualifikation verspricht der Staat sich die Erfüllung seiner Vorgaben, wobei seine Vertreter darauf gepocht haben, dass die Art und Weise Sache der Fachhochschulen selbst sei.

Den Schuldirektionen fällt die Verantwortung zu, die didaktische Qualifikation ihrer Dozierenden zu thematisieren und sicherzustellen. Sie sind interessiert an Richtlinien, an qualitativ hochstehenden Angeboten und vertrauenswürdigen Anbietern. Die Dozierenden sind die direkten Kunden und interessiert an praxisorientierten, nützlichen Angeboten. Die Studierenden sind von der Qualität der Lehre direkt betroffen und erwarten fachlich und didaktisch kompetente Dozierende, die sie zum Lernerfolg führen sollen. Die Abnehmer aus der Praxis wollen problemlösungs- und teamfähige Abgänger und Abgängerinnen der Fachhochschulen und erwarten von den Dozierenden ein entsprechendes didaktisches Handeln. Die didaktische Qualifikation soll die benötigten Kompetenzen vermitteln. Pädagogen und Psychologinnen erwarten von den Qualifizierungsmassnahmen, dass diese sich an wissenschaftlichen Erkenntnissen orientieren. Da die Fachrichtungen sehr grosse inhaltliche Unterschiedlichkeiten aufweisen, besteht die Erwartung von Fachpersonen, dass die didaktische Weiterbildung nebst einer allgemeindidaktischen Qualifikation auch die Bearbeitung fachdidaktischer Fragen ermöglicht.

13.2.2.4 Erwartungen

Die Erwartungen an die didaktische Qualifikation sind hoch. Mit ihr verbindet man, auf dem Hintergrund eines kausalen Denkens, generell einen direkten Einfluss auf die Qualität der Lehre. Ob dies nur ein gedankliches Konstrukt ist oder eine Entsprechung in der Schulwirklichkeit finden wird, ist zumindest heute noch offen. Die gedankliche Konstruktion verhilft immerhin der Implementierung der didaktischen Qualifikation auf Fachhochschulebene zu einem Sinn und damit zu einer gewissen Legitimation. Damit aber eine didaktische Qualifikation tatsächlich eine Auswirkung auf die Qualität der Lehre hat, braucht es sehr viel. Erst wenn Qualitätsvorstellungen in Bezug auf Lehr- und Lernprozesse formuliert und von einer breiten Dozentenschaft getragen sind, ist eine entsprechende Ausrichtung der einzelnen Dozierenden und der Schule als Ganzes überhaupt denkbar. In Verbindung mit diesem Prozess an den Schulen müssen individuelle (Um)lernprozesse stattfinden in Bezug auf die Qualitätsvorstellungen im Bereich der Lehre. Es braucht eine offenes Klima, in welchem die Fragen nach den Qualitätszielen und nach den Strategien diskutierbar sind. Auf diesem Wege kann ein Organisationskontext geschaffen werden, welcher die individuellen Lernprozesse in die gewünschte Richtung zu unterstützen vermag. Schulexterne Weiterbildungen können unter diesen Voraussetzungen die individuellen Lernprozesse begleiten, schulinterne Weiterbildungen vermögen einen Beitrag zur Schaffung eines breiteren Organisationskontextes zu leisten, welcher die Prozesse der Qualitätssicherung begünstigt (vgl. Kap. 9.3).

Von der didaktischen Qualifizierung wird eine direkte Optimierung der Lehrtätigkeit der Dozierenden erwartet. Die Weiterbildungen sollen neben den didaktischen auch die sozialen Kompetenzen der Dozierenden fördern. Erwartet wird von diesen Kursen ein Beitrag an eine ganzheitliche Persönlichkeitsbildung, welche die Dozierenden nicht nur befähigt, praxisorientierte und wissenschaftlich abgestützte Lernprozesse auszulösen, sondern vor allem auch die sozialen Kompetenzen ihrer Studierenden zu fördern. Den sozialen Kompetenzen spricht man heute eine hohe Bedeutung für die Lösung von praktischen Problemen in Teams zu.
Diese Zielsetzungen erfordern aber viel mehr als den Besuch einiger Kurse zu den Themen Kommunikation. Sie verlangen eine Neuorientierung bezüglich der Lernkultur an den Fachhochschulen, die beinhaltet, dass die Prinzipien der Selbstorganisation auch auf der Ebene der Lehr- und Lernprozesse zum Spielen kommen. Formen eigenverantwortlichen und kooperativen Lernens sind gefragt, eine starke Lernumgebung muss geschaffen werden. Die Dozierenden sollten bereit und befähigt sein, metakognitive Prozesse vorzunehmen in Bezug auf die eigene Lehrtätigkeit und auf die Lernprozesse der Studierenden.

Abbildung 15: Übersicht über die Bezugsgrössen der didaktischen Weiterbildung der Dozierenden an Fachhochschulen

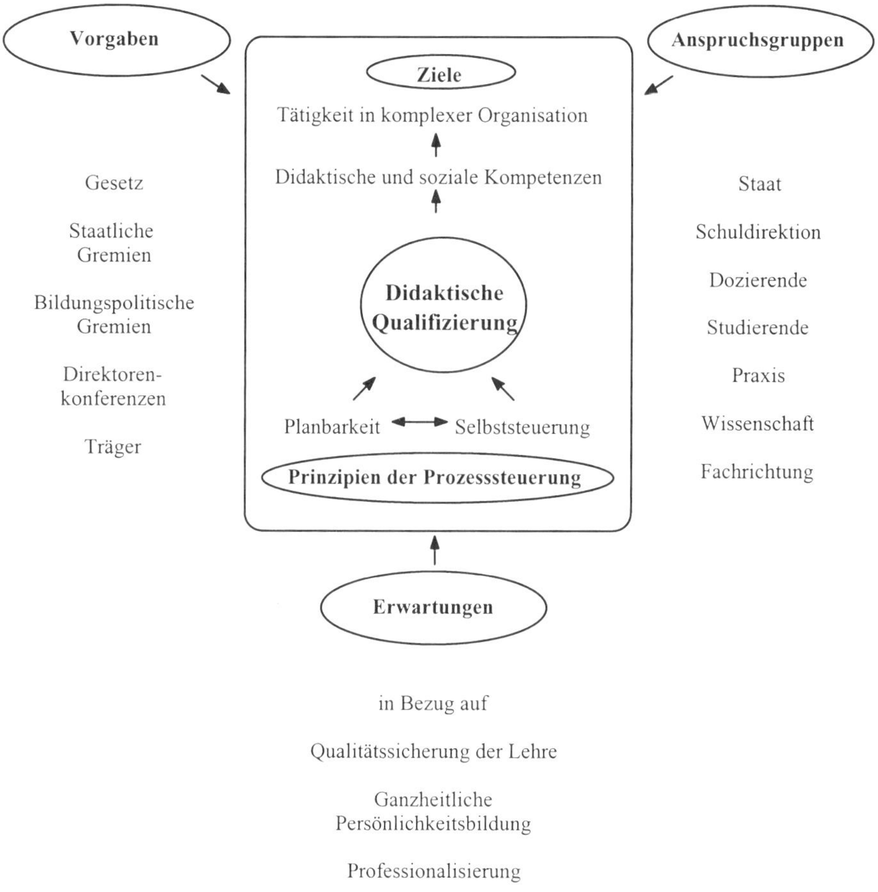

Eine Verständigung über den Begriff Sozialkompetenz als Lerninhalt hat zu erfolgen und die Implikationen für die Lehre sind zu reflektieren, wenn dieses sicher unbestrittene, aber anspruchsvolle Lernziel der Förderung der Sozialkompetenz effektiv angegangen werden will. Dies kann nicht isoliert von den einzelnen Fachbereichen erfolgen, da nach heutiger Ansicht die Entwicklung der Sozialkompetenz idealerweise im Zusammenhang mit einem Sachinhalt im Kontext einer starken Lernumgebung erfolgen muss (vgl. Kap. 12).

Schliesslich wird mit der Implementierung der didaktischen Qualifizierung die Erwartung verbunden, dass damit die Professionalisierung des Berufsstandes Dozierende an Fachhochschulen (oder Professor an Fachhochschulen) gefördert werde. Die Spezialisierung und die Qualifizierung bedeuten wichtige Kriterien für die Professionalisierung (vgl. Kap. 10.4). Hinsichtlich dieser Thematik ist sicher zu bedenken, dass heute das Bild des Mitarbeitenden an Fachhochschulen einer Veränderung unterworfen ist. Viele verstehen sich vermutlich mehr als Unternehmer oder Unternehmerin und als Forscher oder Forscherin und nicht ausschliesslich als Dozent oder Professorin (vgl. Kap. 5.3; 11.5). Eine Professionalisierung der Lehrtätigkeit ist ein wünschbarer Prozess, das Bild des ausschliesslichen Dozierenden entspricht aber vermutlich nicht mehr ganz dem Selbstverständnis der Fachhochschulen und nur einem Teil ihrer Angehörigen. Das Aufgabenprofil der heutigen Dozierenden mit seiner Verschiedenartigkeit ist heute Gegenstand der Diskussion. Es wird vermutlich in Zukunft diesbezüglich eine grössere Diversität geben. Auf diesem Hintergrund hat die Vorantreibung des Professionalisierungsprozesses bezüglich des lehrenden Mitarbeiters, beispielsweise durch die didaktische Qualifizierung, heute nicht erste Priorität.

13.2.3 Implizite Bilder

Die Vorstellungen über die Fachhochschule und den Dozierenden an den Fachhochschulen sind gespiesen von Bildern der klassischen Schule und vom klassischen Lehrer. Bestehende ideelle Orientierungen für das Handeln in pädagogischen Systemen scheinen auch auf die Fachhochschulen übertragen zu werden (vgl. Kap. 10.2; 10.3 und Kap. 11.3). Diese Kontingenzen sind geschichtlich bedingt. Es soll zur Kenntnis genommen werden, dass sie aus einem bestimmten gesellschaftlichen Kontext und aus einer damit verbundenen Wahrnehmung der Bedeutung der pädagogischen Systeme erwachsen sind. Die Angemessenheit dieser Bilder und Kontingenzen für die Fachhochschulen müsste Gegenstand der Diskussion werden. Ansonsten besteht die Gefahr, dass diese unreflektiert auf einen pädagogischen Bereich übernommen werden, für dessen Identität und Auftrag neue Kontingenzen zu erarbeiten, alte Kontingenzen bewusst aufzugeben oder neu zu interpretieren wären. Dies kann nur als Prozess verstanden werden. Dazu braucht es Diskussionsforen und eine entsprechende Gesprächskultur in und unter den Institutionen.

13.2.4 Prinzipien der Prozesssteuerung

Zwei Grundprinzipien, welche für das Verständnis von sozialen Prozessen bedeutsam sind, können auch im Prozess der Konzipierung, Gestaltung und Implementierung der didaktischen Weiterbildung erkannt werden: Das Prinzip der Planbarkeit, welches davon ausgeht, dass Prozesse gemäss gewissen gedanklichen Konstruktionen, in diesem Falle von vorgesehenen Zielen und Strategien ablaufen und steuerbar sind, und das Prinzip der Selbststeuerung, welches besagt, dass Prozesse sich, gemäss den in diesen Systemen vorhandenen Werten und Verhaltensmustern, selbst organisieren.

In der Anlage der qualitativen Studie, in ihren Instrumenten ist das Prinzip der Planbarkeit erkennbar. Auf dieser Grundlage ist sie auch inhärent in der grundsätzlichen Konzeption der didaktischen Weiterbildung mit ihrer Zielorientierung. In gewissen methodischen Settings wie dem Selbststudium, dem Mentorat und den Super- und Intervisionsformen und in der modularisierten Struktur ist auch das Prinzip der Selbstorganisation erkennbar. Diese Anlagen erfordern ein hohes Mass an Selbstorganisation. Somit sind in der Konzeption der didaktischen Qualifikation zwei unterschiedliche Steuerungsprinzipien vorhanden, die es zumindest in der Phase der Konkretisierung, also in den Weiterbildungsveranstaltungen zu thematisieren gilt, da sie in ihrem didaktischen Grundverständnis Unterschiedlichkeiten aufweisen. Die Planung und Durchführung von Seminartagen erfolgt nach vermittlungsdidaktischen und teilweise auch nach ermöglichungsdidaktischen Grundsätzen, dem Selbststudium und der Supervision wohnen vor allem ermöglichungsdidaktische Prinzipien inne. Sicher ist die Frage auch immer wieder neu zu beantworten, wieviel Planung sich mit wieviel Selbstorganisation verträgt oder welche Funktion die Planung in selbstorganisierten Lernprozessen einnimmt.

In Bezug auf die Implementierung der didaktischen Weiterbildung war planmässiges Handeln vor allem in Bezug auf die Konzipierung möglich. Die Durchführung von Angeboten und die Evaluationsergebnisse können als Bestätigung des gewählten Vorgehens interpretiert werden. Die Fragen nach den verbindlichen Anforderungen, nach einer allfälligen Zertifizierung, nach der Organisation der Anbieter und nach der Finanzierung hingegen konnten nicht gemäss einem planmässigen Vorgehen beantwortet werden. Die Gründe liegen zu einem Teil darin, dass diese Themenbereiche den Autonomieanspruch der Fachhochschulen berühren, die je eigene Lösungen finden wollten, und zum anderen in der damaligen Phase der Fachhochschulentwicklung, in der viele strukturelle Fragen erst einer Lösung zugeführt werden mussten. Die Gesprächspartner zur Beantwortung dieser Fragen waren schlicht unbekannt. Es war zudem zu früh, von den Fachhochschulen Kooperation zu verlangen in einer Phase, wo sie sich eine eigene Identität geben und neue Strukturen kreieren mussten. Dieser Prozeß verlangte Abgrenzung und rief vorerst nicht nach Zusammenarbeit. Es wird aber im Sinne der Transparenz, Vernetzung, Vergleichbarkeit und Mobilität wichtig sein, die Anforderungen abzustimmen und die Überprüfung einem übergreifenden (nicht überstellten) Gremium zu überlassen.

Das Prinzip der Planbarkeit war für das Erarbeiten von Weiterbildungsmodellen für Fachhochschulen durch ein System ausserhalb von ihnen durchaus wirksam, stösst aber bei Fragen, für welche die betroffenen Systeme Autonomie beanspruchen, an Grenzen. Andererseits bilden Vorschläge von einem System ausserhalb dieser Institutionen, wie auch der Besuch externer Weiterbildungen, die notwendigen Impulse, um innerhalb des Systems Lernprozesse auszulösen. Es muss aber ganz klar festgehalten werden, dass eine Steuerung von Qualifizierungsprozessen von Mitarbeitenden an Fachhochschulen nicht von aussen plan- und steuerbar ist. Wichtige Fragen wollen die Schulen selbst beantworten, bestehende Modelle werden in die eigene Kultur integriert. Wieviel Planung auch in den umstrittenen Fragen nach Anforderungen, Finanzierung und Organisation durch eine koordinierende, nebengeordnete oder allenfalls übergeordnete Stelle dennoch sinnvoll ist, stellt eine Ermessensfrage dar. Aus Gründen des optimalen Umgangs mit Ressourcen und für die Garantie eines gewissen Qualitätsstandards ist ein koordiniertes Vorgehen unerlässlich, was aber bedingt, dass eine bestimmte Stelle die Führung und die Koordination übernimmt beziehungsweise übernehmen darf.

13.3 Handlungsbedarf

Die folgenden abschliessenden Aussagen gehen von der aktuellen Situation in Bezug auf die didaktische Qualifizierung der Dozierenden an Fachhochschulen aus. Auf dieser Grundlage sind die wünschbaren nächsten Schritte für die Praxis und eine mögliche Rolle der Wissenschaft skizziert.

13.3.1 Handlungsbedarf in der Praxis

- Bildungspolitische Entscheide
  Für eine erfolgreiche Umsetzung der gesetzlichen Grundlagen und der vorhandenen Konzepte sind jetzt bildungspolitische Entscheide fällig. Es sollte sich rasch und klarer als bis anhin zeigen, welche Bereiche der didaktischen Weiterbildung in die Schulhoheit fallen und für welche Bereiche allfällige Richtlinien durch fachhochschulübergreifende Gremien erlassen werden sollten.
- Didaktische Basisqualifizierung
  Die sich abzeichnenden Vorstellungen bezüglich einer didaktischen Basisqualifizierung sind breit abzustützen. Die Klärungen werden dazu beitragen, die heute diesbezüglich vorhandenen Unsicherheiten bei den Dozierenden an den Fachhochschulen abzubauen. Wünschbar ist, dass sich die Direktionen bezüglich Adressaten, Umfang und Finanzierung absprechen.
- Qualitätsdiskussion an Fachhochschulen
  Die Qualitätsvorstellungen über eine gute Fachhochschule sollten an jeder Fachhochschule breit diskutiert werden. Diese Auseinandersetzung ist im Zusammenhang mit der gesetzlich verlangten Qualitätssicherung ein Muss. Sie ist insbesondere im Zusammenhang mit der Errichtung der neuen Fachhochschulen zentral, da diese Schulen herausgefordert sind, sich ein eigenständiges Profil zu erarbeiten.

Eine entsprechende Diskussionskultur wird an vielen Schulen erst aufgebaut werden müssen.
Diese Qualitätsvorstellungen sind zudem unabdingbar für die Wahl von Weiterbildungsmassnahmen durch die Dozierenden, aber auch für die konkrete Planung und Gestaltung von Weiterbildungsmassnahmen durch die Weiterbildungsinstitutionen.

- Profil der Fachhochschuldozierenden
  Die Anforderungen an die Dozierenden an Fachhochschulen sind auf der Basis von gesetzlichen Grundlagen definiert. Eine adäquate Präzisierung durch die Fachhochschulen hat noch zu erfolgen. Diesbezüglich ist die Frage der Realisierbarkeit gegenüber überrissenen Anforderungen zu beachten. Die Dozierenden sollten nicht mit uneinlösbaren Ansprüchen konfrontiert werden. Die Unterschiedlichkeit der Profile sollte diskutiert werden.
- Zertifizierung der Fachhochschuldozierenden
  Die Frage der Zertifizierung der Dozierenden bezüglich der didaktischen Qualifikation ist zu beantworten. Soll überhaupt ein Zertifikat abgegeben werden? Wer verleiht dieses? Welches sind die Voraussetzungen für ein allfälliges Zertifikat?
- Akkreditierung der Weiterbildungsinstitutionen
  Zu diesem Klärungsbereich gehört die Beantwortung der folgenden Fragen: Welchen Kriterien müssen Institutionen genügen, die Weiterbildungsangebote für die Dozierenden an Fachhochschulen anbieten? Wer akkreditiert diese Anbieterorganisationen?

13.3.2 Rolle der Wissenschaft

- Inhalte der didaktischen Weiterbildungen - braucht es eine eigene Fachhochschuldidaktik?
  Im Zusammenhang mit dem Lehrauftrag der Fachhochschulen stellt sich die Frage nach der Notwendigkeit einer spezifischen Fachhochschuldidaktik. Zahlreiche Problemkreise didaktischer Art ergeben sich:
  - Welche Ziele, Inhalte umfasst eine Berufsausbildung auf hohem Niveau? (Was beinhaltet das hohe Niveau?)

- Welche Vorgehensweisen ermöglichen die erwünschten Lernprozesse bei den Adressaten der Fachhochschulen?
- Welche Begleitmassnahmen erfordert das Selbststudium?
- Wie kann ein Lernprozess auf dieser Stufe insbesondere im Bereich der sozialen Kompetenzen, aber auch der weiteren verlangten Schlüsselqualifikationen angeregt werden?
- Welche organisatorischen und didaktischen Massnahmen stellen sicher, dass die Ergebnisse aus den Forschungsprozessen in die Lehre einfliessen?
- Wie kann die Mitarbeit der Studierenden in den Bereichen anwendungsorientierte Forschung und Dienstleistung didaktisch begleitet werden, sodass die Studierenden verfügbare Erkenntnisse gewinnen und ein bewusster Lernprozess stattfindet?

• Wirksamkeit der Basisqualifizierung und der didaktischen Weiterbildung
Mit der Implementierung der didaktischen Weiterbildung verbunden ist die Annahme, dass dadurch eine Optimierung der Lehrqualität erreicht werden kann. Diese Annahme ist zu überprüfen: Wie wirkt sich die vorgesehene didaktische Basisqualifikation und Weiterbildung auf die Lehre aus? Welche Formen der didaktischen Weiterbildung (Seminare, Selbststudium, Super- und Intervisionsgruppen, Coaching) sind geeignet, die erwünschten Ziele zu erreichen? Diese Fragen sollten systematisch bearbeitet werden, um die didaktische Weiterbildung wirklich effektiv und den Einsatz der Ressourcen optimal zu gestalten.

• Verbindung von Qualitätssicherung und didaktischer Weiterbildung
Wie findet die erforderliche Qualitätsdiskussion an den Fachhochschulen statt? Welches sind Voraussetzungen und geeignete organisatorische Rahmenbedingungen dafür, dass sie tatsächlich geführt werden kann? Welches Verhältnis von Selbst- und Fremdbestimmung ist günstig? Was bewirkt sie? Die Rolle der Wissenschaft kann darin bestehen, diesen Prozess systematisch zu beobachten.
Wie zeigt sich der postulierte Zusammenhang zwischen den Ergebnissen aus den Qualitätssicherungsmassnahmen und der Umsetzung? Welche didaktischen Weiterbildungsmassnahmen werden tatsächlich getroffen?

Wissenschaftlich abgestützte Erkenntnisse über diesen Umsetzungsprozess müssen für die Direktionen und die Schulträger von Interesse sein. Es mag eine schöne Hoffnung sein, dass die didaktische Weiterbildung einen Beitrag zu einer hohen Qualität der Fachhochschulen zu leisten vermag, dieser Zusammenhang sollte aber immer mehr begründet werden können. Eine wissenschaftliche Legitimation könnte dazu beitragen, dass dieses Randthema der Fachhochschulreform an Bedeutung gewinnt. Es muss an Bedeutung gewinnen, denn die Lehre stellt weiterhin das Herzstück der Fachhochschulen dar. Der fachlich und didaktisch qualifizierte Dozent und die fachlich und didaktisch qualifizierte Dozentin sind die tragenden Pfeiler einer guten Lehre.

- Verbindung von Lehre, anwendungsorientierter Forschung und Dienstleistungen
  Das Profil der neuen Fachhochschulen ist wesentlich geprägt durch den dreiteiligen Leistungsauftrag. Die Verbindung dieser drei Aufträge, das Wissensmanagement ist vermutlich bestimmend für die Realisierung der Vorstellung, dass die Fachhochschulen sich immer mehr zu einem neuen und eigenständigen Hochschultypus entwickeln werden. Das Gelingen dieser Verbindung wird zu einer praxisorientierten und wissenschaftlich abgestützten Ausbildung auf hohem Niveau führen und somit die Absolventinnen und Absolventen befähigen, im europäischen Wirtschafts- und Gesellschaftsraum in führenden Positionen tätig zu sein. Die Wissenschaft kann die bestehende Praxis in Bezug auf die Verbindung von *Lehre, anwendungsorientierter Forschung und Entwicklung* sowie *Dienstleistungen* aufzeigen, diese analysieren in Bezug auf ihre Wirksamkeit und Anregungen zur Weiterentwicklung geben.

- Planbarkeit und Selbstorganisation
  Heute stehen in Bezug auf das Verständnis von Veränderungsprozessen (Lern- und Lehrprozessen) von Individuen, Gruppen und Organisationen zwei Grundpositionen nebeneinander. Dies zeigt sich beispielsweise daran, dass Dozierende frustriert sind, wenn sie in einer Stunde ihr geplantes Stoffziel nicht erreicht haben, weil Studierende Fragen formulierten und Beziehungen zu bekanntem Wissen und zu ihren Erfahrungen herstellten, das neue Wissen gemäss ihren Mustern verarbeiteten

und dafür Zeit benötigten. Wie handeln Dozierende und Studierende in dieser Spannungssituation, welche Strategien entwickeln sie im Umgang mit Stoffdruck und den Erwartungen einer neuen Lernkultur, welche Unterstützung kann die didaktische Weiterbildung anbieten?
Interessant ist die Frage, inwieweit diese beiden Prinzipien für einen gewinnbringenden Lernprozess umgesetzt und nutzbar gemacht werden können und müssen.

Verzeichnisse

Literatur

AEBI, D. (1995): Weiterbildung zwischen Markt und Staat. Zur Wirksamkeit von Steuerungsprinzipien in der schweizerischen Bildungsspirale. Chur/Zürich.

AEBLI, H. (1987): Grundlagen des Lehrens. Stuttgart.

ALTRICHTER, H. (1996): Der Lehrberuf: Qualifikation, strukturelle Bedingungen und Professionalität. In: Specht, W. & Thonhauser, J. (Hrsg.): Schulqualität. Entwicklungen Befunde Perspektiven. Innsbruck/Wien, S. 96-172.

ARGYRIS, C. & SCHÖN, D. (1978): Organizational learning: A Theory of Action Perspective. Reading (Mass.).

ARNOLD, R. (1995): Betriebliche Weiterbildung: Selbstorganisation - Unternehmenskultur - Schlüsselqualifikation. Balltmannsweiler.

ARNOLD, R. & SIEBERT, H. (1995): Konstruktivistische Erwachsenenbildung: von der Deutung zur Konstruktion von Wirklichkeit. Grundlagen der Berufs- und Erwachsenenbildung. Bd. 4, Balltmannsweiler.

ASEA Brown Boveri (1988): IFAS Integrierte Vermittlung von Fach- und Schlüsselqualifikationen durch Leittexte in der Berufsausbildung. Entwurf einer BBC-Konzeption. Mannheim.

AURIN, K. (Hrsg.) (1991): Gute Schulen - Worauf beruht ihre Wirksamkeit? Bad Heilbrunn.

AURIN, K. (Hrsg.) (1993): Auffassungen von Schule und pädagogischem Konsens. Stuttgart.

BADER, R. (1994): Handlungsorientierung als didaktisch - methodische Leitkonzeption. - Handreichung zum Vortrag im Rahmen der Tagung «Berufliche Bildung und Lehrerbildung im Land Sachsen - Anhalt» am 1.12.1994 an der Otto-von-Guericke-Universität, Magdeburg.

BAECKER, D. (1992): Fehldiagnose „Überkomplexität". Komplexität ist die Lösung, nicht das Problem. In: gdi impuls, 4, S. 55-62.

BALLSTAEDT, S.P.; MANDL, H.; SCHNOTZ, W. & TERGAN, S.O. (1981): Texte verstehen, Texte gestalten. München.

BATESON, G. (1988): Ökologie des Geistes. Frankfurt.

BECK, E.; GULDIMANN, T. & ZUTAVERN, M. (Hrsg.) (1995): Eigenständig lernen. St. Gallen.

BECKMANN, H.K. (1968): Das Verhältnis von Theorie und Praxis in drei Epochen der Volksschullehrerausbildung. Göttinger Studien zur Pädagogik. Berlin.

BERGER, J. (1987): Autopoiesis: Wie "systemisch" ist die Theorie sozialer Systeme? In: Schmidt, M. & Haferkamp, H. (Hrsg.): Sinn, Kommunikation und soziale Differenzierung. Frankfurt, S. 19-155.

BERTALANFFY, L. v. (1951): Zu einer allgemeinen Systemlehre. In: Biologia Generalis. Archiv für die allgemeinen Fragen der Lebensforschung 19, S. 114-129.

BOHNSACK, F. (1989): Pädagogische Strukturen einer guten Schule heute. In: Tillmann, K.-J. (Hrsg.): Was ist eine gute Schule? Hamburg, S. 47-60.

BOLLIGER, P. (1996): Zur Bedeutung der Weiterbildung. In: ITR Forum, 25, Bulletin der Ingenieurschule Interkantonales Technikum, Rapperswil, S. 2.

BOTHO, P. (1989): Lehrerfortbildung und Schulqualität. In: Tillmann, K.-J. (Hrsg.): Was ist eine gute Schule? Hamburg, S. 95-120.

BRATER, M.; BÜCHELE, U.; FUCKE, E. & HERZ, G. (1988): Berufsbildung und Persönlichkeitsentwicklung. Stuttgart.

BRUNKHORST, H. (1995): Systemtheorie. In: Lenzen, D. & Mollenhauer, K. (Hrsg.): Theorien und Grundbegriffe der Erziehung und Bildung. Enzyklopädie Erziehungswissenschaft, Bd. 1, Stuttgart, S. 193-213.

BRUNNER, M. (1991): Die Problematik der Ermittlung des Weiterbildungsbedarfs. Unveröffentlichtes Manuskript. Hamburg.

CALCHERA, F. & WEBER, J. CH. (1990): Entwicklung und Förderung von Basiskompetenzen/Schlüsselqualifikation. Berichte zur beruflichen Weiterbildung. Bundesinstitut für Berufsbildung, Berlin/Bonn.

CHOMSKY, N. (1969): Aspekte der Syntaxtheorie. Frankfurt.

COLLINS, A.; BROWN, J.S. & NEWMAN, S.E. (1989): Cognitive apprenticeship.Teaching the crafts of reading, writing, and mathematics. In: Resnick, L.B. (Ed.): Knowing, learning and instruction. Essays in honor of Robert Glaser. Hillsdale, New Jersey: Lawrence Erlbaum Associates, S. 453-492.

COMENIUS, J.A. (1657) (1985): Grosse Didaktik. (Hrsg. Flittner, A.) Stuttgart.

CZYCHOLL, R. (1994): Lehrerbildung für berufliche Schulen an Fachhochschulen. In: Die Berufsbildende Schule, 46, 2, S. 66-67.

DALIN, P. & ROLFF, H.G. (1990): Institutionelles Schulentwicklungsprogramm. Landesinstitut für Schule und Weiterbildung. Paradieser Weg 64. Soest.

DARLIN - HAMMOND, L.; WISE, A.E. & PASE, S.R. (1983): "Teacher Evaluation in the Organizational Context: A Review of the Literature". Review of Educational Research, Vol. 53, 3, S. 285-328.

DEITERING, F.G. (1995): Selbstgesteuertes Lernen. Göttingen.

DEMMEL, W.G. (1994): Die ungeliebten Nötigen oder die unnötigen Geliebten? Diplomingenieure (Uni und FH) und Diplomkaufleute u.a. (Uni) auf dem Weg zum Lehramt an beruflichen Schulen in Bayern. In: Die Berufsbildende Schule, 46, 4, S. 124-126.

DICK, A. (1994): Vom unterrichtlichen Wissen zur Praxisreflexion. Freiburg.

DÖRIG, R. (1994): Das Konzept der Schlüsselqualifikationen. Ansätze, Kritik und konstruktivistische Neuorientierung auf der Basis der Erkenntnisse der Wissenspsychologie. Hallstadt.

DRESS, A.; HENDRICHS, H. & KÜPPERS, G. (Hrsg.) (1986): Selbstorganisation: Die Entstehung von Ordnung in Natur und Gesellschaft. München.

DUBS, R. (1994): Die Führung einer Schule. Leadership und Management. Schriftenreihe für Wirtschaftspädagogik, Bd. 21, Zürich.

DUBS, R. (1995a): Lehrerverhalten. Ein Beitrag zur Interaktion von Lehrenden und Lernenden im Unterricht. Zürich.

DUBS, R. (1995b): Konstruktivismus: Einige Überlegungen aus der Sicht der Unterrichtsgestaltung. In: Zeitschrift für Pädagogik, 41, 6, S. 889-903.

DUBS, R. (1996): Schule, Schulentwicklung und New Public Management. Institut für Wirtschaftspädagogik an der Universität St. Gallen.

DUBS, R. & LUZI, R. (Hrsg.) (1997): 25 Jahre IWP. Tagungsbeiträge. Schule in Wissenschaft, Politik und Praxis. Institut für Wirtschaftspädagogik, Universität St. Gallen.

DURKHEIM, E. (1965): Die Regeln der soziologischen Methode. Neuwied/Berlin.

DURKHEIM, E. (1972): Erziehung und Soziologie. Düsseldorf.

DURKHEIM, E. (1988): Über soziale Arbeitsteilung. Studie über die Organisation höherer Gesellschaften. Frankfurt.

EDLER, G. (1992): Weiterentwicklung der Lehre. In: Die Neue Hochschule, 1, S. 4.

EIDGENÖSSISCHE DRUCKSACHEN UND MATERIALZENTRALE (EDMZ) (1996): Fachhochschulgesetz und Fachhochschul-Verordnung. Bern.

EIDGENÖSSISCHE FACHHOCHSCHULKOMMISSION (1997a): Kriterien für die Genehmigung von Fachhochschulen. Bern, Monbijoustr. 43, 3003 Bern.

EIDGENÖSSISCHE FACHHOCHSCHULKOMMISSION (1997b): Definition von Schlüsselbegriffen. Version vom 15. Februar 1997, Bern, Monbijoustr. 43, 3003 Bern.

ENGELKE, E. (1993): Hochschuldidaktische Fortbildung an Fachhochschulen in Bayern. Ein Modell zur Verbesserung der Lehre an allen Hochschulen. In: Beiträge zur Hochschulforschung 2, S. 205-234.

ESCHENBACH, R. (Hrsg.) (1989): Supercontrolling: Vernetzt denken, zielgerichtet entscheiden. Österreichischer Controllertag, Tagungsbericht, Wien.

FEIERABEND, U.I. (1996): Welche Bildung brauchen HTL-Ingenieure? Freiburg.

FEND, H. (1981): Theorie der Schule. München.

FEND, H. (1989): Schulische Qualitätsmerkmale. In: Tillmann, K-J. (Hrsg.): Was ist eine gute Schule? Hamburg, S. 14-25.

FISCHER, B., GIRMES-STEIN, K. & HAGEN - PEUKERT, U. (1995): Entwicklungspsychologische Erziehungsforschung. In: Haft, H. & Kordes, H. (Hrsg.): Methoden der Erziehungs- und Bildungsforschung. Bd. 2, Stuttgart/Dresden, S. 47-79.

FISCHER, W. (1993): LARS - Ein Programm zur Optimierung der Lehrqualität. In: Beiträge zur Hochschulforschung, 4, S. 455-467.

FLITNER, A. (1972): Brennpunkte gegenwärtiger Pädagogik. Studien zur Schul- und Sozialerziehung. München

FOERSTER H.V. (1985): Sicht und Einsicht: Versuche zu einer operativen Erkenntnistheorie. Braunschweig.

FOOS, R. (1994): Für Wirtschaftspädagogen. Ausbildung an der Fachhochschule und Eingangamt A 11. In: Wirtschaft und Erziehung 46, 5, S. 149.

GEISSLER, T. (1991): Vom Lernen in der Organisation zum Lernen der Organisation. In: Sattelberger, T. (Hrsg.): Die lernende Organisation. Wiesbaden, S. 79-96.

GLASL, F. (1997): Konfliktmanagement. Ein Handbuch für Führungskräfte, Beraterinnen und Berater. Bern/Stuttgart.

GLASSICK, CH. E.; TAYLOR HUBER, M. & MAEROFF, G. I. (1997): ‹bold› Scholarship Assessed, Evaluation of the Professoriate ‹bold›, The Carnegie Foundation for the Advancement of Teaching, Jossey - Bass Publishers, San Francisco.

GISSLER, H. (1990): Management als Bildungsaufgabe. Hamburg. 1990. (unveröffentlichtes Manuskript)

GONON, PH. & OELKERS. J. (Hrsg.) (1993): Die Zukunft der öffentlichen Bildung. Studien zur Erziehungswissenschaft, Bd. 7, Bern.

GROSSENBACHER, S. (1990): Der Weiterbildungsbereich. Entwicklungen, Strukturen, Forschungsstand. 15 Bildung und Wissenschaft, Amtliche Statistik der Schweiz, Nr. 292, Bundesamt für Statistik, Bern.

GUDJONS, H.; TESKE, R. & WINKEL, R. (Hrsg.): Didaktische Theorien. Hamburg.

HABERMAS, J. (1971a): Theorie der Gesellschaft oder Sozialtechnologie? Eine Auseinandersetzung mit Niklas Luhmann. In: Habermas, J. & Luhmann, N. (Hrsg.): Theorie der Gesellschaft oder Sozialtechnologie - Was leistet die Systemforschung? Frankfurt/Main, S. 142-290.

HABERMAS, J. (1971b): Vorbereitende Bemerkungen zu einer Theorie der kommunikativen Kompetenz. In: Habermas, J. & Luhmann, N. (Hrsg.): Theorie der Gesellschaft oder Sozialtechnologie - Was leistet die Systemforschung? Frankfurt/Main, S. 101-140.

HAENISCH, H. L. (1989): Gute und schlechte Schulen im Spiegel der empirischen Schulforschung. In: Tillmann, K-J. (Hrsg.): Was ist eine gute Schule? Hamburg, S. 32-46.

HAFT, H. & KORDES, H. (1995): Methoden der Erziehungs- und Bildungsforschung. Bd. 2, Stuttgart/Dresden.

HEINZE, T. (1995): Qualitative Sozialforschung. Opladen.

HELLERMANN, K.; HURLIN, H. & STELTING-LUTGERHORT, E. (1983): Hochschulpädagogisches Einführungsseminar für Verwaltungs - Fachhochschullehrer. In: Verwaltung und Fortbildung, 11, 1, S. 18-33.

HOFMANN, M. (1993): Bayrischer Weg der didaktischen Fortbildung an den Fachhochschulen in Bayern. In: Weiterbildung in Wirtschaft und Technik, 2, S. 12-14.

HOLTKAMP, R. (1991): Aktualisierung und Ergänzung berufspraktischer Kenntnisse von Professorinnen und Professoren an Fachhochschulen und Praxisbezug des Studiums. HIS Hochschul-Informations-System, Hannover.

HOLTKAMP, R. (1994): Voraussetzungen von Forschung und Entwicklung an Fachhochschulen. Ergebnisse eines Forschungsprojektes. Bundesministerium für Bildung und Wissenschaft (Hrsg.), Bildung Wissenschaft aktuell, 1, Bonn.

HOPF, CH. & WEINGARTEN, E. (Hrsg.) (1993): Qualitative Sozialforschung. Stuttgart.

INTERESSENGRUPPE LUZERNER FACHSCHULEN IM TERTIÄRBEREICH (1993): Bedürfniserhebung zur „Didaktischen Weiterbildung für Dozenten und Dozentinnen an künftigen Fachhochschulen und Höheren Fachschulen". Luzern. (unveröffentlicht)

JOHNSON, D.W.; JOHNSON, R. T. & SMITH, K. A. (1988): Cooperative learning: an active learning strategy for the college classroom. University of Minnesota.

KATH, F. M. (1996): Grundlagen des kooperativen Lernens und die sich daraus entwickelnde Praxis von Lehrenden. Aufsatz im Rahmen des Modellversuches «Kooperatives Lernen in Berufsschulen». (unveröffentlicht)

KAZEMZADEH, F. (1990): Was halten Hochschullehrer von der Weiterbildung? Ergebnisse einer empirischen Untersuchung. HIS Hochschul-Informations-System, Hannover.

KLAFKI, W. (1964): Das Problem der Didaktik. In: ders.: Studien zur Bildungstheorie und Didaktik. Weinheim/Basel, S. 72-125.

KLAFKI, W. (1975): Studien zur Bildungstheorie und Didaktik. Weinheim/Basel.

KLAFKI, W. (1985): Neue Studien zur Bildungstheorie und Didaktik. Weinheim/Basel.

KLAFKI, W. (1987): Die bildungstheoretische Didaktik im Rahmen kritisch-konstruktiver Erziehungswissenschaft. In: GUDJONS, H.; TESKE, R. & WINKEL, R. (Hrsg.): Didaktische Theorien. Hamburg, S. 11-26.

KNEER, G. (1993): Niklas Luhmanns Theorie sozialer Systeme. Eine Einführung. München.

KNOPF, W. (1990): „Schlüsselqualifikationen." Eine mögliche Verbindung von allgemeiner und beruflicher Weiterbildung? Österreichische Volksschule, 41, S. 10-18.

KOHLBERG, L. (1974): Zur kognitiven Entwicklung des Kindes. Frankfurt/M.

KRATHWOOL, D.R.; BLOOM, B.S. & MASIA, B.B. (1975): Taxonomie von Lernzielen im affektiven Bereich. Weinheim/Basel.

KRATKY, K.W. & WALLNER, F. (1990): Grundprinzipien der Selbstorganisation. Darmstadt.

KÜHL, ST. (1994): Wenn die Affen den Zoo regieren. Frankfurt.

KÜNZLI, R. (1996): Von der Lehrplanung zur Lernorganisation. Aarau.

LANGE, H. (1987): Überlegungen zum geisteswissenschaftlichen Bildungsbegriff im Hinblick auf Luhmanns Gesellschaftstheorie. In: OELKERS, J. & TENORTH, H.-E. (Hrsg.): Pädagogik, Erziehungswissenschaft und Systemtheorie. Weinheim/Basel, S. 304-329.

LAMMERT, N. (Hrsg.) (1992): Persönlichkeitsbildung und Arbeitsmarktorientierung. Grundlagen und Perspektiven christlich-demokratischer Bildungspolitik. Baden-Baden.

LAMNEK, S. (1989): Qualitative Sozialforschung. Bd. 2, München/Weinheim.

LAUR - ERNST, U. (1989): Schlüsselqualifikationen. Innovative Ansätze in den neugeordneten Berufen und ihre Konsequenzen für das Lernen. Berlin. (unveröffentlichtes Manuskript)

LAUR - ERNST, U. (1990a): Schlüsselqualifikationen bei der Neuordnung von gewerblichen und kaufmännischen Berufen - Konsequenzen für das Lernen. In: Reetz, L. & Reitmann, T. (Hrsg.): Schlüsselqualifikationen. Dokumentation des Symposiums in Hamburg «Schlüsselqualifikationen - Fachwissen in der Krise?» Materialien zur Berufsbildung, Bd. 3, Hamburg, S. 36-52.

LAUR - ERNST, U. (1990b): Handeln als Lernprinzip. In: Reetz, L. & Reitmann, T. (Hrsg.): Schlüsselqualifikationen. Dokumentation des Symposiums in Hamburg «Schlüsselqualifikationen - Fachwissen in der Krise?» Materialien zur Berufsbildung, Bd. 3, Hamburg, S. 145-152.

LEEB, H. (1993): Harmonisierung von Bildungsabschlüssen in Europa. Was ändert sich, was muss sich ändern? In: Schulverwaltung Bayern, 16, 1, S. 3-6.

LEHMEIER, H. (1995): Benötigt die handlungswissenschaftlich begründete Pädagogik eine eigene Forschungsmethode? In: Zeitschrift für Pädagogik, 41, 3, S. 631-650.

LENZEN, D. & MOLLENHAUER, K. (Hrsg.) (1995): Theorien und Grundbegriffe der Erziehung und Bildung. Enzyklopädie Erziehungswissenschaft, Bd. 1, Stuttgart.

LEU, A. & RÜTTER, H. (1994): Synthesebericht der Studentenbefragung ETH und IS zur Wirksamkeit der Ingenieurausbildung in der Schweiz, durchgeführt von „Ingenieure für die Schweiz von morgen", Zürich.

LEWIN, K. (1982): Aktionsforschung und Minderheitenprobleme. Kurt-Lewin-Gesamtausgabe, Bd. 7, (Hrsg.: C.-F. Graumann). Bern.

LICHTENSTEIN, E. (1951): Gibt es eine pädagogische Autonomie? Schule und Leben, 26, S. 193-199.

LÖNZ, M. (1996): Das Schulportrait. Ein Beitrag der Einzelforschung zur Schulreform. Frankfurt/Main.

LUHMANN, N. (1970): Soziologische Aufklärung. 5 Bände. Opladen.

LUHMANN, N. (1984): Soziale Systeme. Grundriss einer allgemeinen Theorie. Frankfurt/Main.

LUHMANN, N. (1985): Die Autopoiesis des Bewusstseins. In: Soziale Welt, 36, S. 402-446.

LUHMANN, N. (1988): Wie ist Bewusstsein an Kommunikation beteiligt? In: Gumbrecht, H.U. & Pfeiffer, L. (Hrsg.): Materialität der Kommunikation. Frankfurt/Main, S. 884-905.

LUHMANN, N. & SCHORR, K.E. (1979): Reflexionsprobleme im Erziehungssystem. Stuttgart.

LUHMANN, N. & SCHORR, K. E. (1990): Zwischen Anfang und Ende. Fragen an die Pädagogik. Frankfurt/Main.

LUTZ, CH. (1991): Kommunikation - Kern der Selbstorganisation: Unternehmensführung im Informationszeitalter. In: SATTELBERGER, T. (Hrsg.): Die lernende Organisation. Wiesbaden, S. 97-109.

MALIK, F. (1990): Selbstorganisation im Management. In: Kratky, K.W. & Wallner, F. (Hrsg.): Grundprinzipien der Selbstorganisation. Darmstadt, S. 96-102.

MANDL, H. & PRENZEL, M. (1991): Wie Lernumgebungen an Stärke gewinnen. Ein konstruktivistischer Ansatz. Paper presented at the Instructional Design Conference, La Hulpe, Belgium.

MANDL, H., GRUBER, H. & RENKL, A. (1993): Das träge Wissen. In: Psychologie heute, September, S. 64-69.

MATURANA, H. (1982): Erkennen: Die Organisation und Verkörperung von Wirklichkeit. Braunschweig.

MAYER, E. (1992): Neue Qualität der Inhalte gefragt. Gedanken zu den Perspektiven der Fachhochschulen in einem kooperativen Hochschulsystem. In: Deutsche Universitätszeitung, 4, S. 19-20.

MAYRING, PH. (1983): Qualitative Inhaltsanalyse. Weinheim/Basel.

MAYRING, PH. (1993): Einführung in die qualitative Sozialforschung: Eine Anleitung zu qualitativem Denken. Weinheim.

MERK, R. (1993): Weiterbildungsmanagement. Bern.

MERTENS, D. (1974a): Schlüsselqualifikationen. Thesen zur Schulung für eine moderne Gesellschaft. Mitteilungen aus der Arbeitsmarkt- und Berufsforschung, 6, S. 314-325.

MERTENS, D. (1974b): Schlüsselqualifikationen. Überlegungen zu ihrer Identifizierung und Vermittlung im Erst- und Weiterbildungssystem. Mitteilungen aus der Arbeitsmarkt- und Berufsforschung, 7, S. 36-43.

MERTON, R.K. & KENDALL, P.L. (1993): Das fokussierte Interview. In: Hopf, Ch. & Weingarten, E. (Hrsg): Qualitative Sozialforschung. Stuttgart, S. 171-204.

MINTKEN, K.-H. (1991): Lehren und Lernen an der Fachhochschule. In: Die Neue Hochschule, 5, S. 5-9.

MITTER, W. & SCHÄFER, U. (Hrsg.) (1991): Schulen und Qualität. Ein internationaler OECD-Bericht. Frankfurt/Main.

MOSER, H. (1977): Methoden der Aktionsforschung. München.

MÜCKE, H. (1994): Hochschullehrer: Ein Beruf mit Zukunft? In: Die Neue Hochschule, 35, 1, S. 14-15.

MÜNCH, J. (1984): Das Leben planen - berufliche Qualifikationen und soziale Kompetenz. Universitas, 39, S. 1213-1224.

NADEAU, M.A. (1989): L'évaluation de programme: théorie et pratique. Les presses de L'Université Laval, Québec.

NECKER DE SAUSSURES, A. (1828): L'éducation progressive ou étude du cours de la vie T.I., Paris.

NEGT, O. (1989): Plädoyer für einen neuen Lernbegriff. In: Information Weiterbildung in Nordrhein-Westfalen. Landesinstitut für Schule und Weiterbildung. Paradieser Weg 64. Soest, S. 27-28.

NOHL, H. (1970): Der pädagogische Bezug. In: Kron, F.W. (Hrsg.): Das erzieherische Verhältnis. Bad Heilbrunn, S. 51-58.

NÖTZEL, R. (1992): Fallstudien und Unternehmensplanspiele in der betriebswirtschaftlichen Ausbildung an Fachhochschulen. In: Die Neue Hochschule 33, 5, S. 18-20.

OECD (1994): Teacher Quality. Report of the meeting of country representatives and experts and draft report of chapter 5: Quality in teachers and teaching. Paris.

OELKERS, J. (1990): Vollendung: Theologische Spuren im pädagogischen Denken. In: Luhmann, N. & Schorr, K.E. (Hrsg.): Zwischen Anfang und Ende. Fragen an die Pädagogik. Frankfurt/Main, S. 24-111.

OELKERS, J. (1993): Die "gute Schule": Überlegungen zum Stand der Diskussion. In: Oelkers, J. & Gonon, Ph. (Hrsg.): Die Zúkunft der öffentlichen Bildung. Bern, S. 127-149.

OELKERS, J. & TENORTH, H.-E. (Hrsg.) (1987): Pädagogik, Erziehungswissenschaft und Systemtheorie. Weinheim/Basel.

OERTER, R. (1978): Struktur und Wandlung von Werthaltungen. München.

PALLASCH, W. & SCHULZE, G. (1992): Training der Gruppenfähigkeit. In: Hesse, H.; Fischer, A. & Hoppe, R.: Kommunikation und Kooperation im Unterricht: Grundlagen der Schulpädagogik, Bd. 3 - Hohengehren, S. 123-130.

PARSONS, T. (1976): Zur Theorie sozialer Systeme. Opladen.

PAUTZKE, G. (1989): Die Evolution der organisatorischen Wissensbasis. Bausteine zu einer Theorie des organisatorischen Lernens. München.

PETERS, T.J. & WATERMAN, R.H. (1983): Auf der Suche nach Spitzenleistungen. Landsberg am Lech.

PETERSSEN, W.H. (1983): Lehrbuch Allgemeine Didaktik. München

PFINGSTEN, U. & HINSCH, R. (1991): Gruppentraining sozialer Kompetenzen. Weinheim/Basel.

PIAGET, J. (1976): Die Äquilibration der kognitiven Strukturen, Stuttgart.

PIAGET, J. (1972): Die Entwicklung des Erkennens. Bd. 3, Stuttgart.

POSDORF, H. (1992): Der Beitrag der Fachhochschulen. In: Lammert, N. (Hrsg.): Persönlichkeitsbildung und Arbeitsmarktorientierung. Baden-Baden, S. 183-194.

PROBST, G.J.B. (1987): Selbstorganisation. Berlin.

PROBST, G.J.B. & GOMEZ, P. (Hrsg.) (1989): Vernetztes Denken. Ganzheitliches Führen in der Praxis. Wiesbaden.

PROBST, G.J.B. (1993): Organisation: Strukturen, Lenkungsinstrumente und Entwicklungsperspektiven. Landsberg am Lech.

PURKEY, S.C. & SMITH, M.S. (1983): Wirksame Schulen - Ein Überblick über die Ergebnisse der Schulwirkungsforschung in den Vereinigten Staaten. In Aurin, K. (Hrsg.) (1991): Gute Schulen - Worauf beruht ihre Wirksamkeit? Bad Heilbrunn, S. 13-45 (englisch 1983).

REETZ, L. (1990): Zur Bedeutung der Schlüsselqualifikationen in der Berufsbildung. In: Reetz, L. & Reitmann, T. (Hrsg.): Schlüsselqualifikationen. Dokumentation des Symposiums in Hamburg «Schlüsselqualifikationen - Fachwissen in der Krise?» Materialien zur Berufsbildung, Bd. 2. Hamburg, S. 16-35.

REETZ, L. & REITMANN, T. (Hrsg.): Schlüsselqualifikationen. Dokumentation des Symposiums in Hamburg «Schlüsselqualifikationen - Fachwissen in der Krise?» Materialien zur Berufsbildung, Bd. 2, Hamburg.

RESNICK, L. B. (Ed.) (1989): Knowing, learning and instruction. Essays in honor of Robert Glaser. Hillsdale, New Jersey.

RIESEN, M. (1995): Lernprozesse begleiten. Reihe: Aus der Praxis für die Praxis, Bericht Nr. 2, Akademie für Erwachsenenbildung Luzern und Zürich.

ROEDERER, P. M. (1989): Lehrerkooperation und Schulqualität. In: Tillmann, K.-J. (Hrsg.): Was ist eine gute Schule? Hamburg, S. 63-76.

ROLFF, H.G. (1991): Schulentwicklung als Entwicklung von Einzelschulen? Theorien und Indikatoren von Entwicklungsprozessen. In: Zeitschrift für Pädagogik 37, S. 865-886.

ROLFF, H.G. (1993): Wandel durch Selbstorganisation. Theoretische Grundlagen und praktische Hinweise für eine bessere Schule. Weinheim/Basel.

ROTH, G. (1986): Selbstorganisation - Selbsterhaltung - Selbstreferentialität: Prinzipien der Organisation der Lebewesen. In: Dress, A.; Hendrichs, H. & Küppers, G. (Hrsg.): Selbstorganisation: Die Entstehung von Ordnung in Natur und Gesellschaft. München, S. 149-180.

RUDDUCK, J. (1976): The Humanities Curriculum Project. In: Dialogue, Schools Council Newsletter, 22, S. 3-13, Norwich.

RUDOW, B. (1994): Die Arbeit des Lehrers. Bern.

RUTTER, M. et al. (1979): Fifteen Thousand Hours. Secondary Schools and their Effects on Children. London. (Deutsch: Fünfzehntausend Stunden. Schule und ihre Wirkung auf die Kinder. Weinheim/Basel, 1980).

SATTELBERGER, T. (1991): Die lernende Organisation. Wiesbaden.

SATTES, I. (Hrsg.) (1995): Erfolg in kleineren und mittleren Unternehmen. Ein Leitfaden für die Führung und Organisation in KMU. ETH Zürich.

SCHATTENHOFER, K. (1992): Selbstorganisation und Gruppe. Beiträge zur psychologischen Forschung, Bd. 27, Opladen.

SCHIEPECK, G. (Hrsg.) (1987): Systeme erkennen Systeme. München/Weinheim.

SCHLEIERMACHER, F. E. (1964): Theorie der Erziehung. In: LICHTENSTEIN, E. (Hrsg.): Ausgewählte pädagogische Schriften. Paderborn, S. 36-243.

SCHLICHER, B. (1996): Autonomiethesen. In: Bundesamt für Unterricht und kulturelle Angelegenheiten (Hrsg.): Neues Lernen für die Gesellschaft von morgen. Innsbruck, S. 254-256.

SCHMELLING, M.-T. & STUMM, I. (1986): Untersuchung von Lernerfahrungen in Projekten an der Fachhochschule x. Dortmund.

SCHMIDT, M. & HAFERKAMP, H. (Hrsg.) (1987): Sinn, Kommunikation und soziale Differenzierung. Frankfurt, S. 19-155.

SCHMIDT, S.J. (Hrsg.) (1987): Der Diskurs des Radikalen Konstruktivimus. Frankfurt/Main.

SCHMIDT, S.J. (Hrsg.) (1992): Kognition und Gesellschaft. Der Diskurs des radikalen Konstruktivismus 2. Frankfurt/Main.

SCHNEIDER, R. (1994): Lehre: Widersprüche des Fachhochschulalltages. Erfahrungen eines Informatikprofessors in Nordrhein-Westfalen. In: Die Neue Hochschule 35, 4, S. 21-22.

SCHÖNHERR, K.W. (1992): Das Studium neben dem Beruf. In: Vierteljahresschrift für wissenschaftliche Pädagogik, 68, 2, S. 170-177.

SCHULTE, P. (1991): Fachhochschule - Hochschule der Zukunft. In: Die Neue Hochschule 1991, 1, S. 9-12.

SCHULTE, P. (1992): Im Profil die eigene Leistung herausstellen. Fachhochschulen sind Anbieter wie Unternehmen - aber ohne Marketingstrategie. In: Deutsche Universitäts-Zeitung, 3, S. 17-19.

SCHULTE, P. (1993): Fachhochschulen in Deutschland - Praxisorientierung als Markenzeichen. In: Mitteilungen. Alexander von Humboldt-Stiftung, 62, S. 31-38.

SCHULVERWALTUNG BAYERN (1991): Sicherung des Lehrernachwuchses an beruflichen Schulen: Fachhochschulingenieuren wird der Zugang zum Lehramtsstudium erleichtert. München. (allgemeiner Beitrag)

SCHULZ VON THUN, F. (1986): Miteinander reden: Störungen und Klärungen. Reinbeck bei Hamburg.

SCHULZ, W. (1980): Unterrichtsplanung. München.

SCHWÄNKE, U. (1988): Der Beruf des Lehrers. Professionalisierung und Autonomie im historischen Prozess. Basel/Weinheim.

SCHWEIZERISCHE WEITERBILDUNGSZENTRALE FÜR FACHHOCHSCHULEN (1995): Projektbeschreibung. WBO-Projekt Nr. 1281. Zentralstr. 9, 6002 Luzern. (unveröffentlicht)

SCHWEIZERISCHE WEITERBILDUNGSZENTRALE FÜR FACHHOCHSCHULEN (1996): Weiterbildungsbedarf in Didaktik an den zukünftigen Fachhochschulen. Erhebung: Stand Februar 1996. Zentralstr. 9, 6002 Luzern. (unveröffentlicht)

SCHWEIZERISCHE WEITERBILDUNGSZENTRALE FÜR FACHHOCHSCHULEN (1996): Didaktische Weiterbildung der Dozierenden an Fachhochschulen. Grundlagen, Konzepte, Thesen, Empfehlungen. Zentralstr. 9, 6002 Luzern. (unveröffentlicht)

SENN, P. (1995): Der Leistungsauftrag an Fachhochschulen. Luzerner Beiträge zur Fachhochschulentwicklung. Zürich.

SENN, P. (Hrsg.) (1997): Praktische Umsetzung des Leistungsauftrags an Fachhochschulen. Luzerner Beiträge zur Fachhochschulentwicklung. Zürich.

SEGHEZZI, H.D. (1998): Qualitätsmanagement an Fachhochschulen. Ein Projektüberblick. Institut für Technologiemanagement Universität St. Gallen.

SEIFFERT, H. (1964): Muss die Pädagogik eigenständig sein? Essen.

SHUELL, T. J. (1988): The Role of the Student in Learning from Instruction. In: Contemporary Educational Psychology, 13, S. 276-295.

SIEBERT, H. (1997): Didaktisches Handeln in der Erwachsenenbildung. Berlin.

SIMONS, R.J. (1992): Lernen, selbständig zu lernen - ein Rahmenmodell. In: Mandl, H. & Friedrich, H.F. (Hrsg.): Lern- und Denkstrategien. Analyse und Interventionen. Göttingen, S. 251-264.

SLAVIN, R. E. (1990): When and why does cooperative learning increase achievement? Theoretical and empirical perspectives. John Hopkins University.

SOMMER, G. (1977): Kompetenzerwerb in der Schule als Primäre Prävention. In: Sommer, G. & Ernst, H. (Hrsg.): Gemeindepsychologie. München, S. 70-98.

SPECHT, W. & THONHAUSER, J. (Hrsg.) (1996): Schulqualität. Entwicklungen und Befunde. Innsbruck/Wien.

SPECHT, W. (1996): Autonomie und Innovationsklima an Schulen. Rezeption und Wirkungen der Schulautonomie an Hauptschulen und allgemeinbildenden höheren Schulen. Graz. (Typoskript)

STABENAU, H-J. (1993): Ein Kommunikations- und Kooperationstraining für Ingenieure als Berufsanfänger. In GdWZ 4, S.138-143.

STAMM, M. (1998): Qualitätsevaluation und Bildungsmanagement. Aarau.

STEINER-LÖFFLER, U. (1996): Autonomisierung des österreichischen Schulwesens. Bearbeitung der offenen Fragen. Forschungsbericht im Auftrag des BMUK / verf. von Michael Schratz (Hrsg.: Bundesministerium für Unterricht und Kulturelle Angelegenheiten). Innsbruck/Wien.

STRAUSS, A. L. (1991): Grundlagen qualitativer Sozialforschung. München.

TERHART, E. (1983): Unterrichtsmethode als Problem. Weinheim/Basel.

THONHAUSER, J. (1997): Autonomie als Bedingung von Schulqualität. In: Dubs, R. & Luzi, R. (Hrsg.): 25 Jahre IWP. Tagungsbeiträge. Schule in Wissenschaft, Politik und Praxis. Institut für Wirtschaftspädagogik, Universität St. Gallen, S. 695-711.

TIETGENS, H. (1990): Geschichte und aktuelle Diskussion des Begriffs „Schlüsselqualifikation". In: Erwachsenenbildung, 4, S. 149-152.

TILLMANN, K.-J. (1989) (Hrsg.): Was ist eine gute Schule? Hamburg.

TRAPP, CH. (1913): Versuch einer Pädagogik. Neuausgabe Leipzig.

VARELA, F.J. (1987): Autonomie und Autopoiese. In: Schmidt, S.J. (Hrsg.): Der Diskurs des Radikalen Konstruktivismus. Frankfurt/Main, S. 119-132.

VILMAR, F. & RUNGE, B. (1986): Auf dem Weg zur Selbsthilfegesellschaft? Essen.

VOGEL, D. (1981): Reformkonzeptionen in der Lehrerbildung in den USA. Studien und Dokumentationen zur vergleichenden Bildungsforschung, Bd. 9, Teil 5, Weinheim/Basel.

VON WERDER, L. (1994): Umrisse einer Fachhochschuldidaktik. Berlin.

WAHL, D.; WÖLFING, W.R. & GERHARD, H. D. (Hrsg.) (1995): Erwachsenenbildung konkret. Weinheim.

WALLNER, F. (1982): Philosophische Probleme der Physik. Wien.

WALLNER, F. (1990): Verzicht auf Letztbegründungen: Autopoiese als Ausweg? In: Kratky, K.K & Wallner, F. (Hrsg.): Grundprinzipien der Selbstorganisation. Darmstadt, S. 129-139.

WATERMANS, P. (1983): Auf der Suche nach Spitzenleistungen. Landsberg am Lech.

WATTENHOFER, H. (1995): Eine Schule ist keine Wurstfabrik. In: Schweizerische Zeitschrift für kaufmännisches Bildungswesen, 4, S. 225-229.

WATZLAWICK, P. (1981) (Hrsg.): Die erfundene Wirklichkeit. Wie wissen wir, was wir zu wissen glauben? Beiträge zum Konstruktivismus. Zürich.

WEBLER, W.-D. (1991): Kriterien für gute akademische Lehre. In: Das Hochschulwesen, 4, S. 243-249.

WEIDENMANN, B. (1985): Lernen und Lerntheorie. In: Lenzen, D. (Hrsg.): Handbuch und Lexikon der Erziehung, Bd. 4, Gunter, O. & Schulz, W. (Hrsg.): Methoden und Medien der Erziehung und des Unterrichts. Enzyklopädie Erziehungswissenschaft, S. 160-172.

WENGEMUTH, F. (1998): Entwicklung und Erfassung von Kooperationskompetenz. Frankfurt/Main.

WENIGER, E. (ohne Jahrgang): Die Eigenständigkeit der Erziehung in Theorie und Praxis. Weinheim/Basel.

WILLKE, H. (1987): Systembeobachtung, Systemdiagnose, Systemintervention. Weisse Löcher in schwarzen Kästen. In: Schiepeck, G. (Hrsg.): Systeme erkennen Systeme. München/Weinheim, S. 94-15.

WILLKE, H. (1988): Methodologische Leitfragen systemtheoretischen Denkens: Annäherung an das Verhältnis von Systemen und Intervention. VT und psychosoziale Praxis, 1, S. 11-23.

WILLKE, H. (1989): Controlling als Kontextsteuerung. Zum Problem dezentralen Entscheidens in vernetzten Organisationen. In: Eschenbach, R. (Hrsg.): Supercontrolling: Vernetzt denken, zielgerichtet entscheiden. Wien, S. 63-93.

WINKEL, R.: Was macht eine Schule zu (k)einer guten Schule? In Tillmann, K.-J. (Hrsg.): Was ist eine gute Schule? Hamburg, S. 26-31.

WIRTSCHAFT UND ERZIEHUNG (1989): Fachhochschulabsolventen als Lehrer in berufsbildenden Schulen? Eine Kurzschlussreaktion der Kultusminister? 41, 11, Allgemeiner Beitrag.

WITZEL, A. (1980): Das problemorientierte Interview. Dissertation Universität Bremen.

WITZEL, A. (1982): Verfahren der qualitativen Sozialforschung. Überblick und Alternativen. Frankfurt/Main.

WOHLGEMUTH, A.C. (1989): Erfolgsunternehmen unter der Lupe. In: io Management Zeitschrift, 58, 10, Verlag Industrielle Organisation BWI ETH, Zürichbergstr. 18, 8020 Zürich, S. 27-31.

WOLF, G. (1990): Gestalten von Komplexität durch Netzwerk - Management. In: Kratky, K. W. & Wallner, F. (Hrsg.): Grundprinzipien der Selbstorganisation. Darmstadt, S. 103-126.

ZUTAVERN, M. (1995): Des einen Freud des anderen Leid?! Über die Rolle von Lehrerinnen und Lehrern bei der Förderung von Eigenständigkeit. In: Beck, E.; Guldimann, T. & Zutavern, M. (Hrsg.): Eigenständig lernen. St. Gallen, S. 215-155.

Verzeichnis der Abbildungen

Anhang

1 Leitfaden für die Interviews

Dieser Leitfaden stellt die Grundlage für Gespräche mit Schlüsselpersonen zur Erhebung des Weiterbildungsbedarfs in Didaktik an den zukünftigen Fachhochschulen (FH) dar. Für die weiterführenden und ergänzenden Gespräche mit denjenigen Personen, die sich bereits zum Weiterbildungsbedarf an Fachhochschulen geäussert haben (Delegierte für die Weiterbildung), sind die relevanten Fragen auszuwählen.

1. Veränderungen

Was verändert sich für die Dozierenden an den Fachhochschulen im Hinblick auf den neuen Leistungsauftrag?

2. Neue Anforderungen - neue Kompetenzen

Welche neuen Anforderungen müssen die Dozierenden erfüllen?
Welche (neuen) Kompetenzen sind gefragt?

3. Didaktische Qualifikation

3.1. Wieviele Dozierende haben bereits eine didaktische Qualifikation, wieviele haben keine?

3.2. Wer soll / muss sich eine didaktische Qualifikation aneignen (hauptamtliche Doz., nebenamtliche Doz., Dozierende mit Kleinstpensen)?

3.3. Didaktische Erstausbildung (in der Arbeit Basisqualifikation genannt)

3.3.1.	Rahmenkonzept:	Wie beurteilen Sie die Ueberlegungen der SWF für die didaktische Qualifikation der Dozierenden an Fachhochschulen?[1]
3.3.2.	Inhalte / Ziele:	Welche Inhalte sind zentral, welche Ziele sind zu erreichen? Welche Inhalte gehören in die Basiselemente, welche in die darauf aufbauenden Elemente?
3.3.3.	Zeit:	In welchem Zeitraum soll diese Erstausbildung absolviert werden? Wie wird der Umfang von ca. 200 Stunden beurteilt?
3.3.4.	Ebenen:	Welche Inhalte sind schultypintern, welche -extern, schulintern und -extern anzubieten?

---

[1] Vgl. „Überlegungen zur berufsbegleitenden didaktischen Qualifikation für Dozierende an Fachhochschulen“ (Anhang, 4)

3.4. Didaktische Weiterbildung

3.4.1	Inhalte / Ziele:	Zu welchen Themen soll Weiterbildung angeboten werden?
3.4.2.	Formen:	Welches sind geeignete Formen (Kurse, begleitete Lerngruppen, Beratungen usw.)?
3.4.3.	Adressaten:	Wer soll didaktische Weiterbildungsangebote besuchen?
3.4.4.	Zeit:	Wieviel Zeit soll für die didaktische Weiterbildung investiert werden?

3.5. Rahmenbedingungen:

Wann soll die didaktische Weiterbildung absolviert werden (Arbeitszeit, Freizeit)?
Wo soll die didaktische Weiterbildung stattfinden (schulintern, schulextern)?
Welches sind günstige Zeitgefässe?

3.6. Kosten:

Was darf die didaktische Weiterbildung kosten?
Wer bezahlt diese Kosten (Dozierende, Schule, gemischt)?

3.7. Anbieter:

Wer soll didaktische Weiterbildung für Dozierende an Fachhochschulen anbieten?

3.8. Anerkennung:

Wer ist für die Regelung einer allfälligen Anerkennung der didaktische Qualifikation zuständig?

4. SWF (Schweizerische Weiterbildungszentrale für Fachhochschulen)

4.1. Erwartungen:

Welche Rolle soll eine SWF einnehmen?
Welche Aufgaben soll eine SWF übernehmen?

4.2. Organisation:

Wie soll eine SWF organisiert sein (Trägerschaft, Finanzierung)?

Februar 1996

2 Kategoriensystem zur ersten Analyse der Interviews

1 Veränderungen an Fachhochschulen (FH)
11 Verhältnis Fachhochschulen-Wirtschaft-Gesellschaft
12 Schulkultur
13 Lernkultur
131 Lernverständnis
132 Didaktische Grundsätze

2 Aufgaben der Dozierenden
21 Lehre
22 Dienstleistungen
23 Anwendungsorientierte Forschung
24 Schulentwicklung
25 Andere

3 Restkategorie

4 Geforderte Kompetenzen
41 Fachliche Kompetenzen
42 Handlungskompetenzen
421 Didaktische Kompetenzen
422 Unternehmerische Kompetenzen
43 Soziale Kompetenzen
44 Selbstkompetenzen
45 Aktueller Stand der didaktischen Qualifikation

5 Leitlinien für die didaktische Qualifizierung
51 Didaktische Weiterbildung (WB) als Element der Qualitätssicherung an Fachhochschulen
52 Andere

6 Didaktische Erstausbildung (in der Arbeit Basisqualifikation genannt) Grundsätze
61 Adressaten
611 Hauptamtliche
612 Nebenamtliche
613 Dozierende mit Kleinstpensen Gastreferenten
62 Ziele und Inhalte
63 Methoden
64 Strukturelemente
641 Kurse
642 Selbststudium
643 Mentorat

644	Intervision/Supervision
65	Rahmenbedingungen
651	Dauer
652	Zeitgefässe
653	Kosten
7	**Didaktische Weiterbildung**
	Grundsätze
71	Adressaten
72	Themen / Inhalte
73	Methoden
74	Formen / Strukturen
75	Rahmenbedingungen
751	Dauer
752	Zeitgefässe
753	Kosten
8	**Ort der didaktischen Weiterbildung**
81	Schulinterne didaktische Weiterbildung
82	Schulexterne didaktische Weiterbildung
83	Schultypenübergreifende didaktische Weiterbildung
84	Schultypeninterne didaktische Weiterbildung
9	**Anerkennung**
91	Anforderungen für eine Anerkennung
92	Regelungskompetenz
93	Organisation des Verfahrens
10	**Sicherstellung der didaktischen Qualifikation**
101	Funktion der Träger der FH
102	Funktion der Leitungsverantwortlichen der Standortschulen
103	Funktion der Dozierenden
104	Funktion von bereichsspezifischen Weiterbildungsorganisationen
105	Andere Anbieter
106	Funktion einer zentralen didaktischen Weiterbildungsorganisation
1061	Organisation einer zentralen didaktischen Weiterbildungsorganisation

24. Mai 96

3 Stichwörter zur zweiten Analyse der Interviews

Die folgenden Stichworte dienten als Grundlage zur zweiten Analyse der Interviews.

A Autonomie und Selbstorganisation an Fachhochschulen

Stichworte:
1 Autonomie
2 Selbstorganisation
3 Verhältnis zu Organisationen der Umwelt
4 Zertifizierung
5 Schulinterne Weiterbildung
6 Schulexterne Weiterbildung

B Implizite Ansprüche und Annahmen, Chancen und Konzepte

Stichworte:
1 Anforderung an Dozierende
2 Tugenden/Perfektion
3 Bildung
4 Lernen lernen
5 Professionalisierung
6 Konzepte Lehrerbildung

C Fachhochschulen im Spannungsfeld von Schule und Unternehmen

Stichworte:
1 Gute Schule; Ziele, Merkmale von Fachhochschulen
2 Fachhochschule als Unternehmen
3 Schulleitung
4 Klima
5 Rolle der Weiterbildung
6 Berufsverständnis

D Soziale Kompetenzen

Stichworte:
1 Soziale Kompetenzen, personale Kompetenzen
2 Kommunikation
3 Beratung
4 Teamfähigkeit

4 Überlegungen zur berufsbegleitenden didaktischen Qualifikation für Dozierende an Fachhochschulen

1. Ausgangslage

Im Bundesgesetz über die Fachhochschulen vom 6. Oktober 1995 wird unter Artikel 12, Absatz 1 festgelegt, dass die Dozenten und Dozentinnen an Fachhochschulen eine didaktische Qualifikation nachweisen müssen.
Bestehende Überlegungen über den Umfang zum Erwerb dieser Qualifikation sind in den folgenden Ausführungen berücksichtigt worden:
Die Ausbildung zum Ingenieurspädagogen basiert auf 204 Stunden. Karl Frey bietet eine Ausbildung zum Europäischen Fachhochschuldozenten im Rahmen von 220 Stunden.

2. Ziele der didaktisch-methodischen Qualifikation

Die Weiterbildung befähigt die Dozenten und Dozentinnen, Lernarrangements im Rahmen von Lehre, Forschung und Dienstleistung professionell zu planen, durchzuführen und auszuwerten.
Die Dozierenden sollen befähigt werden, die Fachkompetenz (Wissen und Können) der Studierenden zu sichern und deren soziale Kompetenzen wie Teamfähigkeit und Sprachfähigkeit und personale Kompetenzen wie Selbständigkeit zu fördern.
Sie befähigt die Dozierenden, die Studierenden (Individuen und Gruppen) im Rahmen von Lehre, Forschung und Dienstleistung in ihrem Lernprozess zu begleiten und zu beraten.

3. Inhalte

- Lernpsychologie
- Allgemeine Didaktik / Methodik (planen, durchführen und auswerten von Lernsituationen)
- Konzeptentwicklung (Gestalten von Semesterprogrammen, Modulen)
- Fachdidaktik
- Lernkontrollen
- Gesprächsführung
- Leiten von Gruppen / Lernen in Gruppen
- Lernbegleitung
- Projektmanagement

4. Struktur

Ziel	*Zeit*	*Form*
Erwerb von Grundlagenwissen und von didaktischen Handlungsmöglichkeiten	100 Std	Seminar Kurstage Lerngruppen
	50 Std	Selbststudium

Transfersicherung Reflexion der Praxis Vertiefung	50 Std	Mentorat Erfahrungsgruppen Intervisionsgruppen Supervisionsgruppen Vertiefungskurse nach Forderung der Mentoren

Das Mentorat stellt ein zentrales Element zur Transfersicherung dar. Im Rahmen des Mentorats sind die folgenden Arbeitsformen denkbar: Gegenseitige Praxisbesuche, Sitzungen, beispielsweise zur Besprechung von Unterrichtsplanungen, Vorgehensweisen, Semesterplanungen, Standortbestimmungen, Fachbesprechungen.

Für die Mentoren wird ein spezifisches Weiterbildungsangebot entwickelt mit u.a. folgenden Inhalten:
Rollenklärung
Begleiten und Beraten, Gesprächsführung
Unterrichtsbeobachtung

5. Anbieter

SWF Schweizerische Weiterbildungszentrale für Fachhochschulen, einzelne Fachhochschulen, Weiterbildungsstellen der Universitäten, schulspezifische Weiterbildungskommissionen (z.B. DIS-Weiterbildungskommission, FLuG Fachstelle für LehrerInnenbildung und Gestaltungspädagogik).
Diese Stellen bieten Kurselemente, Supervisionsmöglichkeiten und die Weiterbildung der Mentoren an.
Die Organisation der Transfersicherung durch das Mentorat obliegt den einzelnen Schulen.

6. Anerkennung

Anforderungen:
Nachweis von 200 Stunden Ausbildung
Nachweis erfolgreicher Ausbildungstätigkeit

Anerkennungsverfahren:
Die Trägerschaften der zukünftigen Fachhochschulen legen ein Anerkennungsverfahren fest.

7. Rolle der Schulen

Die Schulen stellen die didaktisch-methodische Qualifikation der beginnenden Dozenten und Dozentinnen sicher durch eine Berücksichtigung der zeitlichen Belastung beim Festlegen der Aufgaben.

Sie beteiligen sich an der Bereitstellung entsprechender Angebote.

10. November 1995 / Projektgruppe SWF

5 Zusammenstellung der kodierten Aussagen aus den Interviews

Die folgende Zusammenstellung entspricht dem Schritt 2 in der Auswertung der Interviews.
Auf der Grundlage der kodierten Texte wurden die Inhalte pro Haupt- und Nebenkategorie des Kategoriensystems (vgl. Anhang 2) aufgelistet (vgl. Kap. 4.2.4).

Kategorie 1: Veränderungen an Fachhochschulen

Aufgaben an Fachhochschulen (FH):	a
1. Angebot von Studien, Weiterbildungen.	a, c, e
Weiterbildungen sind ähnlich wie Grundstudium.	
Organisationsaufwand ist vielleicht etwas grösser.	
2. Wahrnehmen von Technologietransfer, Dienstleistungen.	a, c, e, f
Dazu gehört Akquirieren und Projektmanagement.	
Dozierende werden Teilaufträge übernehmen müssen.	g
3. Anwendungsorientierte Forschung.	a, c, e, f
Definition ist nötig.	o
Dozierende werden Teilaufträge übernehmen müssen.	g
Neue Kompetenzen sind gefragt.	o
Durch die Aufgaben 2 und 3 wird sich der Praxisbezug verstärken.	z
Die Aufgaben 2 und 3 zu erbringen, ist für die Gestalterschulen schwierig, da die Theorieebene nicht materialisiert ist.	i
Schulen waren produktorientiert bis jetzt. Prozessorientierung muss dazu kommen.	i
Verbindung der drei Aufgaben wird grosse Herausforderung darstellen.	n
Leistungsaufträge für die Dozierenden müssen neu definiert werden.	h
Controlling muss vergrössert werden.	
Qualität spielt eine andere Rolle. Qualitätssicherung kommt, löst Druck aus.	
Dozierende müssen ihren Unterricht legitimieren.	m, o
Selbstbeurteilung ist wichtig.	o
Vergleiche mit andern Schulen werden mehr stattfinden.	h
Höherer Druck besteht, die Ressourcen gut einzusetzen.	h
Die Partnerschaft mit der Wirtschaft ist gefordert.	c, i
Schulen müssen Unternehmen werden.	c
Dozierende müssen einen Bezug zur Forschung haben.	o
Vernetzungen unter den Fächern werden wichtig.	i
Der Leistungsauftrag ist für Ingenieurschulen nicht neu.	b
Vieles wird (bezüglich Leistungsauftrag) bereits gemacht.	y
Heutige Höhere Fachschulen für Soziale Arbeit erfüllen Leistungsauftrag.	e, k, h
Der Markt zeigt dies.	
Es gibt keine einschneidenden Veränderungen.	
Es kommt nichts eigentlich Neues.	o

Technologietransfer und anwendungsorientierte Forschung wird vor allem in den Kernfächern geschehen. Für diese Dozierenden wird sich einiges ändern.	b, f
In der Lehre ändert sich vielleicht nichts, schwer zu sagen.	f
Die Berufsanforderungen haben sich geändert.	b, l
Es gibt eine zunehmende Praxisorientierung.	n
Die Studenten sind anders vorbereitet.	b
Sie sind selbstbewusster, haben vielleicht höheres Niveau durch Berufsmatura (nicht Student und nicht Berufsperson).	o
Aus diesen generellen Entwicklungen ergeben sich neue Anforderungen an die Dozierenden.	b
Die Ansprüche an die Schule erhöhen sich aufgrund gesellschaftspolitischer Veränderungen:	l
Studierende steuern ihr Lernen selber. Sie haben mehr Mitsprache	
Rolle des Lehrers verändert sich: Von der Dozentenorientierung	n
zur Lernbegleitung.	n, y
Studierende werden mehr individuellen Spielraum haben.	y
Mehr lernen findet in Projekten statt.	y
Vermutlich gibt es keine Änderung, weil es niemand verlangt. Der Druck fehlt.	k
Es wird eine Akademisierung in den wissenschaftlichen Fächern geben, didaktisch wird sich nichts verändern.	
Wissenschaftsbezug muss sich intensivieren.	z

Kategorie 11: Verhältnis FH - Wirtschaft - Gesellschaft

Die Partnerschaft mit der Wirtschaft ist gefordert.	c, i
Schulen müssen Unternehmen werden.	c
Die allzu starke Marktorientierung und Erfolgsorientierung ist ein Problem. Man fragt sich zu wenig nach einer gesellschaftlichen Verpflichtung bezüglich Mensch und Natur.	b
Die Ansprüche an die Schule erhöhen sich aufgrund gesellschaftspolitischer Veränderungen:	
Studierende steuern ihr Lernen selber. Sie haben mehr Mitsprache	l
Gesetzliche Anforderungen bewirken Verunsicherung bei Dozierenden.	y

Kategorie 12: Schulkultur (Selbstverständnis der Schule, Haltungen der Schule, Stellenwert der Lehre, Organisation der Aufgaben)

Schulen gehen vom Markt aus. Sie sollten auch von einer Idee bezüglich Mensch und Umwelt ausgehen.	a
FH werden Unternehmen.	
FH sind keine Mittelschulen.	b
Lehrerschaft hat einen konservativen Charakter. Veränderungen sind schnell bedrohend (im Vergleich zur Wirtschaft).	y
Separate Departemente machen aF&E und Dienstleistungen.	k

Es besteht die Gefahr, dass diese Abteilungen zum Stöckli werden.	g
Bei zukünftiger Anstellung von 42 Stunden könnte Mentorat eine	z
der verschiedenen Aufgaben darstellen. Mansollte dann nicht von	
Entlastung sprechen.	
Die Dozenten haben auch andere Aufgaben als Lehren, es muss	
ihnen dafür Zeit eingeräumt werden.	
Noch wenig Sensibilität für Didaktik ist vorhanden.	h
Es soll ein Klima erzeugt werden, dass Didaktik und did. WB ein	l
ständiges Thema werden (Führungsaufgabe).	l
An FH sind noch feste Strukturen. Klassenverband weicht dem	l
Gesichtspunkt der zu vermittelnden Qualifikationen.	
Qualifikationen des Tätigkeitsfeldes rücken in den Mittelpunkt	f
der Schulorganisation.	
Qualitätssicherung kommt.	o
Hochschulen für Gestaltung wollen sich nicht in systematisches	i
Angebot einbetten. Man ist Künstler oder Berufsmann, kommt und	
gibt sein Wissen weiter	
Hochschulen für Gestaltung werden als andersartig wahrgenommen.	
Die Schulen lassen sich nicht vergleichen (z.B. bezügl. Wissen-	i
schaftlichkeit)	
Die Metaebene ist nicht thematisiert.	
Hochschulen für Gestaltung haben hohe Tradition in der Produkte-	i
gestaltung.	
Alle Beteiligten sollen bestimmte Aufgaben lösen (z.B. Stunden-	i
plangestaltung).	
Kategorie 13: Lernkultur	
Kategorie 131: Lernverständnis (Allgemeine, abstrakte Aus-	
sagen über Lernen an Fachhochschulen, z.B. über Ziele)	
Fachhochschulabsolventen müssen weites Denken lernen.	c
Berufsausbildung auf höherem Niveau mit wissenschaftlicher	c, b, f
Fundierung (=Ziel des Lernens), Generalistenausbildung.	c
Schulen müssen noch mehr mit den Anforderungen des Berufes ver-	c, l
knüpft werden. Heute wird noch Stoff gepaukt.	
Qualifikationen des Tätigkeitsfel des stehen im Mittelpunkt.	
Stoffauswahl und Organisation der Lehre richten sich danach.	f
Wichtige Anforderung im Beruf ist die teamartige, gemeinsame	
und selbständige Erarbeitung. Mehr Flexibilität und Zusammen-	l
arbeit ist gefordert.	
Neuere didaktische Formen werden bereits angewendet, sind indi-	g
viduell geprägt.	
Interdisziplinarität ist gefragt.	g
Verstärkung des Bezuges zur Wissenschaft ist gefordert.	z, o
FH sollen praxisnahe Hochschulen werden.	z
Auch Dozierende der Grundlagenfächer müssen andere Lernformen	b
anwenden: z.B. Projekte (Mehr Stoff in weniger Stunden einbringen).	

Bildungsverständnis ist heute bereits vorhanden.	h
Es gibt unterschiedliche Lernsettings, in der sich der Dozent bewegen muss.	h, f, n
Bewusstsein ist wichtig, dass Lernenende Erwachsene sind, die nicht in die Schülerrolle zurückgestossen werden sollen, trotz Fachabstand.	l, o
Dilemma: Lernkontinuität schaffen und gleichzeitig Selbständigkeit schaffen: Die eigentliche Herausforderung der FH besteht darin: Wie kann Schule eine anspruchsvolle Berufsausbildung gewährleisten und Selbständigkeit der Lernenden erreichen.	
Es muss in kurzer beschränkter Zeit viel vermittelt werden.	l
Studierende müssen auch im Rahmen von aF&E begleitet und beurteilt werden.	o
FH müssen von einem Menschenbild ausgehen. Welche Persönlichkeit braucht die Wirtschaft, die Verwaltung?	f
Lernen muss effizient sein.	m
Qualitätssicherung gehört zum Lehrprozess.	o
Lernthematik ist komplex.	m
Handlungskompetenzen müssen entwickelt werden.	m
Die Dozentenrolle verändert sich hin zum Lernbegleiter.	n
Aus Gelerntem muss etwas Neues gemacht werden können (Kreativität).	o
Kategorie 132: Didaktische Grundsätze (Handlungsorientierte Aussagen über Lernen)	
Praxisbezug: Problemstellungen präzise fassen, Lösungen erarbeiten.	a, b, m
Aktuelle sozial- und gesellschaftspolitische Entwicklungen zugreifen.	h, c
Theorie-Praxisbezug herstellen: Verstärkung des Praxisbezuges	y, g, z, h, n
- durch Firmengründung, Produktediversifizierung,	y
- durch aF&E und Dienstleistungen,	z
- durch Wissen, welches Absolventen einbringen,	
- durch Praktika (mit gewisser Dauer: Aushalteberufe),	g
- durch Projekte mit rollender Planung, Feedback geben.	i
Arbeit unter Anleitung im Rahmen von Selbststudium: Lernen durch Tun.	b, n
Weniger Erwerb von Grundlagenwissen.	b, c
Persönliche Betreuung der Studierenden durch geführte Klassen. Übungen in Labors.	h
Transfer: Übertragung muss angeleitet werden.	g, b, m
Einfliessen der Forschungsergebnisse in die Lehre ist wichtig.	g
Exemplarisches Lernen.	g
Anregung zu selbständiger Planung und Organisation des Lernens.	h, l, n, o, i
Studierenden als Erwachsenen begegnen. Symmetrisches Verhältnis herstellen.	l, n
Mehr Eigenaktivität ermöglichen.	f
Inputs durch flankierende, begleitende Massnahmen ergänzen.	n
Lernen am Erfolg.	m

Kategorie 2: Aufgaben der Dozierenden (Zu bewältigende Aufgaben)	
Leistungsauftrag erfüllen.	alle
Forschungsergebnisse in die Lehre einfliessen lassen.	g, h
Herausforderung durch neuen Leistungsauftrag annehmen.	z
Praxisbezug herstellen.	
AF&E in Kernfächern vornehmen.	f
Klären, was aF&E ist.	o
Bezug zur Forschung haben.	o
Kategorie 21: Lehre	
Lehre und Nachdiplomstudien didaktisch kompetent organisieren und durchführen.	a, o
Lernprozesse arrangieren, gestalten.	n, i
Prozesse reflektieren.	i
Geeignete methodische Form zum jeweiligen Stoff zupassen.	f
Vorlesungen gut präsentieren.	f
Projekte begleiten, Teamteaching, Selbststudium anleiten.	
Klassen führen, Übungen begleiten in Labors.	a, c
Die Studenten als Kunden animieren.	c
Studierende begleiten.	c
Analytisches Denken lehren.	c
Problemorientiert lehren, Zusammenhänge erkennen.	c
Wissenschaftlich unterrichten.	
Anwendungsorientiert lehren.	b
Strenge Stoffauswahl vornehmen.	b, h
Stoff gruppieren.	f
Verschiedene Lehrformen einsetzen.	b
Aufgaben formulieren.	f
Moderationen führen.	m
Curriculum entwickeln, aufbauend auf geforderten Qualifikationen.	f
Kategorie 22: Dienstleistungen	
Projekte aquirieren, Projektmanagement.	a
Mit den Kunden der Wirtschaft umgehen.	c
Spezielle Leute stellen den Kontakt mit der Wirtschaft her.	k
Kategorie 23: Anwendungsorientierte Forschung	
AF&E mit Dienstleistungen verbinden.	n
Kategorie 24: Schulentwicklung	
Teamentwicklung mitmachen.	i
Engagement im Rahmen von gemeinsamen Leitungsaufgaben, z.B. Stundenplan gestalten, im betroffenen Team.	
Kategorie: 25 Andere	

Kategorie 3: Restkategorie	
Kategorie 4: Geforderte Kompetenzen (Befähigungen)	
Offenheit und permanentes Hinterfragen der eigenen Tätigkeit.	a
Alte Muster abwerfen können.	a
Klares Anforderungsprofil ist vorhanden.	c, e
Hochschulabsolvent, Promotion ist gut.	n
Einige Jahre Berufspraxis sind verlangt.	c, z
Eine gewisse Lehramtsbefähigung darf heute erwartet werden, auch didaktische, fachliche und menschliche Befähigungen.	c
Lehre und aF&E verbinden können.	h
Kategorie 41: Fachliche Kompetenzen	
Fachkompetenz ist vorausgesetzt (Wissen und Erfahrung).	a, l, n
Wissen, auch fachdidaktisches Wissen muss aktualisiert werden.	c, m
Praxiserkenntnisse einbringen können.	f
Kategorie 42: Handlungskompetenzen	
Forschungskompetenzen.	g, f
Beratungskompetenzen und methodologische Kompetenzen zur Begleitung von aF&E.	h
Studierende in Diplomarbeit im Rahmen eines Projektes einführen und begleiten können.	h
Kategorie 421: Didaktische Kompetenzen	
Einen Lernrahmen schaffen können.	c
Verschiedene Lehrmethoden adäquat einsetzen können (Vorlesungen, Projekte, Fallstudien durchführen können).	k, b, y, f, o
Zielorientiert arbeiten.	m
Wirklichkeitsbezug garantieren.	
Praxisorientiert, umsetzungsorientiert unterrichten.	b
Wissen und Erfahrung der Studierenden nutzen:	h
Erwachsenengerecht lehren können.	h
Kurse planen können.	h, f
Stoff auswählen können, exemplarisch, neu gruppieren.	b, h, f
Stoff vermitteln können.	y
Klare Aufgaben formulieren können.	f
Vorlesungen attraktiv gestalten und präsentieren.	f
Medien einsetzen können.	f, m
Selbststudien anleiten können.	b
Lern- und Arbeitstechniken einsetzen und vermitteln können.	f
Eigenaktives Lernen ermöglichen (Lernen durch Tun).	b, f
Teamteaching.	g
Evaluieren, regelmässig zusammen mit Studierenden.	g, l, o
Metakommunikation pflegen über Lernprozesse.	l
Prozesse analysieren.	g
Lehre und aF&E verbinden können.	g

Studierende zum selbständigen Lernen motivieren können.	n, o
Neue Lernformen einsetzen können.	n
Studierende als Tutoren heranziehen können.	
Kategorie 422: Unternehmerische Kompetenzen	
Unternehmerisch denken und handeln können, gleiche Sprache sprechen.	c
Schlüsselfähigkeit: Managementfähigkeiten, Verkaufspraxis.	z
Kategorie 43: Soziale Kompetenzen	
Sind wichtig, aber noch nicht selbstverständlich, da man mit unterschiedlichen Studenten arbeiten muss.	a, y, m
Moderieren können.	a, y, m
Gesprächsbereit sein, kommunikationsfähig sein.	c, y, n, o
Beraten können.	n
Teamfähig sein.	n
Englische Sprache sprechen.	c, o
Lernende begleiten können bei Projekten, Feedback geben.	l, n
Mit Gruppen umgehen können, mit Konflikten und Aggressionen.	y, n
Infoauswahl und Infogewichtung thematisieren (Metakompetenz).	l
Dies kann Selbständigkeit ermöglichen und gleichzeitig Lernkontinuität schaffen.	l
Kategorie 44: Selbstkompetenzen	
Bereitschaft haben für aF&E.	c
Vorbild, nicht Kumpel sein für die Studenten.	c
Gabe haben für psychologische Betreuung.	c
Schlüsselfähigkeiten, Flexibilität, Initiative.	z
Umgang mit kleiner Distanzierung (Dozierende haben keinen grossen Wissensvorsprung).	z
Selbstbeurteilungen vornehmen können.	o
Kategorie 45: Aktueller Stand der didaktischen Qualifikation	
Ausbildung gemäss Richtlinien der DIS ist in der gröbsten Weise vorhanden.	c
Sie kann bei Neueinstellungen verlangt werden.	c
Es ist unvorstellbar, dass alle beim Eintritt in die Schule einen did. Ausweis vorlegen. Die Qualifikation kann berufsbegleitend erworben werden.	l
Die Hälfte der Dozentenschaft hat eine didaktische Qualifikation.	e
Kategorie 5: Leitlinien für die didaktische Qualifizierung	
Kategorie 51: Didaktische Weiterbildung als Element der Qualitätssicherung an FH	
Didaktische Qualifikation ist Teil der Qualitätssicherung, sie führt zur Qualitätssicherung.	f, m, e, o
Für Schwächen der Schule ist schulinterne Weiterbildung geeignet.	f
Für individuelle Schwächen ist schulexterne Weiterbildung geeignet.	f

Kategorie 52: Andere	
Didaktische Qualifikation ist ein Beitrag zur Entwicklung eines eigenständigen Berufsbildes.	y
Es ist bedauerlich, dass Profis ohne didaktische Befähigung lehren.	n
Wahlmöglichkeiten sind wichtig.	f
Anbieter sollen zu einem Qualitätsarrangement kommen.	f
Modularität ist wichtig, um Eintrittsschranken zu eliminieren.	
Die didaktische Befähigung sollte vor Beginn der Lehrtätigkeit vorhanden sein.	n
Weiterbildung ist eine Selbstverständlichkeit, sollte obligatorisch sein.	n
Gezielte Angebote sind wichtig.	e
Handlungsorientierung ist wichtig.	e
Individualisierung ist wichtig. Auch wenn alle das Gleiche tun müssen, kann nicht von allen das Gleiche verlangt werden.	o, i
Didaktische Weiterbildung soll auch im Zusammenhang mit der individuellen Laufbahn geplant werden.	i
Bedarfs- und Bedürfnisorientierung ist sehr wichtig.	i
Qualifikation soll vor Ort geschehen. Denkbar sind übergeordnete Kriterien, die als Massstab dienen.	i
Kategorie 6: Didaktische Erstausbildung (in der Arbeit Basisqualifikation genannt)	
Grundsätze	
Keine Bestrafungsaktion, sondern Gelegenheit zur Selbstreflexion.	y
Berufsbegleitende Weiterbildung ist wichtig.	b, l
In einem Grundkurs werden die didaktischen Kompetenzen aufbereitet, diese müssen für eine Garantierung des Unterrichtserfolges immer wieder aufgefrischt werden.	l
Unterschiede in der didaktischen Qualifikation der Dozierenden sind sinnvoll.	z
Modularer Aufbau ist begrüssenswert, er ermöglicht die Weiterbildung nach individuellen Bedürfnissen und Möglichkeiten.	z, m, y
Man kann keine generellen Empfehlungen machen.	b
Individuelle Lösungen sind angezeigt, da die Dozierenden Unterschiedliches Know How mitbringen.	
Wichtig ist, dass man davon ausgeht, was die Leute im Moment brauchen.	b, i
Angebote müssen gezielt sein.	e
Didaktische Weiterbildung muss problemorientiert sein.	i
Deshalb ist arbeitsplatzbezogene Weiterbildung wichtig.	
Auch diese soll strukturiert und zielorientiert erfolgen.	
Die Bedeutung der Didaktik ist nicht für alle Bereiche gleich, für allgemeinbildende Fächer ist sie unabdingbar.	l
Was in Übereinstimmung ist mit der Kommission K., findet Unterstützung.	c, b

Gutes Rahmenkonzept, da Vielfalt in den Formen.	a, g
Kategorie 61: Adressaten	
Alle Dozierenden müssen sich didaktisch qualifizieren, möglichst umfassend.	a, c, m, n
Alle müssen die gleichen Ziele erreichen, alle haben die gleichen Probleme, müssen gleichen Anforderungen genügen.	m, i
Die didaktische Weiterbildung führt zu Qualitätssicherung im Unterricht.	m
Da an Grafikerschulen fast alle Teilzeit schaffen, ist es wichtig, diese in Teams einzubinden. Deshalb muss die Weiterbildung arbeitsplatzbezogen erfolgen.	i
Punktuelle Angebote sind wichtig.	e
Alle sollen sich didaktisch weiterbilden, aber nicht alle müssen das gleiche tun.	
Die didaktische Qualifikation soll abhängig gemacht werden von der Unterrichtsevaluation.	e, o
Die Dozierenden sollen zeigen, was sie können, und holen, was fehlt.	o
Man soll bei der Motivation der Einzelnen ansetzen.	
Didaktische Weiterbildung ist Teil der Personalentwicklung (auch bei Neueinstellungen).	
Alle müssen schulinterne Weiterbildung besuchen.	e
Wer immer wiederkehrend lehrt, sei es haupt- oder nebenamtlich, braucht eine didaktische Qualifikation.	f
Wer wenig lehrt, der wird nur wieder angestellt, wenn er erfolgreich ist (Prinzip der Selektion).	
Es braucht eine schnelle, kompakte Ausbildung, mit Üben in der Praxis, nachher soll wieder Vertiefung erfolgen.	o
Kategorie 611: Hauptamtliche (Vollamtliche):	
Der Vollamtliche muss die allgemeine Didaktik beherrschen.	c, h
Von Hauptamtlichen wird mehr didaktische Kompetenz verlangt.	
Es sind die prägenden Figuren.	
Es braucht didaktisch phantasievolle Dozenten pro Schule.	g, l
Sie müssen eine didaktische Qualifikation nachweisen können.	z
Sie müssen in der Lehre gewieft sein.	o
Kategorie 612: Nebenamtliche	
Der Nebenamtliche muss mindestens die Fachdidaktik beherrschen.	c
Auch Nebenamtliche müssen sich didaktisch qualifizieren.	g
Didaktische Qualifikation ist wünschbar.	h
200 Stunden Ausbildung ist nicht denkbar. Nebenamtliche bringen oft bereits vieles mit aus der Wirtschaft, sie haben wenig Zeit für Weiterbildung.	o

Kategorie 613: Dozierende mit Kleinstpensen, Gastreferenten

Wer punktuell im Einsatz ist, muss sich nicht didaktisch qualifizieren.	a
Hier ist die inhaltliche Kompetenz sehr wichtig.	g
Hauptamtliche können Gastreferenten didaktisch begleiten.	g
Wichtig ist, dass Spitzenleute aus der Wirtschaft überhaupt kommen, eine didaktische Qualifikation kann nicht verlangt werden, dies wäre unrealistisch.	z, h

Katgorie 62 Ziele und Inhalte

Das Curriculum muss theoretisch abgestützt sein.	y
Gut, die vorgeschlagenen Inhalte sind richtig.	a,z,l,f,m,e,y
Inhalte nochmals aufgelistet	m, S.3;e, S.2; o, S.3.
Lernpsychologie muss mit Didaktik verbunden werden.	l
Die Auflistung der Inhalte stellt ein Gemisch aus logischer Sicht dar.	
Gruppendynamische und systemische Ansätze sind wichtig.	a
Methodologische Grundkonzepte sind wichtig.	g
Zentral sind: Allgemeine Didaktik, Lernpsychologie, Gestalten von Semesterprogrammen, Auswahl von Inhalten,	h
motivierender Unterricht, der die Studierenden anregt zum selbständigen Lernen,	h
erwachsenengerechter Unterricht, der das Wissen der Studierenden einbezieht, und Arbeitsorganisation.	
Methoden, von denen man weiss, dass sie etwas bringen, sind wichtig.	k
Lernpsychologie ist vermutlich bei Dozierenden an Fachhochschulen	g
bereits vorhanden, ebenso das Leiten von Gruppen.	h
Ziel ist die Selbstreflexion.	y
Fehlende Inhalte:	
Kursevaluation, Prüfungswesen fehlt, gehört in den Aufbau, Gestalten eines guten Kursklimas, auch Prozessevaluation und –beurteilung	l, m, e, o
gehören dazu.	i
Thematik des handlungsorientierten Unterrichtes.	e
Rolle des Dozierenden,	o, i
in Verbindung mit Methodik. Umgang mit Öffentlichkeit, Verantwortung,	i
Teamarbeit.	
Keine umfassende Didaktik, sondern exemplarische Auswahl von Inhalten sollen projektartig durchgearbeitet werden.	n

Kategorie 63: Methoden

Kollegiale Unterrichtsberatung wäre denkbar für Mentorat.	a
Problematisch ist die Kombination von Beratung, Kollegialität und Evaluation.	
Wichtig ist, mit den Leuten zuammen den ganzen konkreten Unterrichtsprozess zu machen. Qualifikation in kleinen Gebieten ist so möglich.	k

Unterricht soll der Realität der Fachhochschulen entsprechen.	f
Es braucht genügend Zeit zur Reflexion.	y
Kategorie 64: Strukturelemente	
Das Rahmenkonzept gefällt gut.	a,g,l,m,n,e
Die Aufteilung in Basis- und Aufbauelemente ist nachvollziehbar	n
Roter Faden ist wichtig.	
Man braucht ein Grundgerüst und einen anschliessenden Aufbau, der zur Professionalisierung führt.	o
Kategorie 641: Kurse	
Der Austausch an Kursen wird geschätzt.	n
Die Verarbeitung ist wichtig.	
Kategorie 642: Selbststudium	
Das Selbststudium ist problematisch, da dieses das Einzelgängertum fördert.	n, y
Alles, was das Einzelgängertum fördert, soll man nicht machen.	
Gut, wenn es begleitet ist. Erfahrungsaustausch ist wichtig.	
Es braucht auch da eine Lernerfolgskontrolle.	y
Kategorie 643: Mentorat	
Unterrichtsbegleitung wird sehr geschätzt, Mentorat soll an erster Stelle stehen.	o
Der Mentor muss flexibel und abrufbar sein.	
Die kollegiale Unterrichtsberatung wäre denkbar für Mentorat.	a
Problematisch ist die Gleichzeitigkeit von Beratung, Kollegialität und Evaluation.	
Das Mentorat ist wichtig, stellt Anwendung sicher.	e
Es geht hier um die Feinarbeit.	
Das Mentorat ist schlecht. Es ist Sozialisations-, aber kein Qualifikationsprozess.	k, m, y
Begründung: Lehrer arrangieren sich und setzen nicht das gelernte Expertenwissen um (S. 2).	k, m, y
Mentoren werden Beginnende nicht auf den neuesten Stand bringen können.	
Es gibt keinen Fortschritt.	
Das Mentorat birgt die Gefahr der Reproduktion in sich.	m
Das Problem besteht in der guten Ausbildung der Mentoren, die, wenn sie professionell ausgebildet sind, sehr teuer ist.	k
Jeder Lehrer (Mentor) hat gewisse Präferenzen, die vielleicht nicht übereinstimmen mit dem, was der Mentorierte braucht. Dies ist problematisch.	m
Das Mentorat soll Schulkultur und -philosophie tradieren.	z, y
Es muss qualifiziert ausgeführt werden.	
Die entsprechenden Kurse sind heute schlecht besucht, weil Schulen mit anderen Aufgaben stark beschäftigt sind.	z

Das Mentorat kann verschieden gehandhabt werden, ist schulabhängig.	b
Das DIS-Modell stellt lediglich einen Vorschlag dar.	
Ob Mentoren Zeit haben, ihre Rolle zu reflektieren, hängt von den Geldgebern ab, dies hat nichts mit Didaktik zu tun, sondern ob bei den vorgeschriebenen Pensen genügend Zeit für andere Aufgaben zur Verfügung steht.	b
Das Mentorat muss eng mit der Ausbildung gekoppelt sein, ist wichtig.	l
Man sollte Mentorat schulübergreifend organisieren, auf kollegialer, aber nicht freundschaftlicher Basis. Folgendes ist wichtig: Gewisse Distanz, gemeinsames Fach, Einbettung, darf nicht Bestätigung der eigenen Vorurteile sein.	
Hinweis auf Wahl: Tandems mit kollegialer Praxisberatung unter Supervision stellt effizientes Modell dar.	
Interne Ausbilder sind wichtig, Koppelung mit externer Stelle wäre denkbar.	m, y
Kategorie 644: Intervision/Supervision	
Das in Kursen Erarbeitete kann inhaltlich in Intervisionsgruppen vertieft werden.	n
Kategorie 65: Rahmenbedingungen	
(Vgl. Kategorie 75, da bei diesem Thema nicht immer unterschieden wurde in Basisqualifikation und Weiterbildung.)	
Wichtig ist die zeitliche Entlastung.	n
Kategorie 651: Dauer	
200 Stunden, verteilt auf zwei Jahre ist ein guter Rahmen.	a, b, h, l, f
Auf keinen Fall mehr, dies stellt die oberste Grenze dar.	o, f
Dies ist realistisch, angesichts der Lehrbelastung.	l
Wichtig ist, dass gewisse Kontinuität vermittelt wird.	
Der zeitliche Umfang ist nebensächlich.	e
Der Zeitumfang kann bei Nebenamtlichen auf längeren Zeithorizont ausgedehnt werden.	z
Es braucht (mindestens) ein Jahr.	k, g
Die Verteilung auf ein Jahr ist gut.	m
Katgorie 652: Zeitgefässe	
Didaktische Weiterbildung ist in schulfreier Arbeitszeit zu absolvieren.	g, z, b, f
Evtl. auch während der Schulzeit zu absolvieren.	z, c
Blockveranstaltungen, nicht nur Abendveranstaltungen wählen.	g
Betreffs der Wahl von Zeitgefässen müssen Erfahrungen gesammelt werden.	z
In den Semesterferien.	f
Es braucht kleine Zeitgefässe, z.B. Freitagnachmittage und Samstagvormittage.	o

Der Samstag ist schlecht, wegen den Frauen und der Familie.	o
Kategorie 653: Kosten	
Neuangestellte und Festangestellte: je 50% Schule, bzw. Eigenleistung.	g
Die Schule bezahlt 100%.	f
Fr. 125.- pro Tag ist günstig, Fr. 300.-- pro Tag bei acht Stunden, Fr. 250.-- pro Tag bei sechs Stunden.	
Kategorie 7: Didaktische Weiterbildung	
Grundsätze	
Nicht einzelne Kurse bewirken Veränderung, sondern der lange Weg an sich.	a
Die Bereitschaft muss vorhanden sein.	c
Man muss sich an Gegebenheiten orientieren.	
Die Grundidee der kontinuierlichen Weiterbildung ist gut.	k
Die Inhalte sind mit systematischer Evaluation zu verbinden, Zeigerfunktion.	g, o
Ressourcenorientiertes Denken ist notwendig.	g
Weiterbildung nicht obligatorisch machen.	b
Sie soll obligatorisch sein, mit Entlastung.	n, k
Weiterbildung bedürfnis- und bedarfsorientiert planen.	b
Weiterbildung soll zu einer Erweiterung des Spektrums führen.	I
Weiterbildung soll problemorientiert, strukturiert und zielorientiert erfolgen.	
Weiterbildung ist auch Laufbahnplanung.	i
Kategorie 71: Adressaten	
Alle sollen sich didaktisch weiterbilden.	a, c, y, z, h, l, m, n, e, i
Didaktische Weiterbildung erfolgt aufgrund der Ergebnisse der Qualitätssicherung.	o
Wer schon viel macht, geht immer wieder in die Weiterbildung.	
Kategorie 72: Themen/Inhalt	
Vertiefte Auseinandersetzung mit gruppenorientiertem Unterricht	o
Selbstreflexion.	o
Rolle des Dozenten.	n
Bildungsbiographie.	n
Schule als Institution.	n
Themen hangen von der Perspektive ab, die eine Person hat.	m
Gleiche Themen wie Basisqualifikation, aber anderes.	a, c, k, g, l, e
Niveau, à jour halten, Repetition, damit es bleibt.	
Informationen über Neuigkeiten.	c, h
Neue Erkenntnisse aus Wissenschaft, Praxis, Schule.	y, z, c, h, n, e
Aufbau eines Studienganges, Curriculumsentwicklung.	m, y
Umfassendere Unterrichtsmethoden.	m

Umgang mit Konflikten.	y
Consulting in Managementfragen.	y
Bestätigung erhalten und Neues lernen.	c
Spezialfälle mit Studierenden, Gruppen, Inhalten.	y
Beurteilen, Evaluation ganzer Studiengänge, Qualitätsmanagement	k, g, m, n
Fachdidaktik.	z
Kommunikation.	z, o
Begleitung von Forschungsprojekten.	h
Erweiterung der gefestigten Kompetenzen.	l
Schwächen einzelner Dozenten, die sich aus Qualitätssicherung ergeben.	f
Projekt anbahnen, Projektmanagement.	m, n
Lernen in Gruppen.	n
Moderationsfähigkeiten.	m
Kategorie 73: Methoden	
Methoden sollen anknüpfen an persönlicher Situation.	n
Keine anderen Formen, vielleicht kollegiale Unterrichtsberatung.	a, h, l
Wichtig: Austausch, Mut haben, offene Zeiten einzuplanen.	a, c, z
Reflexion der Praxis.	l
Kurse, kombiniert mit Beratung.	h
Zurückgreifen auf Konzepte des Grundkurses.	l
Inputseminare mit Betreuung in der Praxis (methodenorientiert).	m
Fallorientierte Intervision.	o
Microteaching, mit Video.	o
Kategorie 74: Formen/Strukturen	
Trainingsstrukturen von Betrieben übernehmen.	c
Sehr unterschiedliche Formen: Selbststudium, Erfahrungsaustausch, Beratung.	y, i
Weiterbildung im Rahmen von Teamteaching, innerhalb der Institution.	g
Situations-, fallabhängig.	l
Supervision.	n
Individuelle Unterrichtsbesuche, kollegiale Unterrichtsbesuche.	n
Teilnehmerkreis formiert sich schulintern nach Thema.	i
Kategorie 75: Rahmenbedingungen	
Unterrichtspensen müssen gesenkt werden.	a
Bei hohen Pensen kann man nicht didaktische Weiterbildung erwarten.	b
Ein Teil erfolgt in der Arbeitszeit, ein Teil in der freien Zeit.	y, k, z, i
Nichts wird geschenkt, Weiterbildung muss Wert haben, weder Bestrafung noch Belohnung.	y
Weiterbildung soll nicht zu einer Mehrbelastung führen.	i
Kategorie 751: Dauer	
Zehn Tage, mindestens eine Woche.	y, a

Ein bis zwei Wochen.	h, m
Drei Wochen für integrierte fachliche und didaktische Weiterbildung.	i
Regelmässig, mindestens einmal jährlich, nicht generalisierbar.	c, l, n, e, o
Eine Woche als Richtmass ist nicht zu viel.	l
Zwei bis drei Tage.	z, n
Ein bis zwei Tage, mit Zwischenphasen für Aufgaben.	b, i
Die Dauer ist im Rahmen der Personalentwicklung festzulegen.	e
Kategorie 752: Zeitgefässe	
In schulfreier Arbeitszeit, als Regel.	c,b,h,f,m,n,e
Evtl. auch während Schulzeit, Abtausch organisieren die Dozierenden.	c, z, b, e
Blockveranstaltungen, nicht nur Abendveranstaltungen.	g
Nicht Wochenende, da bereits viele Wochenende beruflich besetzt sind.	h
Betreffs Zeitgefässen müssen Erfahrungen gesammelt werden.	z
Semesterferien sind unterschiedlich, keine Aussagen sind möglich.	f, c, b, f
Mitte Juli bis Mitte September, Frühlingsferien.	e
Es braucht kleine Zeitgefässe, z.B. Freitagnachmittage und Samstagvormittag.	c, o, l
Der Samstag ist schlecht, wegen den Frauen und der Familie.	o
Eintageskurse, Wahl der Tage kann dem Zufall überlassen werden.	z, b, n
Ein- bis Zweitagesblöcke.	i, n
Kürzere Einheiten, nicht in den Ferien.	l
Frey Akademie macht auch längere Blöcke, inklusive Wochenende (S.6).	m
Kategorie 753: Kosten	
Neuangestellte und Festangestellte: je 50% bezahlt die Schule, bzw. 50% Eigenleistung, wenn Weiterbildung als eine der Aufgaben im Anstellungsverhältnis formuliert ist.	g, l
Ein Eigenanteil ist wichtig, was nichts kostet, ist nichts wert.	l, i
Mischmodell, wer bleibt, bekommt alles bezahlt, Verknüpfung mit Nutzen.	y, o
Schule bezahlt 100%, etwa Fr. 200.- Kurskosten und	f, a, h, n, e
Fr. 100.- Spesen, der Dozent gibt die Arbeitszeit.	a, b, h
Fr. 125.-- ist günstig.	a
Fr. 100.-- ist möglich bei Subventionierung.	i
Die Kosten betragen zwischen Fr. 125.- und Fr. 300.-, abhängig davon, wieviel die einzelnen Schulen mitfinanzieren.	l
Man müsste von einer Vollkostenrechnung ausgehen.	l
Die Kosten betragen Fr. 300.- pro Tag bei acht Stunden; Fr. 250.-- pro Tag bei sechs Stunden.	f
Jeder Dozent hat persönliches Weiterbildungsbudget von Fr. 1000.--, einige haben mehr. Das ist viel, man muss das Gelernte auch noch umsetzen.	c
Die Hälfte des Einkommens über Transfer können die Labors für Weiterbildung benützen.	

DIS Modell: Schule und BBT bezahlen.	b
Die Kosten betragen Fr. 500.- pro Tag ohne Subventionen.	m
Beratungen, Videoanalysen, schriftliche Feedbacks sind sehr kostenaufwendig.	m
Kategorie 8: Ort der didaktischen Weiterbildung	
Keine klaren Abgrenzungskriterien vorhanden.	a
Beide Möglichkeiten sind sinnvoll.	
Es ist nicht gut, nur schulinterne WB zu machen.	l, k
Man muss beide Komponenten sehen: Schule will eigene Gestalt haben, wird schnell eine nach innen gerichtete schöne Gestalt.	l
Auf Dynamik, die ein Aussennnetz ermöglicht, sollte man nicht verzichten.	
Viele Schulen machen auf Abschottung, weil sie sich nicht dreinschauen lassen wollen.	f
Umsetzung wird als Hinderungsgrund für die externe Weiterbildung genannt.	
Da Unterricht noch grösstenteils individuell ist, kann dieses Argument nicht gelten.	
Externe Angebote müssen auf die Situation an Fachhochschulen eingehen.	
Kategorie 81: Schulinterne didaktische Weiterbildung	
Wenn individuelles Schulkonzept zum Tragen kommt.	o
Wenn Gespräche über die Studierenden wichtig sind.	o
Ist Teil der praktischen Ausbildung.	y
Geeignet für Aufgaben, die ein Team wahrnehmen muss, hat dann Beratungsaspekt.	h, l
Alles schulintern zu machen, ist nicht gut. Zu viel Nabelschau.	
Ideen und Bilder von den Kollegen verhindern Lernen, ergeben oft Widerstände.	h, n, f
Unaufgearbeitetes verhindert Kommunikation.	
Bei breitem Bedürfnis an einer Schule kann ein Kurs intern durchgeführt werden, muss dann präzise am Wissensstand der Teilnehmenden anschliessen.	a
Muss sich an Gegebenheiten orientieren. Muss autorisiert sein.	c
Am besten interdisziplinär, mit dem ganzen Schulhaus.	k
Zur Weitergabe von schulinternem didaktischem Wissen und Vermittlung von schulkulturspezifischem Wissen.	g
Mentorat.	z
Schulentwicklungsthemen, gruppendynamische Prozesse in Schulen.	z, l
Zur Verstärkung der internen Koordination und Zusammenarbeit.	
Prüfung als Teil der Schulkultur.	z, b, o
Evaluation.	b, o
Lernbegleitung.	o

Spezielle Methodik einer Schule, wenn sie diese hat, sonst extern, bei qualifizierter Stelle.	m
Es ist die Schule, die ein Thema unter bestimmten Bedingungen aufkommen lässt. Es geht dann um das Thema und um das kollegiale Beisammensein.	b
Die Qualitätssicherung muss sich jede Schule intern überlegen.	f
Die Weiterbildung könnte intern geschehen, hängt von den Angeboten auf dem Markt ab.	
Schwächen der Schule können intern angegangen werden.	
Fachdidaktische Themen.	m
Trend zur internen Weiterbildung hat mit Sparen zu tun, ist nicht gut, weil Inputs fehlen, Traditionelles wird fortgeschrieben.	
Auch für Gruppenprozess sind neue Leute wichtig.	
Zu viele Besprechungen im schuleigenen Team blockieren Neuerungen.	b
Für alle, die die gleichen Aufgaben zu erfüllen und die gleichen Probleme haben, muss Weiterbildung arbeitsplatzbezogen erfolgen.	i
Ist sinnvoll, wenn die Dozenten in Team eingebunden sind.	
Weiterbildung kann auch im Rahmen einer Teamsitzung stattfinden.	
Für Themen, bei welchen mehr als ein Lehrer betroffen ist.	
Rektor muss wenn möglich dabei sein.	i
Kategorie 82: Schulexterne didaktische Weiterbildung	
Für gute Weiterbildung muss man aus dem täglichen Gebäude heraus, es sollen nicht zu viele Leute einer Abteilung dabei sein. Hinaus gehen, gemischt, möglichst keine Inzucht, denn Austausch ist wichtig.	c, n
Theoretisches.	y
Evtl. Teil des Mentorates, wegen der Unabhängigkeit von der Schule.	y
Grundwissen über allgemeine Didaktik.	g ,z, m
Erweiterung des didaktischen Wissens über die Schulkultur hinaus.	g
Reflexion des eigenen Handelns, damit nicht nur die subjektiven Erlebnisse wiederholt werden.	
Kooperation und Koordination zwischen den Fachhochschulen ist wichtiges bildungspolitisches und forschungspolitisches Ziel.	l
Je höher man in der Hierarchie der Bildungsinstitution ist, desto wichtiger ist die Pflege externer Bezüge.	
Die Schule profitiert vom Netzwerk der Beziehungen ihrer Dozenten.	
Zur Behebung individueller Schwächen ist es sinnvoll, externe Kurse zu besuchen.	f
Eröffnet neue Horizonte mit Schuss Konkurrenz.	n
Lernen heisst oft Umlernen. Dies ist mit sozialer Kontrolle verbunden, dann ist verhaltensänderndes Lernen erschwert (verbunden mit Scham).	
Transferproblem stellt sich immer.	i

Kategorie 83: Schultypenübergreifende didaktische Weiterbildung	
Allgemeine Didaktik.	z
Fragen der Koordination und Interdisziplinarität.	b
Rahmenbedingungen für das Unterrichten.	b
Da Bedingungen für die Lehrer der verschiedenen Fächer sehr unterschiedlich sind, klafft die Diskussion schnell auseinander.	
So viel wie möglich, bringt Auseinandersetzung mit anderen.	h
Einzelne Schulen können nicht alles selber machen.	l
Man kann voneinander profitieren.	
Extern, zentralisiert: Alles, Grundlagen, was vermittelbar ist.	l
Mentorenkurs.	i
Kategorie 84: Schultypeninterne didaktische Weiterbildung	
Kategorie 9: Anerkennung	
Anerkennung ist wichtig, damit ernst gemacht wird und Mittel bereit gestellt werden.	a, g, l, n, o
Gefahr, dass damit die didaktische Weiterbildung abgehakt ist.	o
Mangelnde Mobilität wird in Kauf genommen (wegen uneinheitlicher Anerkennung).	a
Es braucht Papier, um sich auszuweisen, schon wegen der Mobilität.	c, y, l
Regelung wäre vernünftig.	k
Ausweis abgeben, der wieder erneuert werden muss, wäre gut.	k
Vielleicht wollen dies auch die Dozierenden.	z
Problem: Ist Anerkennung lohnwirksam?	z
Soll sie berufsbegleitend oder vor der Aufnahme der Tätigkeit erfolgen?	z
Offizielle Absegnung ist nicht so zentral, kann sinnvoll sein.	h, e
Wer überprüft die Erstausbildung?	l
Gibt gewisse Sicherheit.	f
Die Koordination mit der Anerkennung der Hochschuldidaktik ist zu überprüfen.	e
Eine übergreifende Lösung muss flexibel sein.	i
Ein Ausweis ist nicht so zentral, habe nichts dagegen.	i
Kategorie 91: Anforderungen für eine Anerkennung	
Richtige Kriterien zu finden wird schwierig sein.	k
Es braucht Anforderungskriterien für offiziellen Abschluss.	h, n
Keine Abschlussprüfung.	n
DIS hat Anforderungen definiert (S.7).	b
Die Legitimierung unseres DIS-Zertifikates stützen wir auf die Referenten.	
Zertifikat ist durch Experten legitimiert.	
Ist es richtig, nach 200 Stunden bereits ein Zertifikat zu erhalten?	l
Schulische Leistungen müssen berücksichtigt werden. (z.B. Schulbericht ausgestellt durch die Leitung).	
Jede Institution soll Lernerfolge überprüfen.	f

Ein Kriterium könnte die Ausgewogenheit zwischen individueller Entwicklung, fachlicher Entwicklung und Schulentwicklung sein.	i

Kategorie 92: Regelungskompetenz

Die Schule definiert die Anforderungen.	e
BIGA (BBT) ist die einzige Institution, die über die Kantone hinweg etwas zu den Fachhochschulen zu sagen hat.	z
Könnte Fachhochschulrat sein, theoretisch auch die Direktorenkonferenz.	f
Es muss übergeordnetes Gremium sein mit abschliessender Kompetenz und hohem Status.	f, m, n, e
(Damit nicht jemand kommt und sagt, Sie sind nicht kompetent.)	f
Man müsste die Regelungskompetenz weit hinab delegieren, evtl.	a
auch höher, Änderungen sind so eher möglich.	a
Sehe kein gesamtschweizerisches Zertifikat für alle Fachhochschulen, Pluralität kann auch da zum Ausdruck kommen.	
Kann mir nicht vorstellen, dass viele ein Zertifikat herausgeben.	c
Stellenwert des DIS-Zertifikates wird sich im Rahmen der zukünftigen Fachhochschulen verändern. Zertifikat muss von oben eingeführt werden.	
Es braucht externe Zertifizierungsstelle, ganz explizit z.B. ein Zusammenschluss von Stellen mit Einsitz der Schulen, könnte SWF sein. Schulen werden dankbar sein für die Unterstützung.	l
Ausbildungen müssten akkreditiert werden, z.B. durch die EDK Ost.	c
BIGA (BBT) hat Richtlinien für Nachdiplomstudien.	y
Wer anbietet, soll nicht anerkennen.	
Übergeordnete Instanz soll bestimmt werden.	
Wenn man die Anerkennung freischwebend lässt, nimmt man dem Trend das Gewicht.	
Träger der Fachhochschulen sollen das Thema aufgreifen,	y, z
BIGA (BBT) gibt Rahmen, Kantone sagen, was sie wollen.	
Es braucht übergeordnete Stelle.	y
Fachhochschulrat kann eidgenössische Anerkennung regeln.	
BIGA (BBT) wird vorerst nichts unternehmen, da die Schulen wissen, was sie brauchen.	z
Man muss unterscheiden, wer das Zertifikat anerkennt und wer es ausstellt.	b
Wenn Fachhochschule ein Zertifikat erteilt, soll man davon ausgehen, dass die anderen dies auch anerkennen. Wenn Fachhochschulen anerkannt sind, sollte dies kein Problem sein.	
Nicht gut ist, wenn Schulen die Zertifizierung vornehmen.	l
Europäische Anerkennung soll durch europäische Stelle abgegeben werden.	e
Qualifikation soll vor Ort geschehen. Übergeordnete Kriterien dienen als Massstab.	i

Kategorie 93: Organisation des Verfahrens	
Wie dies gemacht wird, ist unwichtig.	a
Organisation ist noch unklar.	c, g
Es soll eine Instanz sein, die auch die Qualitätssicherung als Aufgabe hat.	c
Die Frage wird sein, ob DIS-Zertifikat im Rahmen einer SWF relevant sein wird, ist Verhandlungssache.	
Fachhochschule anerkennt das Erreichte, ist in diesem Moment kompetent in der Beurteilung der Dozenten.	b
Wenn Empfehlung der Schule vorliegt, kann Zertifikat erteilt werden, es wird dann von der Fachhochschule erteilt und ist dann ein Fachhochschulzeugnis.	
Ein fachhochschulübergreifendes Gremium würde zu kompliziert.	
Die Ausbildungsinstitutionen können anerkannt werden.	l, f
Mittelfristig sollte Qualitätsarrangement erreicht werden, d.h., das BIGA (BBT) oder andere Institutionen anerkennen die Testate zur Erfüllung der gesetzlichen Pflicht.	f
Es braucht Vereinbarung.	
Bestätigungen haben den Stellenwert von Seminarscheinen.	l
BIGA (BBT) könnte Kommission einsetzen, SWF die Federführung übernehmen.	m
Fachleute, die nicht aus derselben Schule kommen, machen Aussagen über die Lehrfähigkeit, aufgrund von Selbsteinschätzung, Fremdeinschätzung, Evaluation durch Studenten.	n
Merkmale: Konkrete Beobachtung, Betroffene sind mitbeteiligt.	
Keine kränkenden Formen der Datenerhebung, nichts Bürokratisches.	
Koordination ist wichtig.	
Kategorie 10: Sicherstellung der didaktischen Qualifikation	
Hindernisse müssen abgebaut werden.	b
Flexibilität ist wichtig.	
Bürokratismus ist abzubauen (z.B. Gesuche ein halbes Jahr).	
Gesetz stellt in erster Linie eine Absicherung dar.	
Politiker und Trägerschaften sollen dies berücksichtigen bei der Verteilung der finanziellen Mittel.	b
Pragmatisches Vorgehen, Vielfalt erhalten.	n
Kategorie 101: Funktion der Träger der Fachhochschulen	
Erteilen Zertifikat.	b
Stellen finanzielle Mittel zur Verfügung.	b, l
Schulen wollen keine Stelle, wo sie alle hindurchschleusen müssen.	l
Abmachung zwischen den Trägern könnte sich beziehen auf Fachkompetenz und Zeitgefässe.	
Man würde Leitbild entwickeln.	i

Kategorie 102: Funktion der Leitungsverantwortlichen der Standortschulen	
Müssen didaktische Qualifikation bei Neueinstellungen verlangen.	c, e
Rektor lässt sich beraten.	c
Autorisieren der schulinternen Weiterbildung.	c, i
Sicherstellen, dass jemand in der Schule die (didaktischen) Neuerungen realisiert.	c
Qualitätssicherung und Evaluation sicherstellen.	
Didaktische Qualifizierung sicherstellen, bestimmen, wie handhaben.	z
Umsetzen des Gesetzes.	
Schule muss Bedingungen für die didaktische Qualifizierung möglichst günstig halten.	b
Grünes Licht geben.	i
Ist kompetent in Sachen Beurteilung der Dozierenden.	b
Gibt Empfehlung ab über die Lehrbefähigung.	
Anreiz schaffen durch Finanzierung.	h
Didaktik zum Thema machen.	l
Didaktische Qualifizierung über Selektion und Qualitätssicherung verlangen.	
Überprüft Lernerfolge.	d
Schule definiert Anforderungen.	e
Kategorie 103: Funktion der Dozierenden	
Akademiker sind Erwachsene und selber verantwortlich für die didaktische Qualifizierung.	b
Bei langfristiger Planung der Dozententätigkeit ist die didaktische Qualifizierung attraktiv.	h
Wenn Didaktik Thema wird, werden die jungen Dozenten sich damit befassen.	l
Dozierende reagieren auf Veränderung, fühlen Druck, machen didaktische Weiterbildung.	m
Kategorie 104: Funktion von bereichsspezifischen Weiterbildungsorganisationen	
Was Weiterbildungskommission der DIS geleistet hat, ist gut.	a
Konzept, Zusammenarbeit waren gut.	
Eintageskonzept könnte ergänzt werden.	
Kategorie 105: Andere Anbieter	
Kein Monopol, viele Anbieter.	a,c,y,b,f,m,i
Wettbewerb sollte unter den Schulen stattfinden, nicht unter den Anbietern.	i
Mittelfristig Qualitätsarrangement schaffen.	f
Man soll nicht immer nur unter sich sein.	a
Qualität ist entscheidend.	c
Neutrale Anbieter sind wichtig.	g
Schulen werden eher die lokalen Angebote nutzen.	b

Viele Anbieter, aber nicht alle sollen Erstausbildung anbieten.	e
Offene Politik im Bereich Fortbildung ist erwünscht.	l, o
Schulinterne Kompetenzzentren könnten Weiterbildung anbieten.	o
Kategorie 106: Funktion einer zentralen didaktischen Weiterbildungsorganisation	
Zusammenarbeit mit anderen Weiterbildungstellen, Schulen, Plattform für Kaderkurse, gemeinsame Kaderkurse, Ort für Auseinandersetzung und Auftankmöglichkeit.	i
Kontaktpflege.	e
Federführung in den Fragen der didaktischen Weiterbildung, Richtschnur sein.	g, o
Formulieren von Anforderungskriterien für didaktische Weiterbildung.	m, o
Drehscheibe sein, Plattform für didaktische Fragen.	a, g, z, f, n, i
Diskurs unterhalten, Input vermitteln.	f, n, e, l
Info-Bulletin herausgeben, Infostelle, Dokumentationsstelle über Schweiz hinaus.	a, z, f, n, e, o
Ähnliche Rolle für die gesamten Fachhochschulen, wie die DIS es bis anhin gemacht hat.	a
Kurse anbieten, über alle Bereiche hinweg,	a, c, k, z, f
im Bereich Erstausbildung und Weiterbildung.	y
Angebote für Leitung, Personen im Managementbereich.	y, i
Stelle für Problemfälle.	y
Beratung bei Entwicklungsprozessen, Unterstützung bei Weiterbildungen.	y ,z ,f, e
Zentrales Weiterbildungsverzeichnis herausgeben.	y, b, h
SWF müsste als Qualitätsgarant für die aufgenommenen Kurse auftreten.	h
Assessmentzentrum für Dozierende.	y
Bibliothek mit Fachliteratur.	a
Rezension über Neuerscheinungen.	
Promotor sein.	c
Als Dachverband alles unter einen Hut bringen.	
Ergebnisse aus der wissenschaftlichen Forschung aufnehmen, nicht eigene Interessen vertreten. Vorhandene Kompetenz verfügbar machen.	k
Koordination.	k, z, n, i
Fachdidaktik sicherstellen, in Zusammenarbeit mit den Schultypen.	z
Moderatoren ausbilden und vermitteln.	
Massgeschneiderte Kursangebote anbieten.	b
Dienstleistungsstelle.	h
Dienstleistungsstelle, keine Kontrollstelle.	b
Könnte Zertifikat vergeben.	l
Dienstleistungsstelle im Bereich Mentorat, Unterstützung geben bei Selbststudium.	f

ERFA-Gruppen anbieten.	f, m
Verhältnis schulinterne versus schulexterne Weiterbildung klären.	l
SWF könnte sagen, wer Erstausbildung anbietet und trägt.	l, o
Es braucht hier Kompetenz und die Bereitschaft, Qualitätssicherung zu machen, hier ist zentrale Stelle gut.	l
Clearingstelle, Sammelstelle für Kurse.	
Unterstützung bei Qualitätssicherung, in Verbindung mit den Ergebnissen.	f
Angebote machen, vielleicht nicht mit allen, aber mit eingen Partnern.	
Koordination und Anerkennung vorantreiben.	m
Anbieter und Nachfrager miteinander ins Gespräch bringen.	
Beitrag zur Qualitätssicherung erbringen.	n
Verwalterin von Bildungsscheinen (S. 9).	i
Kategorie 1061: Organisation einer zentralen didaktischen Weiterbildungsorganisation	
Wichtig ist gutes Einvernehmen mit Bestehendem und den anderen Schulbereichen.	c
Nicht vereinnahmen, Autonomie lassen, partnerschaftlicher Umgang.	
Muss subventioniert sein, Mischwirtschaft: durch BIGA (BBT), durch Fachhochschulen, Eigenwirtschaft.	c, y, i
Unabhängige Stiftung ist naheliegend, in der alle Fachhochschul-Träger eingebunden sind,	c, g, z, f, m
mit potentem Stiftungsrat.	m
Die Rolle des Bundes müsste reflektiert werden, wichtig ist das Einbinden der Schulen.	z
Fachhochschule Zentralschweiz als Träger ist heikel.	y
Fachhochschule Zentralschweiz ist denkbar, bräuchte Beraterkreis.	l
Verbund, wäre komplizierter, wäre möglich.	l, i
Nicht jeder soll die Frage für sich lösen.	l
Professionalisierungsschub hängt von der Konzentration der Kräfte ab.	
Qualitätskriterien gemeinsam entwickeln.	
Optik des Niveaus berücksichtigen, evtl. an Hochschule anhängen.	y
Selbstorganisationsbetrieb wie bei (x) wäre schlecht.	k
Wichtig ist die Kooperation mit den Weiterbildungsabteilungen der Schulen.	g
Enger zusammenarbeiten mit Fachhochschulen.	
Institut im Rahmen der Fachhochschule Zentralschweiz, Kompetenzzentrum, keine übergeordnete Trägerschaft mit Beitrittspflicht der Schulen	b
Egal, muss unser (der Fachhochschule) Institut sein.	h
Egal, Kooperation ist wichtig, gut ist, wenn die Fachhochschulen etwas Eigenes haben.	f
Alle, die profitieren, sollen Mitträger sein.	n
Rein private Trägerschaft ist problematisch.	

Abstract

Didaktische Weiterbildung der Dozierenden an Fachhochschulen: Konzepte und Reflexionen

Dissertation von Dr. Brigitta Katharina Pfäffli

Auf dem Hintergrund der Fachhochschulentwicklung Schweiz bearbeitete die Autorin im Rahmen einer Dissertation am Pädagogischen Institut der Universität Bern die Frage: „Wie soll die didaktische Weiterbildung der Lehrenden an Fachhochschulen konzipiert werden?" Die Arbeit gliedert sich in die drei Teile *Problemstellung, qualitative Studie* und *Reflexionen.*

Der Prozess der Datengewinnung umfasste die Durchführung von Gruppengesprächen und Experteninterviews sowie die Diskussion der Ergebnisse in einschlägigen Gremien.

Die Ergebnisse sind als Konzeptgrundlagen und Konzeptvorschläge dargestellt. Die Konzeptgrundlagen befassen sich mit dem Verständnis des Leistungsauftrages, mit dem Lernverständnis, mit den Aufgaben und dem Kompetenzprofil der Dozierenden an Fachhochschulen. Die Konzeptvorschläge beschreiben Aspekte der konkreten Gestaltung der didaktischen Basisqualifizierung und Weiterbildung: Didaktische Grundsätze, Ziele und Inhalte, strukturelle und methodische Aspekte, Umfang, Finanzierung und Anerkennung. 18 Thesen und die Skizzierung von 5 Problemfeldern verdichten abschliessend die Ergebnisse.

Der Reflexionsteil setzt die Ergebnisse über die didaktische Qualifizierung der Dozierenden an Fachhochschulen in Beziehung zu ihnen inhärenten Fragestellungen, deren Thematisierung auf unterschiedlichen Ebenen erfolgt.

Die Beleuchtung von bildungspolitischen Aspekten, wie die Zertifizierung der Dozierenden oder die Akkreditierung von Bildungsinstitutionen erfolgt unter der Perspektive Selbstorganisation.

Das gezeichnete Bild von Fachhochschuldozierenden, die didaktische Qualifizierung als Beitrag zur Qualitätssicherung an Fachhochschulen und zur Professionalisierung der Tätigkeit der Dozierenden, sowie die, dem

Konzeptvorschlag inhärenten Weiterbildungsansätze sind Gegenstand von Reflexionen unter einer pädagogischen Perspektive.

Zur Beleuchtung der spezifischen Situation der Fachhochschule als unternehmerische Bildungsinstitution werden Kriterien und Organisationsformen einer guten Bildungsinstitution denen eines guten Unternehmens gegenübergestellt.

Das mit aller Deutlichkeit geforderte Lernziel Sozialkompetenz wird zu Theorien der (neuen) Lehrpraxis in Beziehung gesetzt.

Diese Reflexionen zeigen das komplexe gedankliche Beziehungsgefüge, in welchem die Konzeption der didaktischen Weiterbildung der Dozierenden an Fachhochschulen wahrgenommen werden kann. Die Konfrontation der expliziten Aussagen aus den Interviews mit ihren impliziten Annahmen und mit bestehendem theoretischen Gedankengut weist auf eine Diskrepanz zwischen Anspruch und Realität. Die didaktische Qualifizierung wird als Element des Prozesses der Neugestaltung der Fachhochschulen aufgefasst. Für die Begünstigung dieses Prozesses sind die fehlenden kognitiven Ressourcen aufzubauen, eine Diskussionskultur über den steten Erneuerungsprozess der Lehre zu entwickeln und entsprechende bildungspolitische Voraussetzungen zu schaffen.

August 1999

Band 4: **Fachhochschulmanagement auf dem praktischen Prüfstand**
Gestaltung von Aufgaben und Funktionen von Fachhochschulmanagement in der Praxis – Beachtung von NPM
Paul Senn (Herausgeber)
In Vorbereitung (Sommer 2000) ISBN 3 7253 0680 X

Band 3: **Fachhochschulmanagement**
Ganzheitlich integrierter Ansatz unter Beachtung von New Public Management (NPM)
Paul Senn
382 Seiten (1999) ISBN 3 7253 0649 4

Band 2: **Praktische Umsetzung des Leistungsauftrags an Fachhochschulen**
Gestaltungsansätze auf der Grundlage eines integral verstandenen Leistungsauftrags – Tagungsergebnisse
Paul Senn (Herausgeber)
199 Seiten (1997) ISBN 3 7253 0571 4

Band 1: **Der Leistungsauftrag an die Fachhochschulen**
Anforderungen und Handlungsbedarf aus ganzheitlich integrierter Sicht – dargestellt an Fachhochschulen für Wirtschaft und Technik
Paul Senn
347 Seiten (1995) ISBN 3 7253 0531 5

Verlag Rüegger • Chur/Zürich
Website: http://www.rueggerverlag.ch • E-mail: info@rueggerverlag.ch

Pascal Lütolf

Wirtschaftsförderung im Modell der wirkungsorientierten Verwaltungsführung

Band 7, 345 Seiten (1997) ISBN 3 7253 0585 4
Fr. 57.10 / DM 66.90 / ÖS 485.–

Christoph Lengwiler (Hrsg.)
Herausforderungen für die Zentralschweizer Banken
Band 6, 127 Seiten (1994) ISBN 3 7253 0511 0 – Fr. 32.60 / DM 38.20 / ÖS 278.–

Bruno Bircher (Hrsg.)
Die Schweiz und Europa
Herausforderungen und Strategien für die Zentralschweizer Wirtschaft
Band 5, 170 Seiten (1992) ISBN 3 7253 0464 5 – Fr. 42.80 / DM 50.20 / ÖS 364.–

Thomas Bieger / Eugenio Rüegger (Hrsg.)
Management einer Bergbahnunternehmung
Umfeld, Strategie, Betrieb
Band 4, 190 Seiten (1991) ISBN 3 7253 0415 7 – Fr. 38.80 / DM 45.40 / ÖS 330.–

Thomas Bieger / Michael Hostmann (Hrsg.)
Strategie 2000 für die Freizeitbranche
Band 3, 156 Seiten (1990) ISBN 3 7253 0379 7 – Fr. 38.80 / DM 45.40 / ÖS 330.–

Thomas Bieger / Christoph Lengwiler / Paul Senn (Hrsg.)
Management in der Politik – Politik im Management
Band 2, 200 Seiten (1989) ISBN 3 7253 0368 1 – Fr. 38.80 / DM 45.40 / ÖS 330.–

Christoph Lengwiler (Hrsg.)
Ökologie und Umweltschutz
Unternehmen vor neuen Marktchancen
Band 1, 112 Seiten (1989) ISBN 3 7253 0355 X – Fr. 28.60 / DM 33.50 / ÖS 243.–

Lehrbuch:

Peter Eisenhut

Aktuelle Volkswirtschaftslehre

Ausgabe 2000/2001

320 Seiten/A4 (2000) ISBN 3 7253 0675 3
Fr. 42.80 / DM 50.20 / ÖS 364.–

Internationale Ausgabe Englisch:

Peter Eisenhut

Fundamentals of Economics

167 pages/A4 (2000) ISBN 3 7253 0641 9
Fr. 38.– / DM 45.– / ÖS 325.–

Internationale Ausgabe Französisch:

Peter Eisenhut

Economie politique actuelle

176 pages/A4 (2000) ISBN 3 7253 0651 6
Fr. 38.– / DM 45.– / ÖS 325.–

Alain Thierstein, Kuno Schedler, Thomas Bieger (Hrsg.)

Die lernende Region

Regionale Entwicklung durch Bildung

~ 160 Seiten/geb. (Sommer 2000) ISBN 3 7253 0668 0
Fr. 45.– / DM 52.60 / ÖS 382.–

Erwin Staehelin

Investitionsrechnung

Lehrbuch – 9. Auflage

292 Seiten (1998) ISBN 3 7253 0598 6
Fr. 29.– / DM 34.– / ÖS 246.–

Erwin Staehelin

Lösungsheft

zum Lehrbuch Investitionsrechnung 9. Auflage

130 Seiten (1998) ISBN 3 7253 0599 4
Fr. 16.30 / DM 19.20 / ÖS 139.–

Beat Hotz-Hart / Carsten Küchler

Wissen als Chance

Globalisierung als Herausforderung
für die Schweiz

139 Seiten (1999) ISBN 3 7253 0644 3
Fr. 36.80 / DM 43.– / ÖS 312.–

Verlag Rüegger • Chur / Zürich
Website: http://www.rueggerverlag.ch • E-mail: info@rueggerverlag.ch